住房和城乡建设部"十四五"规划教材

高等职业教育建筑设备类专业建筑消防技术系列教材

职业教育建筑消防技术专业教师教学创新团队系列教材

全国住房和城乡建设职业教育教学指导委员会建筑设备专业指导委员会规划推荐教材

建筑防排烟工程

王文琪　张富建◎主　编

陈晶晶　王　云　高怀香◎副主编

中国建筑工业出版社

图书在版编目（CIP）数据

建筑防排烟工程 / 王文琪, 张富建主编; 陈晶晶, 王云, 高怀香副主编. -- 北京: 中国建筑工业出版社, 2025.6. -- (住房和城乡建设部"十四五"规划教材)(高等职业教育建筑设备类专业建筑消防技术系列教材)(职业教育建筑消防技术专业教师教学创新团队系列教材)等. -- ISBN 978-7-112-31197-2

Ⅰ. TU761.1

中国国家版本馆CIP数据核字第2025YF5562号

本书以防排烟工程为主线，以现行规范、标准为依据，根据最新颁布的《建筑设计防火规范》GB 50016—2014（2018年版）、《火灾自动报警系统设计规范》GB 50116—2013、《建筑防烟排烟系统技术标准》GB 51251—2017、《防排烟系统设备及部件选用与安装》22K311—5 等标准和规范进行编写。本书主要介绍了建筑防排烟系统基本知识，防排烟系统设备与配件，建筑防排烟系统设计，建筑防排烟系统装调工具材料与操作安全，建筑防排烟系统装配工艺，建筑防排烟系统联动控制，建筑防排烟系统安装、调试及验收，建筑防排烟系统监控、操作、检测与维护等内容。

本书可作为职业院校消防工程技术专业教材，还可供从事消防工程施工的技术人员、施工现场管理人员参考。

为了更好地支持相应课程的教学，我们向采用本书作为教材的教师提供课件，有需要者可与出版社联系。建工书院：http://edu.cabplink.com，邮箱：jckj@cabp.com.cn，2917266507@qq.com，电话：（010）58337285。

责任编辑：聂　伟　陈　桦
责任校对：党　蕾

住房和城乡建设部"十四五"规划教材
高等职业教育建筑设备类专业建筑消防技术系列教材
职业教育建筑消防技术专业教师教学创新团队系列教材
全国住房和城乡建设职业教育教学指导委员会建筑设备专业指导委员会规划推荐教材

建筑防排烟工程

王文琪　张富建　主　编
陈晶晶　王　云　高怀香　副主编

*

中国建筑工业出版社出版、发行（北京海淀三里河路9号）
各地新华书店、建筑书店经销
北京点击世代文化传媒有限公司制版
北京云浩印刷有限责任公司印刷

*

开本：787毫米×1092毫米　1/16　印张：15¼　字数：306千字
2025年8月第一版　2025年8月第一次印刷
定价：**46.00**元（赠教师课件）
ISBN 978-7-112-31197-2
（44726）

出版说明

党和国家高度重视教材建设。2016年，中办国办印发了《关于加强和改进新形势下大中小学教材建设的意见》，提出要健全国家教材制度。2019年12月，教育部牵头制定了《普通高等学校教材管理办法》和《职业院校教材管理办法》，旨在全面加强党的领导，切实提高教材建设的科学化水平，打造精品教材。住房和城乡建设部历来重视土建类学科专业教材建设，从"九五"开始组织部级规划教材立项工作，经过近30年的不断建设，规划教材提升了住房和城乡建设行业教材质量和认可度，出版了一系列精品教材，有效促进了行业部门引导专业教育，推动了行业高质量发展。

为进一步加强高等教育、职业教育住房和城乡建设领域学科专业教材建设工作，提高住房和城乡建设行业人才培养质量，2020年12月，住房和城乡建设部办公厅印发《关于申报高等教育职业教育住房和城乡建设领域学科专业"十四五"规划教材的通知》（建办人函〔2020〕656号），开展了住房和城乡建设部"十四五"规划教材选题的申报工作。经过专家评审和部人事司审核，512项选题列入住房和城乡建设领域学科专业"十四五"规划教材（简称规划教材）。2021年9月，住房和城乡建设部印发了《高等教育职业教育住房和城乡建设领域学科专业"十四五"规划教材选题的通知》（建人函〔2021〕36号）。为做好"十四五"规划教材的编写、审核、出版等工作，《通知》要求：（1）规划教材的编著者应依据《住房和城乡建设领域学科专业"十四五"规划教材申请书》（简称《申请书》）中的立项目标、申报依据、工作安排及进度，按时编写出高质量的教材；（2）规划教材编著者所在单位应履行《申请书》中的学校保证计划实施的主要条件，支持编著者按计划完成书稿编写工作；（3）高等学校土建类专业课程教材与教学资源专家委员会、全国住房和城乡建设职业教育教学指导委员会、住房和城乡建设部中等职业教育专业指导委员会应做好规划教材的指导、协调和审稿等工作，保证编写质量；（4）规划教材出版单位应积极配合，做好编辑、出版、发行等工作；（5）规划教材封面和书脊应标注"住房和城乡建设部'十四五'规划教材"字样和统一标识；（6）规划教材应在"十四五"期间完成出版，逾期不能完成的，不再作为《住房和城乡建设领域学科专业"十四五"规划教材》。

住房和城乡建设领域学科专业"十四五"规划教材的特点，一是重点以修订教育部、住房和城乡建设部"十二五""十三五"规划教材为主;二是严格按照专业标准规范要求编写,体现新发展理念;三是系列教材具有明显特点,满足不同层次和类型的学校专业教学要求;四是配备了数字资源,适应现代化教学的要求。规划教材的出版凝聚了作者、主审及编辑的心血,得到了有关院校、出版单位的大力支持,教材建设管理过程有严格保障。希望广大院校及各专业师生在选用、使用过程中,对规划教材的编写、出版质量进行反馈,以促进规划教材建设质量不断提高。

住房和城乡建设部"十四五"规划教材办公室

2021 年 11 月

前　言

近年来，消防工程技术越来越被重视，消防技术人才需求缺口巨大，防排烟工程是消防工程专业的核心课程之一，其对我国消防行业的发展和人们生活水平的提高意义重大。建筑防排烟工程是一项系统化的工程，涉及专业和领域多，考虑到建筑防排烟工程技能实用性和可操作性强的特点，本书既有系统的理论介绍，也注重内容实用性；以图文并茂的表现形式，同时遵循由易到难、由浅入深的原则，将工作内容与学习情境有机地结合在一起。

本书以必须和够用为原则，以理论为引导，围绕实践来展开，删繁就简。针对学生的基础和学习特点，打破原来的系统性、完整性的旧框架，操作依据实际使用来设置，着重培养学生建筑防排烟工程动手操作能力及解决问题的能力，将建筑防排烟工程案例及防排烟施工常用知识、技能编入书中，通俗易懂，轻松掌握技能，为学生就业打下扎实的基础。

本书以"细节"为主线对内容进行编排和组织，本着可操作性强的原则，具有很强的针对性，注重实际操作的应用，力求内容丰富实用。

本书由内蒙古建筑职业技术大学王文琪、广州市机电技师学院张富建担任主编；广州市机电技师学院陈晶晶，云南工业技师学院王云、高怀香担任副主编；广东工程职业技术学院王荣、陈永杰，广西机电技师学院王晓勇，广州市机电技师学院唐欣雨、张昊天、熊邦宏，毕节工业职业技术学院张建、王茂迪参加编写。本书的编写得到了各方的大力支持。感谢深圳汇安消防设施工程有限公司、广东卓信消防科技有限公司、深圳市同立方科技有限公司为教材编写提供的基础资料和建议；感谢广东工业大学刘耿浩、黄择燊对部分图文的编辑；感谢林楚镇老师及其 CAD 竞赛训练团队，张锐、刘德铁、张伟鸿、胡景烽等在图形绘制、实物及实训过程照片方面提供的大力支持；感谢杨立锦、杨建、林鸿茂等提供了实地图片及项目资料；感谢吴凤博士、吕文德高级工程师、华南理工大学建筑设计研究院有限公司王峰顾问总工程师、华南理工大学建筑设计研究院王钊副总工程师、广东建安消防机电工程有限公司李育华一级注册消防工程师、中山市基盈五金制品有限公司欧基杨总经理等专家提供的技术指导。本书参考了一些文献，已在参考文献中列明，在此一并向文献作者表示衷心的感谢。

　　由于编者的经验和学识有限，尽管编者尽心尽力，但内容难免有疏漏或不妥之处，恳请读者给予批评指正。

目 录

第 3 章　建筑防排烟系统设计　　　　　　　　　　　　046

第8章　建筑防排烟系统监控、操作、检测与维护　　214

建筑防排烟系统基本知识

第 1 章

学习目标

1. 了解建筑烟气的流动与蔓延途径；

2. 掌握防烟分区的概念与划分；

3. 熟悉防排烟系统、防排烟的基本概念与原理。

建筑防排烟系统是建筑物内设置的用以控制烟气运动，防止火灾初期烟气蔓延扩散，确保室内人员的安全疏散和安全避难并为消防救援创造有利条件的防烟系统和排烟系统的总称。

防烟系统是在火灾发生时，防止有毒烟气进入建筑物疏散方向或疏散部位的工作系统；排烟系统是在火灾发生时，将有毒烟气排出建筑物着火部位或疏散部位（如楼梯前室）的工作系统。

建筑火灾，尤其是高层建筑火灾的经验教训表明，火灾中对人体伤害最严重的是烟气。建筑物发生火灾后，烟气在建筑物内不断流动传播，不仅导致火灾蔓延，也引起人员恐慌，影响疏散和扑救。因此按照国家规定，在某些建筑物内的消防系统中需要设置防排烟系统。

1.1　烟气

1.1.1　烟气产生与危害

烟气的产生主要源于燃烧过程，烟气是火灾燃烧过程中的重要产物，主要由三类物质组成：

（1）燃烧物质释放出的高温蒸气和有毒气体。

（2）被分解和凝聚的未燃物质（烟气的颜色由浅至黑）。

（3）因被火焰加热而进入上升卷流中的大量空气。

建筑物中存在大量的建筑材料、家具、衣物、纸张等可燃物，燃烧过程中会受热分解，与空气中的氧气发生氧化反应，产生各种生成物。完全燃烧所产生的烟气成分主要为：二氧化碳、水、二氧化氮、五氧化二磷等，有毒有害物质较少。但是，无毒烟气同样可能会降低空气中的氧浓度，对人们的呼吸造成影响，导致人员逃生能力下降，甚至导致人体缺氧窒息死亡。火灾初期阶段常常处于不完全燃烧阶段。不完全燃烧所产生的烟气成分中，除了二氧化碳、水、二氧化氮、五氧化二磷等，还可能产生一氧化碳、有机磷、烃类、多环芳香烃、焦油以及碳屑等固体颗粒。

火灾时高温烟气的危害主要表现在三个方面：能见度影响、呼吸方面危害和热危害。

1. 能见度影响

能见度，是人们在一定环境下能将目标物从背景中识别出来的最大距离。在火场中，能见度的高低决定了人是否能看到疏散指示标志，找到正确的逃生路线。

然而烟气中往往含有大量的固体颗粒，从而使烟气具有一定的遮光性。烟气在能见度方面的危害主要有两点：

①烟气的减光性使能见度降低，从而导致疏散的速度下降。

②烟气有视线遮蔽及刺激效应，会助长惊慌状况，影响疏散人员在火场中作出正确判断。如烟气中的 HCl、NH₃、SO₂ 等气体对人眼有一定的刺激性。

火场中的能见度主要由烟气的浓度决定，同时还受到烟气的颜色、物体的亮度、背景的亮度以及观察者对光线的敏感程度等因素的影响。能见度计算公式如下所示：

$$V=R/K \tag{1-1}$$

式中　R——比例系数；

　　　K——烟气的消光系数，$\mathrm{m^{-1}}$。

2. 呼吸方面危害

（1）缺氧

燃烧需要消耗氧气，因而在火场中，环境中的氧气会被快速消耗，导致无法满足人体的正常生理需求。而且现代建筑中房间的气密性大多较好，故有时少量可燃物的燃烧也会造成含氧量的大大降低。

在火灾中，人们常常会精神亢奋，疏散活动也会使得活动量升高，因此在火场中的人们往往对氧气有更高的需求。缺氧对人体的影响情况，如表 1-1 所示。

（2）有害气体

建筑材料在燃烧时，毒气的主要来源有两个：一是建筑材料经高温作用热分解产物，二是燃烧产物。一般高分子材料热解及燃烧生成物成分种类繁杂，有时多达百种以上，然而对人体生理有具体毒害效应的气体生成物仅是其中一部分，这些气体的毒害性成分根据对人体生理作用的影响，可以分为三类：单纯性窒息气体、化学性窒息气体以及刺激性气体，具体如表 1-2 所示。

缺氧对人体的影响　　　　　　　　　　　　　　　　　　　表 1-1

大气中环境氧气含量	人体症状
21%	正常
17% ~ 21%	缺氧现象（高山症），肌肉功能减退
10% ~ 17%	尚有意识，容易做出错误判断
10%	导致失能与死亡
< 9.6%	人们无法进行避难逃生
6% ~ 8%	呼吸停止，在 6 ~ 8min 内发生窒息死亡

燃烧生成物对人体生理作用影响的分类　　　　　　　　　　表 1-2

气体	对人体生理作用影响	主要燃烧生成物
单纯性窒息气体	因空气中氧含量减少，发生窒息	二氧化碳、甲烷、乙烷、乙炔等
化学性窒息气体	发生化学作用，阻碍血红蛋白输送氧气，引起窒息	一氧化碳、氢氰酸、硫化氢等
刺激性气体	通过局部刺激，伤害眼睛、气管黏膜、肺等	氯化氢、氨、丙烯醛、甲醛等

常见有机高分子材料燃烧所产生的有害气体，如表 1-3 所示。

火灾中的各产物及其含量因燃烧材料、建筑空间特性和火灾规模等不同而有所区别。在火灾中，各种组分的实际生成量及其分布比较复杂，不同的组成对人体的毒性影响也有较大差异，因而在分析预测过程难以准确定量描述。故通常认为，若烟气的光学密度不大于 0.1 ~ 1m 或能见度大于等于 10m，则可认为各种有害燃烧产物的含量在 30min 内不会达到人体的耐受极限，通常以一氧化碳（CO）的含量为主要的定量判定指标。

常见有机高分子材料燃烧所产生的有害气体　　　　　　　　表 1-3

燃烧材料	气体产生种类
纤维素	一氧化氮、二氧化氮、甲酸、乙酸
羊毛	氰化氢、一氧化氮、二氧化氮、氨、二氧化硫
尼龙	一氧化氮、二氧化氮、氨

燃烧材料	气体产生种类
聚氨酯	氰化氢、一氧化氮、二氧化氮
酚醛树脂	酚、醛
聚烯类	烷、烯
聚缩醛	甲醛
聚氯乙烯	苯、硫化氢、氟化氢、溴化氢

（3）一氧化碳

一氧化碳被人体吸入后会和血液中的血红蛋白结合成为一氧化碳血红蛋白，会阻碍血液输送氧气的功能。当一氧化碳和血液中 50% 以上的血红蛋白结合时，便能造成脑和中枢神经严重缺氧，引起头痛、肌肉调节障碍、虚脱以及意识不清。即使吸入量在致死量以下，人们也会因缺氧而头痛无力及呕吐等，不能及时逃离火场而死亡。

一氧化碳含量对人体的影响，如表 1-4 所示。

一氧化碳含量对人体的影响 表 1-4

一氧化碳含量	暴露时间	危害
0.01%	8h 内	尚无
0.04% ~ 0.05%	1h 内	尚无
0.06% ~ 0.07%	1h 内	头痛、恶心、呼吸不畅
0.1% ~ 0.2%	2h 内	意识朦胧、呼吸困难、昏迷、超过 2h 即死亡
0.3% ~ 0.5%	20 ~ 30min 内	死亡
1%	1min 内	死亡

（4）二氧化碳

二氧化碳会使得吸入空气中的氧气分压降低，诱发缺氧症，造成呼吸困难。随着二氧化碳浓度及暴露时间的增加，造成人体抽搐、昏迷、窒息等影响。二氧化碳对人体的影响，如表 1-5 所示。

二氧化碳对人体的影响 表 1-5

二氧化碳含量	暴露时间	危害效应
17% ~ 30%	1min 内	无意识、抽搐、昏迷、死亡
10% ~ 15%	1min 至数分钟	头昏、困倦、严重肌肉痉挛

二氧化碳含量	暴露时间	危害效应
7%～10%	1.5min～1h	无意识、头痛、心跳加快、呼吸短促、头昏眼花、冒冷汗
6%	1～2min	心悸、视力模糊
	16min	头痛、呼吸困难
	数小时	颤抖
4%～5%	数分钟内	头痛、头昏眼花、血压升高、呼吸困难
3%	1h	轻微头痛、冒汗、静态呼吸困难
2%	数小时	头痛、轻微活动下呼吸困难

3. 热危害

热危害主要来自于三个方面：火焰与温度、热辐射以及热对流。由火焰产生的热空气及气体，会导致烧伤、热虚脱、脱水及呼吸道闭塞（水肿）。烧伤主要因火焰的直接接触与热辐射，对邻接区域内人员产生直接威胁。烟气温度对于火场内及邻接区域的人员皆具危险性，一般超过 66℃ 便难以忍受，导致消防人员救援及室内人员逃生迟缓。温度对人体的影响，如表 1-6 所示。

温度对人体的影响 表 1-6

温度（℃）	危害
95	头晕，虚脱（＞1min）
120	烧伤（＞1min）
131	生存极限的呼吸温度
140	生理机能逐渐丧失
180	失能

研究表明，作用于人体的热量主要来自于烟气层的热辐射。当热辐射强度达到 $10kW/m^2$ 时人类无法存活。当辐射热达到 $2.5kW/m^2$ 时，上部烟气层的温度达到 $180～200℃$，此时人体可以耐受 30s。通常被认为 $2.5kW/m^2$ 的辐射热是人类危害忍受度的临界值，烟气层距地面或楼板 2m 高度以上时，烟气层平均温度 200℃ 是人体耐受极限。

在火场中，人吸入的热空气主要通过热对流的方式与人体尤其是呼吸系统换热。试验表明，呼吸过热的空气会导致热冲击（即高温情况下导致人体散热不畅出现中暑症状）和呼吸道灼伤。人体对热对流的耐受时间，主要受温度以及湿度的影响，具体如表 1-7 所示。

人体对热对流的耐受时间

表 1-7

温度（℃）	湿度	耐受时间（min）
＜ 60	水分饱和	＞ 30
60	水分质量分数小于 1%	12
100	水分质量分数小于 1%	1

由于灭火用水和燃烧产生的水在高温下汽化，火场中空气的绝对湿度会比正常环境下高很多。饱和湿热空气对人体的伤害远远大于干热空气所造成的危害。研究表明，火场中可吸入空气的温度不高于 60℃才认为是安全的。

1.1.2　建筑烟气流动和蔓延

1. 烟气的流动

烟气的流动是火灾中的重要现象。建筑物发生火灾以后，烟气在建筑物内不断流动扩散，不仅导致火灾蔓延，也引起人员恐慌，影响疏散与扑救。一般来说，引起烟气运动的因素有烟囱效应、浮升力、热膨胀、风作用、通风空调系统以及扩散等。但是由于扩散引起的烟粒子或其他有害气体的迁移比起其他因素来说弱得多，所以下面只讨论除扩散外其他五种因素引起烟气流动的情况。

（1）烟囱效应引起的烟气流动

烟囱效应是指在有共享中庭、竖向通风（排烟）风道、楼梯间等具有类似烟囱特征，即从底部到顶部具有通畅的流通空间的建筑物、构筑物（如水塔）中，空气（包括烟气）靠密度差的作用，沿着通道很快进行扩散或排出建筑物的现象。

高层建筑内部一般设置数量不等的楼梯间、排风道、送风道、排烟道、电梯井及管道井等竖向井道。当建筑物室内发生火灾时，室内外存在明显的温差，在烟气和空气的密度差作用下引起垂直通道内（楼梯间、电梯井、强弱电桥架等）的空气向上（或向下）流动，从而携带烟气向上（或向下）传播，这种现象称为正（逆）烟囱效应。正烟囱效应和逆烟囱效应时的气体流动，如图 1-1 所示。

烟囱效应是建筑火灾中烟气流动的主要因素。在正烟囱效应作用下，若火灾发生在中性面之下，高温烟气将随建筑物中的空气流入竖井，并沿着竖井通道上升并流入竖井，使得井内气温升高，竖井内上升气流加强。当烟气上升到中性面以上时，高温烟气便可从竖井流出，进入建筑物上部各楼层，然后随着气流通过各楼层的外墙开口排至室外。如果楼层间的缝隙可以忽略，则中性面以下的楼层，除了着火层外都将没有烟气进入；如果楼层上下之间存在缝隙，则着火层所产生的烟气将向上一层渗漏，中性面以下楼层的烟气将随空气进入竖井向上流动，如图 1-2（a）所示。

如果火灾发生在中性面之上，因正烟囱效应引起的空气流从竖井进入着火层，能够阻止烟气流进入竖井，如图 1-2（b）所示。

当楼层间存在缝隙时，如果着火层的燃烧强烈，热烟气的浮力将会克服竖井内的烟囱效应，导致烟气进入竖井继而流入上层楼层，如图 1-2（c）所示。

起火层的位置越低，受烟气影响的层数越多。

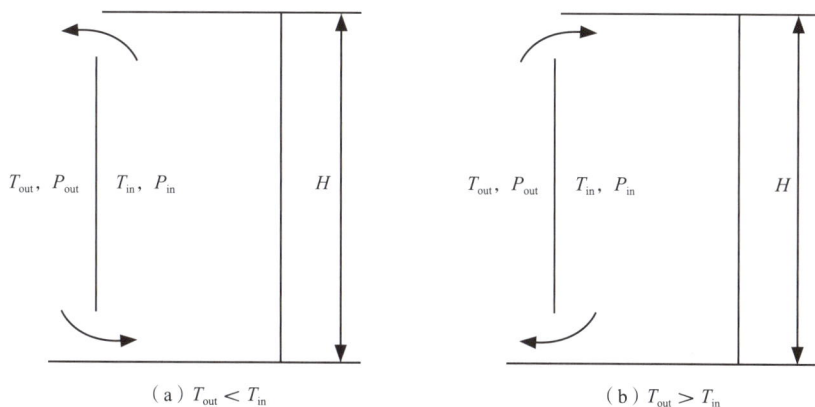

（a）$T_{out} < T_{in}$　　　　　　　　　　　（b）$T_{out} > T_{in}$

图 1-1　正烟囱效应和逆烟囱效应时的气体流动

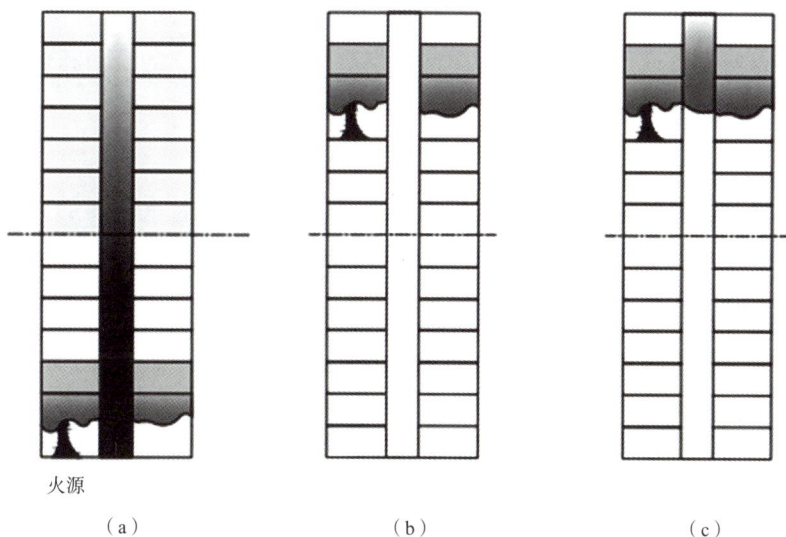

火源

（a）　　　　　　　　（b）　　　　　　　　（c）

图 1-2　建筑物中正烟囱效应引起的烟气流动

（2）浮升力引起的烟气流动

着火房间温度升高，空气和烟气的混合物密度减小，与相邻的走廊、房间或室外的空气形成密度差，具有向上的浮升力而引起烟气流动，如图 1-3 所示。

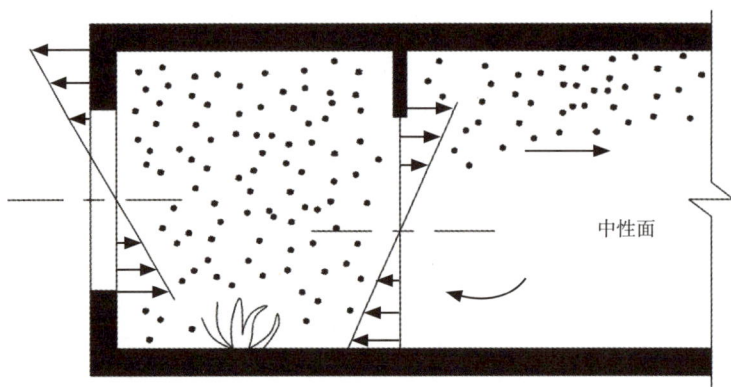

图 1-3　浮升力作用下的烟气流动

实质上着火房间与走廊、邻室或室外形成热压差，导致着火房间内的烟气与邻室或室外的空气相互流动，中性面的上部烟气向走廊、邻室或室外流动，而走廊、邻室或室外的空气从中性面以下进入。这是烟气在室内水平方向流动的原因之一。由于建筑物烟囱效应或风压的影响，窗洞的中性面将上移或下移，同样也影响室内洞口的中性面上移或下移。

烟气在走廊内流动过程中受顶棚和墙壁的冷却作用，靠墙的烟气将逐渐下降，形成走廊的周边都是烟气的现象。当着火房间的层高很高时，在上部会形成较大的压差。浮力作用还将使烟气通过楼板上的缝隙向上层渗透。随着烟气的流动和烟气的浓度被稀释，浮升力的作用会逐渐减弱。

（3）热膨胀引起的烟气流动

温度升高引起气体膨胀是影响烟气流动较重要的因素。着火房间烟气流出，温度低的外部空气流入，空气的体积因受热而急剧膨胀。由于燃料燃烧所增加的质量与流入的空气质量相比很小，一般将其忽略，因此燃烧导致的体积膨胀可只计算参与燃烧的空气。在火灾过程中，从体积流量来说，膨胀产生大量烟气。对门窗开启的房间，体积膨胀产生的压力可以忽略不计。但对门窗关闭的房间，可产生很大压力，使烟气向非着火区流动。

（4）风作用下的烟气流动

风可在建筑物的周围产生压力分布，而这种压力分布能够影响建筑物内的烟气流动。建筑物在风力作用下，迎风侧产生正风压，而在建筑侧部或背风侧，将产生负风压。当着火房间在正压侧时，风压将引导烟气向负压侧的房间流动。反之，当着火房间在负压侧时，风压将引导烟气向室外流动。风的作用受到多种因素的影响，包括风速、风向、建筑物高度等。

（5）通风空调系统引起的烟气流动

通风空调系统的管路是烟气流动的通道。当系统运行时，空气流动方向也是烟气可能流动的方向。当系统不工作时，由于烟囱效应、浮力、热膨胀和风作用，各房间的压力不同，烟气可通过房间的风口、风道传播，导致火势蔓延。

2. 烟气的扩散

烟气的水平扩散是由于高温烟气的密度比冷空气小，会在浮力的作用向上升起，遇到水平楼板或顶棚时，会沿着水平方向继续流动，从而在房间内部形成明显分离的两个层流：即上层高温烟气流动、下层常温空气流动，如图 1-4 所示。

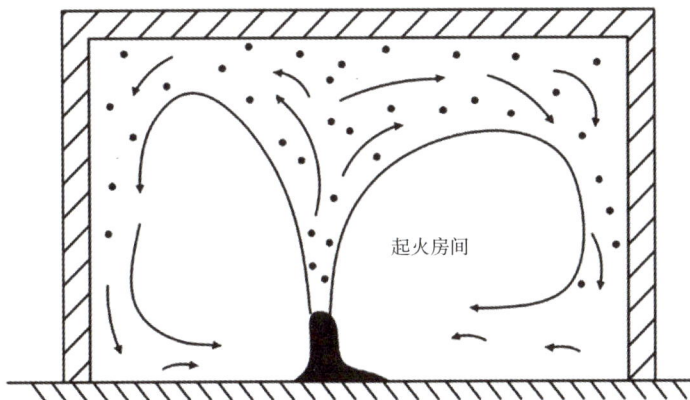

图 1-4　起火房间两个流层示意图

但在烟气的实际流动扩散过程中，总有冷空气掺混，还会因楼板、顶棚等建筑围护结构冷却，从而使得烟气温度逐渐下降。逐渐冷却的烟气和冷空气流向燃烧区，从而形成了室内的自然对流流动。当高层建筑发生火灾时，烟气流动扩散一般有三条路线：

①着火房间→室外。

②着火房间→相邻上层房间→室外。

③着火房间→走廊→楼梯间→上部各楼层→室外。

其中第③条是最主要的烟气流动扩散路径。

着火房间起火后不久，室内温度会突然增高，房间内气体的热膨胀会使门窗玻璃甚至门板破裂，高温烟气从而通过门窗孔洞向外扩散，如图 1-5 所示。

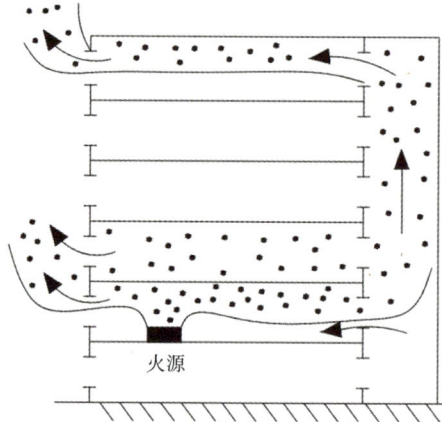

图 1-5　高层建筑的烟气流动路线

与此同时，着火房间的烟气还可以通过各种管道穿越楼板处的缝隙向相邻的上层房间扩散。从着火房间流动到走廊的高温烟气在遇到顶棚后将会改向水平方向流动。而当烟气通过走廊流入楼梯间、电梯间及管道竖井等竖直通道时，会在竖直方向上迅速上升，很快达到建筑物的最顶层，充满整个顶层的上部，然后通过外窗流到室外。

通常这种高层建筑内烟气扩散流动路线与建筑物各部位的开口部位密切相关。这主要是因为一般建筑物的房间与竖井开口的气密性较差以及烟囱效应的影响。高层建筑的楼梯间、电梯间以及各种管道竖井在发生火灾时将成为火势蔓延扩大的主要途径。

1.2　排烟系统

排烟系统是采用自然排烟或机械排烟的方式，将房间、走道等空间的火灾烟气排至建筑物外的系统，分为自然排烟系统和机械排烟系统。排烟系统可在建筑中某部位起火时排除大量烟气和热量，起到控制烟气和火势蔓延的作用。

1.2.1　自然排烟

1. 概述

自然排烟是利用火灾热烟气流的浮力和外部风压作用，通过建筑开口将建筑内的烟气直接排至室外的排烟方式；根据建筑结构本身的特点，利用建筑物的外窗、阳台、凹廊或专用排烟口、竖井等，通过自然的风力和热力作用将烟气排走或稀释其浓度。

自然排烟有两种方式：

（1）利用外窗或专设的排烟口排烟。如房间和走道可利用直接对外开启的窗或专为排烟设置的排烟口进行自然排烟。

（2）利用竖井排烟。如无窗房间、内走道或前室可用上部的排烟口接入专用的排烟竖井进行自然排烟。利用竖井排烟，即相当于专设一个烟囱，各层房间设排烟风口与之相连接，当某层起火有烟时，排烟风口自动或人工打开，热烟气即可通过竖井排到室外。这种排烟方式实质上是利用了烟囱效应的原理。但自然排烟竖井与进风竖井需要占用很大的有效空间，布置起来也不方便，又降低了建筑的使用面积，所以不易被设计人员所接受。

2. 影响自然排烟效果的因素

自然排烟效果会受到热压作用和风压作用的影响，其中热压作用是自然排烟的主要影响因素。自然排烟效果主要受到以下四个因素的影响。

（1）烟气和空气之间的温度差

烟气和空气之间的温度差越大，烟气和空气的密度差就越大，所引起的热压作用越大，自然排烟效果越好。烟气和空气之间的温度差是随着时间而变化的。在火灾初期，烟气温度较低，烟气和空气的温度差较小，自然排烟进展缓慢，在火灾猛烈发展阶段，烟气温度急剧上升，烟气和空气之间的温度差大大增加，自然排烟效果更好。

（2）排烟口和进风口之间的高度差

排烟口和进风口之间的高度差越大，热压作用越大。通过提高排烟口的位置和降低进风口的位置都可以加大排烟口和进风口之间的高度差，促进自然排烟。

（3）室外风力的影响

当排烟口位于背风面时，室外气流的吸引作用有利于自然排烟，风速越高越有利。相反，当排烟口位于迎风面时，室外气流的阻挡作用使得自然排烟效果较差。风速并不是越大越好，当风速达到一定值时，自然排烟失效；若风速进一步增大，将出现烟气倒灌的现象。图1-6所示为自然排烟受室外风向的影响情况。

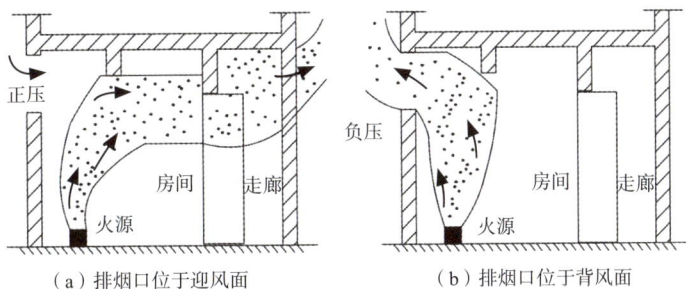

（a）排烟口位于迎风面　　　　（b）排烟口位于背风面

图1-6　自然排烟受室外风向的影响情况

（4）高层建筑热压作用的影响

高层建筑由于室内外温差引起的热压作用，使上部楼层和下部楼层之间存在着一定的压力差。如在夏季使用空调期间，室内气温低于室外，上部楼层室内压力低于室外，向内进风，而下部楼层室内压力高于室外，向外排气，在建筑物中则出现了一股下降气流。若火灾发生在上部楼层，在火灾初期将产生烟气向下部楼层蔓延扩散的现象。

3. 自然排烟的优缺点

自然排烟的优点是结构简单、投资少，而且不需要外加的动力，维修费用也少。但是自然排烟也存在不少问题，主要有以下几点：

（1）自然排烟的排烟效果不稳定，受风向、风速等诸多因素的影响。

（2）对建筑物结构有特殊要求，如房间必须有一面墙壁面向室外。

（3）存在火灾通过排烟口蔓延到上层的危险性。

因此，以下建筑各部位不应采取自然排烟措施：

（1）建筑高度超过50m的一类公共建筑和建筑高度超过100m的居住建筑的防烟楼梯间及其前室、消防电梯间前室及合用前室。

（2）净空高度超过12m的中庭。

（3）长度超过60m的内走道。

1.2.2 机械排烟

1. 概述

利用机械（风机）作用力的排烟称为机械排烟，机械排烟是利用排烟风机把着火房间中所产生的烟气和热量通过排烟口排至室外，同时在着火区形成负压，防止烟气向其他区域蔓延。

机械排烟可分为局部排烟和集中排烟两种方式。

局部排烟方式：在每个需要排烟的部位设置独立的排烟风机直接进行排烟。该方式风机分布分散，投资较大，且维修管理麻烦，因此设计上不常采用。

集中排烟方式：将建筑物划分为若干个区，在每个区内设置排烟风机，通过排烟风机排烟。

机械排烟有两种补风形式：自然进风与机械进风，如图1-7所示。

2. 机械排烟基本原理

发生火灾时，着火区域弥漫大量高温烟气，压力高于附近的未着火区域，一般平均高出10～15Pa，甚至达到35～40Pa。着火区和非着火区之间存在着压力差，所以，高温烟气将通过着火区域的门窗缝隙、开口以及各种管道穿过墙间隙等处扩散蔓延。

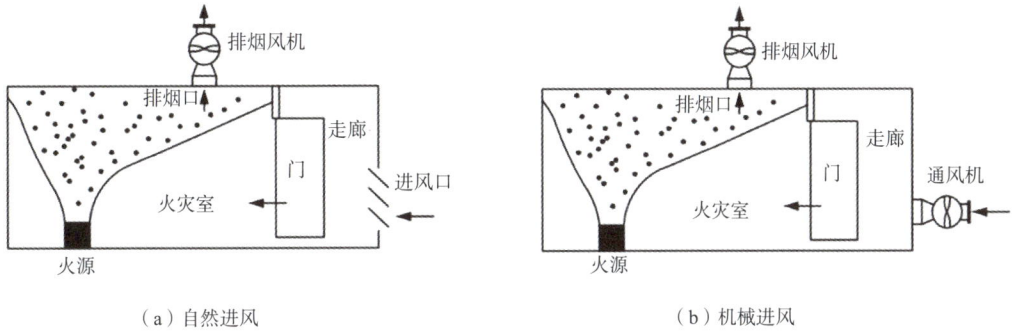

（a）自然进风　　　　　　　　　　　　　（b）机械进风

图 1-7　机械排烟补风方式

通过机械排烟可以将火灾产生的烟气通过排烟风机排到室外。如果机械排烟的排烟量大于火灾产生的烟气量，就可以在着火区域造成负压，有效地防止着火区的火灾烟气向其他非着火区域蔓延，从而确保了其他区域不受到火灾烟气的侵害。

3.机械排烟系统的组成及工作原理

机械排烟系统由挡烟垂壁（挡烟梁、挡烟墙）、排烟口、排烟防火阀、排风排烟道、排烟风机等组成。建筑物防排烟系统平面图如图 1-8 所示。

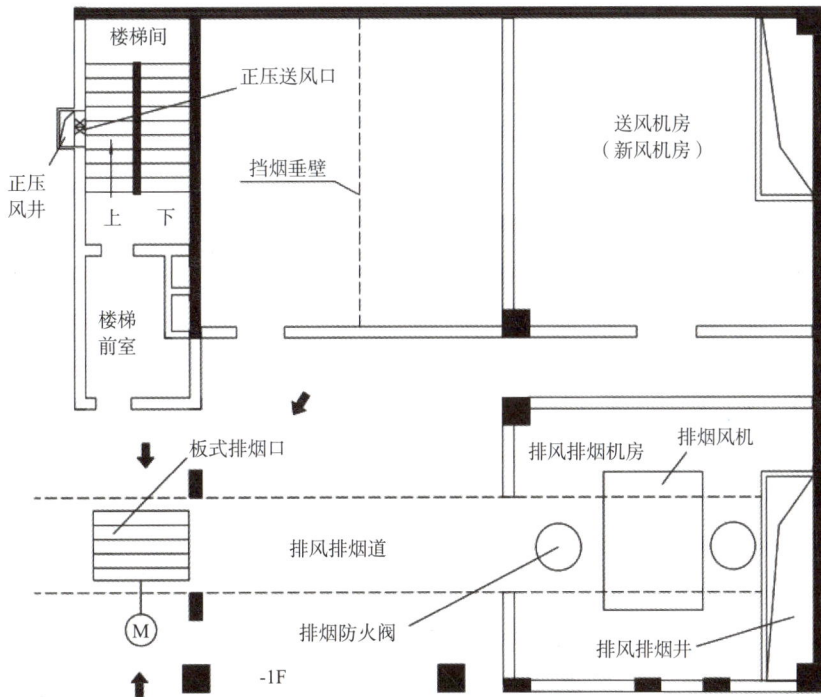

图 1-8　建筑物防排烟系统平面图

机械排烟系统工作流程图如图 1-9 所示。

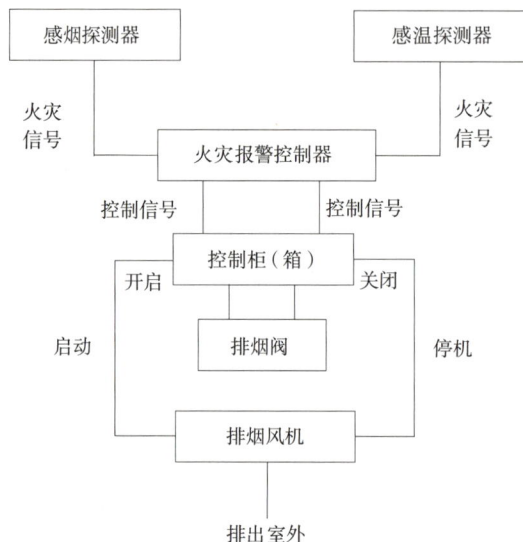

图 1-9　机械排烟系统的工作流程图

（1）火灾初期：感烟探测器将探测到的火灾信号传送给火灾报警控制器，经过火灾报警控制器的对比、分析以及判断，输出控制信号给控制柜，由控制柜发出指令开启排烟阀，启动排烟风机。同时，启动警报设备，提示人员进行疏散。

（2）火灾中期：火场中的烟雾减少，温度升高。当温度达到 280℃时，感温探测器将探测到的火灾信号传送给火灾报警控制器，经过火灾报警控制器的对比、分析以及判断，输出控制信号给控制柜，由控制柜发出指令关闭排烟阀，关闭排烟风机，排烟工作结束。

4. 机械排烟的优缺点

机械排烟的优点是不受外界条件（如内外温差、风力、风向、建筑特点、着火区位置等）的影响，而能保证有稳定的排烟量。特别是火灾初期，使火场温度和烟气的含量大大降低，能有效地保证非着火层或区域的人员疏散和物资转移的安全。

但机械排烟也具有以下的缺点：

（1）在火灾迅猛发展阶段，负压机械排烟效果会降低。

负压机械排烟方式在火灾初期效果较好，但在火灾迅猛阶段，短时间产生大量烟气，可能出现火灾产生烟气量大于排烟风机排烟量的情况。在这种情形下，排烟风机无法将生成的烟气完全排除，导致着火区域形成正压，烟气反而会扩散到非防火区域，机械排烟效果降低，甚至会出现失效的情况。

（2）排烟风机与排烟管道的耐高温性能有限。

在火灾迅猛发展阶段，着火房间内烟气温度可能高达 600～1000℃，而排烟风机和管道的耐高温性能是有限的。通常仅要求排烟风机能在 280℃连续运行 30min。因此，需要采用敷设绝热防火结构、水冷却装置等辅助技术措施，来保证排烟风机与排烟管道的工作安全可靠。

（3）设施费用与维修费用高。

机械排烟的投资投入较大，且经常需要保养维修，否则可能在需要使用时因为故障而无法正常启动，因而维护管理费用较高。

1.3 防烟系统

防烟系统是指通过采用自然通风方式，防止火灾烟气在楼梯间、前室、避难层（间）等空间内积聚，或采用机械加压送风方式阻止火灾烟气侵入楼梯间、前室、避难层（间）等空间的系统。防烟系统可以阻止烟气侵入，控制烟气蔓延，为安全疏散创造有利条件，保证人员安全疏散。防烟设施包括机械加压送风的防烟设施、可开启外窗的自然排烟设施、防火门、防火卷帘、电动防火阀等。防烟系统分为自然通风系统和机械加压送风系统。

1.3.1 自然通风

自然通风是指利用建筑物内外空气的密度差引起的热压或室外大气运动引起的风压来引进室外新鲜空气达到通风换气作用的一种通风方式；通过建筑结构本身的特点，利用风力和热力作用实现室内外空气的交换。

自然通风主要依靠风压作用和热压作用，有以下三种方式：

1. 风压作用下的自然通风

当风吹向建筑时，因受到建筑的阻挡，会在建筑的迎风面产生正压力。同时，气流绕过建筑的各个侧面及背面，会在相应位置产生负压力。风压通风就是利用建筑的迎风面和背风面之间的压力差实现空气的流通。空气温度、相对湿度、空气流速以及建筑物进出风口的面积、开口位置等因素均会对风压作用下的自然通风造成影响。

2. 热压作用下的自然通风

这是一种利用室内外空气温差所导致的空气密度差和进出风口的高度差来实现通风的自然通风方式。热压是室内外空气的温度差引起的。温度差会造成室内外密度差，出现垂直方向上的压力梯度。如果室内温度高于室外，建筑物的上部将会有较高的压力，而下部存在较低的压力。当建筑物的这些位置存在孔口时，空气会从较低的开口进入，从上部流出。如果室内温度低于室外温度，气流方向相反。

3. 风压和热压共同作用下的自然通风

在实际生活中的建筑自然通风，是风压和热压共同作用的结果，两种作用，有时相互加强，有时相互抵消。风压和热压共同作用时，并不是简单的线性关系，会受到天气、室外风向、建筑物形状、周围环境等各种因素的影响。

自然通风系统主要通过可开启外窗来实现防烟。

1.3.2 机械加压送风

1. 机械加压送风系统概述

机械加压送风系统是指在疏散通道等人员逃生的路线送入足够的新鲜空气，并维持其压力高于建筑物其他部位，从而把着火区域产生的烟气有效地堵截于加压防烟的部位之外。它可以克服由于火灾的复杂性和排烟管路、排烟风机的耐热性等问题，烟气从着火区域蔓延扩散到非着火区域的弊端。

发生火灾时，高层建筑内可分为四个安全区：第一类安全区为防烟楼梯间、避难层，第二类安全区为防烟楼梯间前室、消防电梯间前室或合用前室，第三类安全区为走道，第四类安全区为房间。依据上述原则，加压送风时应使防烟楼梯间压力＞前室压力＞走道压力＞房间压力，同时还要保证各部分之间的压差不要过大，以免造成开门困难影响疏散。

2. 机械加压送风的基本原理

建筑物发生火灾时，可以通过机械加压送风对着火区以外的有关区域进行送风加压，使其保持一定的正压，以防止烟气侵入。在加压区域与非加压区域之间用一些构件分隔，如墙壁、门窗及楼板等，分隔物两侧之间的压力差使门窗缝隙中形成一定流速的气流，从而有效地防止烟气通过这些缝隙渗漏出来，如图1-10所示。

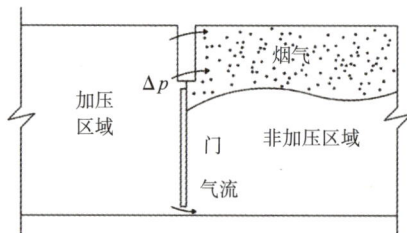

图1-10 机械加压送风示意

3. 机械加压送风系统组成及工作原理

机械加压送风系统由加压送风管道、加压送风口、加压送风机（正压风机）和电气控制设备等组成。

机械加压送风系统工作流程图如图 1-11 所示。

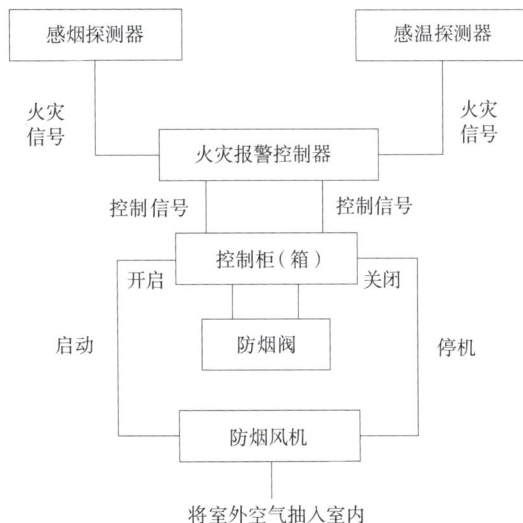

图 1-11 机械加压送风系统工作流程图

（1）火灾初期：感烟探测器将探测到的火灾信号传送给火灾报警控制器，经过火灾报警控制器的对比、分析以及判断，输出控制信号给控制柜，由控制柜发出指令开启防烟阀，启动送风风机，在前室以及消防走道内形成正压。

（2）火灾中期：火场中的烟雾减少，温度升高。当温度达到 280℃时，感温探测器将探测到的火灾信号传送给火灾报警控制器，经过火灾报警控制器的对比、分析以及判断，输出控制信号给控制柜，由控制柜发出指令关闭防烟阀，关闭送风风机，防烟工作结束。

4. 机械加压送风方式的优缺点

（1）优点

机械加压送风方式的优点主要有以下三点：

①能够确保疏散通道的绝对安全

加压送风方式能弥补自然排烟与机械排烟的不足，防止高温烟气从着火区域向未着火区域扩散。即使有少量烟气侵入，也能在很短时间将烟气稀释排除。

②可降低建筑物某些部位的耐火要求

加压送风方式供入的新鲜空气可以对烟气起到冷却作用，降低整个着火区的温度水平，也降低了可能侵入疏散通道的烟气的温度，因而可降低疏散通道的耐火要求。

③便于旧式建筑物的防排烟技术改造

建立加压送风系统比较简单，只需对楼梯间等作为疏散通道的部位送入足够数量的新鲜空气，能维持一定的正压值就可以满足技术要求，不必对建筑物本身进行较大的改动，工作量较小，改造工期较短。

（2）缺点

虽然正压送风防烟方式的优点相对突出，但这种防烟方式也存在一定的问题，主要是当正压送风楼梯间的正压值过高时，会使楼梯间通向前室或走廊的门打不开。

复习思考题

1. 简述烟气的物质组成及危害。
2. 简述机械防排烟系统的组成及工作原理。

防排烟系统设备与配件

第 2 章

学习目标

1. 了解防排烟工程的重要性和应用领域；

2. 掌握防排烟系统设备与配件的组成、实物结构和工作原理。

防排烟系统由送排风管道、管井、阀门、门开关设备，送、排风机等设备组成。本章主要介绍防排烟系统常用设备与配件，包括风机、阀门、风管、弯头、风口、法兰、其他配件等。

2.1 风机

风机是一种用于输送气体的机械，它是将机械能转换为气体的能量，从而提高气体的压力并推动气体流动，主要用于工厂、矿井、隧道、冷却塔、车辆、船舶和建筑物的通风、排烟、排尘和冷却，锅炉和工业炉窑的通风和引风，空气调节设备和家用电器设备中的冷却和通风，以及谷物的烘干和选送等。

在建筑物防排烟系统中，防排烟风机是重要设备。防排烟风机是有组织地往室内送入新鲜空气或排出室内火灾烟气的输送设备，是机械排烟系统和加压送风系统中必不可少的部分，在防排烟系统中起着至关重要的作用。

2.1.1 风机的性能参数

风机的性能是以它的性能参数表示的，其性能参数主要有额定工况下的风量 Q、全压 p、转速 n、功率 N、效率 η 等。

1. 风量

风量是衡量风机在输送气体时效能的重要标准，指风机在标准工况（$t=20℃$，$p=101.3kN/m^2$，$\phi=50\%$）下，单位时间内所输送的气体体积流量，单位为"m^3/g"或"m^3/h"。实际工况不是标准工况时，需要进行换算，若实测的流量和密度分别为Q_1和p_1，则标准工况下的流量为：

$$Q = \frac{Q_1 p_1}{1.2} \tag{2-1}$$

2. 全压

风机的全压是指单位体积流体流过风机后所获得的能量增加值（全压值），即气体在风机出口和进口的全压值之差，反映了风机对气体做功的能力，用p表示，单位为"N/m^2"或"Pa"。

3. 转速

转速是指风机叶轮每分钟的转数，用n表示，单位为"r/min"。

4. 功率

风机的功率是指输入功率，即原动机传到风机转轴上的功率，也称为轴功率，反映了风机实际所需的能量，用N表示，单位为"W"或"kW"。

5. 效率

单位时间内流体从风机得到的实际能量，称为有效功率，用N_e表示，单位为"W"或"kW"。

风机效率是指风机所提供的空气流量与所消耗的能量之比，即有效功率与轴功率之比，用η表示，如式（2-2）所示。它表示输入的轴功率被流体的利用程度，风机的效率通常是由试验确定的。

$$\eta = \frac{N_e}{N} \tag{2-2}$$

2.1.2 风机的分类

1. 根据作用原理分类

风机按照不同的分类方法可以分为多种类型，根据作用原理风机分为离心风机、轴流风机和混流风机。

（1）离心风机

离心风机由叶轮、机壳、主轴、支架等部分组成，叶轮上装有一定数量的叶片，如图2-1所示。其中，机壳作为风机的外壳体，起到保护内部零件和引导气流的作用；

主轴是连接电机和叶轮的关键部件，负责传递动力；而叶轮则是风机的核心部分，通过其高速旋转产生离心力，实现气体的加压和输送。各部分协同工作，实现气体的吸入、压缩和排出，其广泛应用于通风、排烟、排尘和冷却等场景。离心风机实物图如图 2-2 所示。

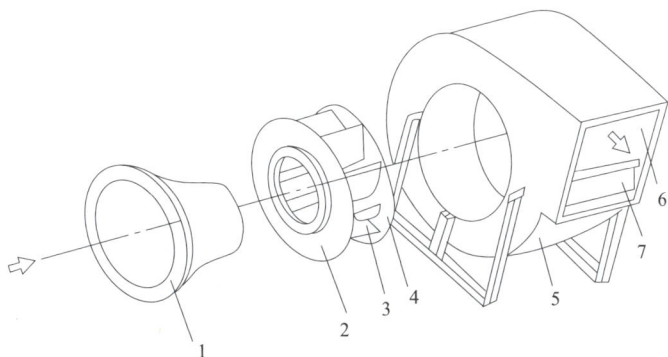

图 2-1　离心风机的组成

1—吸入口；2—叶轮前盘；3—叶片；4—叶轮后盘；5—机壳；6—出口；7—截流盘（风舌）

图 2-2　离心风机实物图

　　根据离心风机提供的全压不同分为高、中、低压三类，高压离心风机全压大于 3000Pa，中压离心风机全压介于 1000～3000Pa，低压离心风机全压不超过 1000Pa。

（2）轴流风机

　　轴流风机的叶片安装在旋转的轮毂上，通过电机驱动转子上的叶片旋转，从而产生气流，推动空气或其他气体沿风机轴线方向流动。由于风机中的气流方向始终沿着轴向，故称为轴流风机。如图 2-3 所示，轴流风机主要由轮毂、整流罩、叶轮、扩压管和电动机等部件构成；轴流风机实物图如图 2-4 所示。

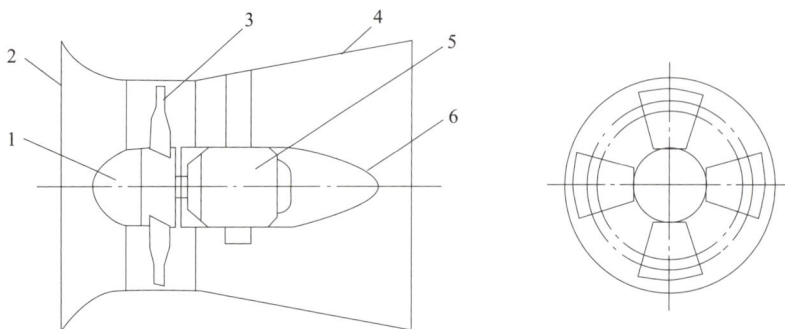

图 2-3　轴流风机的组成

1—轮毂；2—前整流罩口；3—叶轮；4—扩压管；5—电动机；6—后整流罩

图 2-4　轴流风机实物图

　　轴流风机具有结构简单、安装方便等特点，根据风机提供的全压大小，轴流风机分为高压风机和低压风机两种，其中高压轴流风机全压不小于 500Pa，低压轴流风机全压小于 500Pa。轴流风机按叶片的形式可分为板型和机翼型，而且有扭曲和非扭曲之别；按结构可分为筒式和风扇式两种。

　　（3）混流风机

　　混流风机是一种介于离心风机和轴流风机之间的通风设备，它结合了这两种风机的特点。混流风机的叶轮高速旋转让空气既做离心运动，又轴向运动，既产生离心风机的离心力，又具有轴流风机的推升力，机壳内空气的运动混合了轴流与离心两种运动形式。混流风机和离心风机相比，压力低一些，而流量大一些，它与轴流风机相比，压力高一些，但流量又小一些。混流风机具有压力高、风量大、高效率、结构紧凑、噪声低、安装方便等优点。混流风机外形看起来更像传统的轴流风机，机壳具有敞开的入口，排泄壳缓慢膨胀，以放慢空气或气体流的速度，并将动能转换为有用的静态压力，混流风机外形类似轴流风机，但内部结构更为复杂，主要由叶轮、电动机、风筒、连接风管等部件构成，如图 2-5 所示；混流风机实物图如图 2-6 所示。

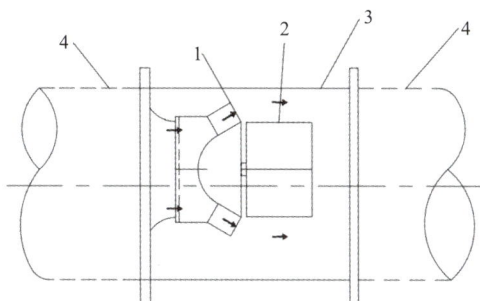

图 2-5 混流风机示意图

1—叶轮；2—电动机；3—风筒；4—连接风管

图 2-6 混流风机实物图

混流风机独特的设计和结构特点使其在风压和流量上能达到较佳效果，广泛应用于宾馆、饭店、商场、写字楼、体育馆等高级民用建筑的通排风、管道加压送风及工矿企业的通风换气场所。

在建筑防排烟工程中，排烟风机可采用排烟轴流风机、混流风机或离心风机，加压送风风机可采用轴流风机和中、低压离心风机。

2. 根据风机的用途分类

根据风机的用途，可以将风机分为一般用途通风换气、排尘通风、防爆气体通风换气、防腐气体通风换气、高温气体输送等，用途代号采用汉语拼音表示，部分风机用途代号表及使用介绍，如表 2-1 所示。

风机用途代号表及使用介绍（部分）　　　　表 2-1

序号	用途类别	代号		使用介绍
		汉字	简写	
1	一般用途通风换气	通用	T	只适宜输送温度低于 80℃，含尘浓度小于 150mg/m³ 的清洁空气
2	排尘通风	排尘	C	用于输送含尘气体。为了防止磨损，可在叶片表面渗碳、喷镀三氧化二铝、硬质合金钢等，或焊上一层耐磨焊层，如碳化钨等
3	防爆气体通风换气	防爆	B	风机配套一般采用隔爆型电动机，其型号则应根据电机所处使用场所、允许的最高表面温度分组等因素确定
4	防腐气体通风换气	防腐	F	防腐通风机输送的气体介质较为复杂，所用材质因气体介质而异。在通风机叶轮、机壳或其他与腐蚀性气体接触的零部件表面喷镀一层塑料，或涂一层橡胶，或刷多遍防腐漆，以达到防腐目的，应用广泛
5	高温气体输送	高温	W	输送的烟气温度一般为 200～250℃，在该温度下碳素钢材的物理性能与常温下相差不大；若输送气体温度在 300℃ 以上时，则应用耐热材料制作

3. 建筑防排烟风机要求

在建筑防排烟工程中，由于加压送风系统输送的是一般的室外空气，因此可以采用一般用途风机，而排烟系统对于风机有着更高的要求，需选用专业的消防用排烟风机以确保排烟效果。

此外，风机还可根据其转速划分为单速风机和双速风机两种。这两种风机的性能参数，如风量和全压，可通过调节其转速来进行灵活调整。这不仅满足了系统的需求，还实现了节能的目标。特别是双速风机配备了双速电机，通过改变电机的极对数，可轻松实现两种不同转速的切换。

2.1.3 防排烟工程对风机的要求

在建筑物防排烟工程中，加压送风风机与常规送风风机在功能上并无显著区别。然而，排烟风机在性能要求上更为严格，除了满足一般工程风机的性能外，还需符合以下特定条件：

（1）排烟风机可选用离心风机或专用的消防排烟轴流风机，其材料应为不燃材料，以确保在高温下变形较小。排烟专用轴流风机必须经过国家质量检测认证中心按照相关标准进行性能检测，并获得相应的报告。普通离心式通风机虽设计用于输送冷空气，但在输送火灾烟气时，由于烟气密度小，风机功耗和电机线圈发热量较小，仍可采用。

（2）加压风机和排烟风机应满足系统的风量和风压要求，同时尽可能使工作点处于风机的高效运行区域。机械加压送风风机可选用轴流风机或中、低压离心风机，其进风口应直接与室外空气相通。

（3）排烟风机需具备在高温环境下稳定运行的能力。在烟气温度低于85℃时，应能长时间运行；而在280℃（地铁用轴流风机为250℃）条件下，应能连续工作至少30min（地铁用风机为1h）。当温度恢复至环境温度时，排烟风机应能持续正常运转。若系统中设置有软接头，软接头也需具备在280℃环境下连续工作不少于30min的能力。

（4）在高原地区，由于大气压力低和气体密度小，排烟系统在相同的质量流量和阻力下，所需的风量和风压会比平原地区大，因此在设计时需充分考虑当地大气压力的影响。

（5）轴流式消防排烟通风机内部应设置电动机隔热保护与空气冷却系统，电动机的绝缘等级应不低于F级。

（6）轴流式消防排烟通风机的电动机动力引出线应采用耐温隔热套管包裹或采用耐高温电缆，以确保其在高温环境下稳定运行。

（7）排烟风机的全压需满足排烟系统最不利环路的要求，并考虑到排烟风道的漏风量，排烟量应增加 10% ~ 20% 的富余量。

（8）在排烟风机的入口或出口总管处应设置排烟防火阀，当烟气温度超过 280℃ 时，该阀能自动关闭，并与排烟风机联动，确保在阀关闭时排烟风机停止运转。

2.1.4 防排烟风机的选型

防排烟风机选型主要包含两项内容，其一是确定风机的性能指标，其二是确定风机的具体规格型号。

1. 风机性能指标的确定

根据前述计算规则确定了防排烟风系统的阻力和流量之后，便可以确定所要选择风机的风量、风压和功率。由于实际运行条件和理论计算条件之间存在着一定的偏差，所以无论是风量、风压还是功率，都必须考虑一定的富余量。

风机的风量 Q 为：

$$Q = \beta_Q Q_j \tag{2-3}$$

式中　β_Q——风机的风量储备系数，风机取 1.1 ~ 1.12；

　　Q_j——防排烟系统计算得到的气体体积流量（m^3/s）。

风机的风压 p 为：

$$p = \beta_p \sum \Delta p \frac{p_b}{B} \frac{(273+t)}{(273+t_b)} \tag{2-4}$$

式中　β_p——风机的风压储备系数，可取 β_p=1.1 ~ 1.2；

　　$\sum \Delta p$——防排烟系统的总压力（Pa）；

　　p_b——标准大气压（Pa）；

　　B——当地大气压（Pa）；

　　t_b——标准状态下气体的温度（℃）；

　　t——防排烟系统气体的温度（℃）。

风机的轴功率 N_z 为：

$$N_z = \frac{Q_p}{\eta} \times 10^{-3} \tag{2-5}$$

风机配用电动机所需的功率 N_D 为：

$$N_D = K_N \frac{N_z}{\eta_c} = K_N \frac{QH}{\eta \eta_c} \times 10^{-3} \tag{2-6}$$

式中　Q_p——风机的风压（Pa）；

Q——风机的风量（m^3/h）；

H——动态风压，单位为毫米汞柱（mmHg），1毫米汞柱 =10帕；

η_c——风机的传动效率，随不同的传动方式而异，如表 2-2 所示；

η——风机的效率；

K_N——电动机的功率储备系数，如表 2-3 所示。

风机的传动效率 η_c 表 2-2

传动方式	传动效率 η_c
风机与电动机连接	1.0
风机与电动机通过联轴器连接	0.98
风机与电动机通过三角带传动	0.95
风机与电动机通过平带传动	0.90

电动机的功率储备系数 K_N 表 2-3

电动机功率（kW）	功率储备系数 K_N
≤ 5	1.5
0.5 ~ 1	1.4
1 ~ 2	1.3
2 ~ 5	1.2
> 5	1.15

2. 风机选型中应注意的问题

在选择风机时，首要考虑的是被输送介质的性质。例如，对于常温空气的输送，普通风机即可满足需求；而面对需要连续排出的高温烟气，则必须选择具备耐高温性能的风机。

在选择风机时，还应特别注意安装现场的实际情况。根据安装位置，合理选择风机的旋转方向和出口方位，以确保管道连接便捷、减少不必要的弯头，并便于日后的维护和检修工作。

在一般风机选型时可以不考虑当地大气压力的影响，对于高原地区，由于海拔高、大气压力低、气体密度小，当烟风系统的质量流量和阻力相同时，风机所需的风量和风压会相应增大。所以在高原地区进行风机选型时，则必须充分考虑这一因素，以确保风机能够高效、稳定地运行。

2.2 阀门

在建筑物防排烟系统中阀门主要起到阻止烟气蔓延和防止火灾传播的作用。建筑防排烟系统中所使用的阀门有防火阀、排烟防火阀、排烟阀等，它们应满足《建筑通风和排烟系统用防火阀门》GB 15930—2024 的要求，本节将对它们作简要的介绍。

2.2.1 防火阀与排烟防火阀

防火阀是一种采用记忆熔合金的温度控制，利用重力作用和弹簧机构的作用关闭的阀门形式。当管道内的烟气温度达到预设的阈值（如 70℃、150℃或 280℃）时，阀门自动关闭，以避免火势蔓延。

1. 防火阀

防火阀通常安装在建筑物内部的通风管道中，用于防止火灾时烟气和有毒气体的扩散，防火阀通常处于常开状态。防火阀的主要作用是在火灾发生时，阻止火焰和高温烟气通过风管系统扩散到其他区域，如图 2-7 所示。当风道从防火分隔构件处及变形缝处穿过，或风道的垂直管与每层水平管分支的交接处都应安装防火阀。

新型产品中也有利用记忆合金产生形变使阀门关闭的。火灾时，火焰侵入风管，高温使阀门上的易熔合金爆解，或记忆合金产生形变，阀门在弹簧力或重力作用下自动关闭，其工作原理如图 2-8 所示。

图 2-7　防火阀实物图

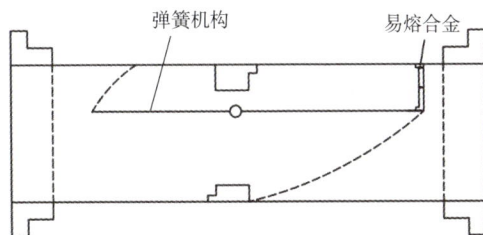

图 2-8　防火阀的工作原理

防火阀一般由阀体、叶片、执行机构、控制机构和温度熔断器等部件组成，如图 2-9 所示。

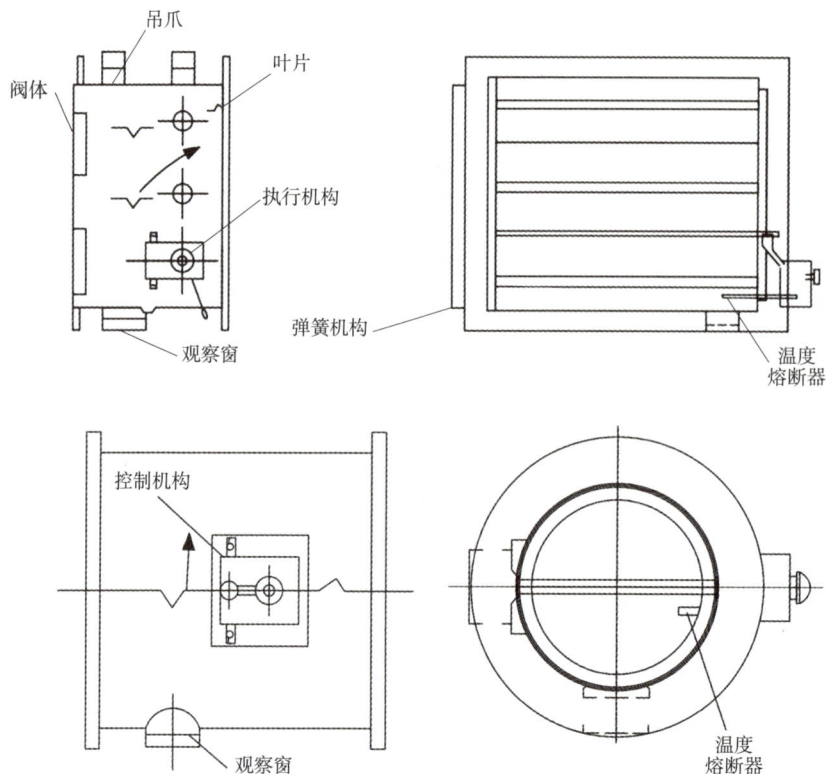

图 2-9　防火阀构造示意图

2. 排烟防火阀

排烟防火阀安装在排烟管道上，平时呈常开状态，如图 2-10 所示，它的主要作用是在火灾时，能够调控排烟口或管道的开启与关闭，确保排烟系统有效运行。阻止超过 280℃的高温烟气进入排烟管道，保护排烟风机和排烟管道。排烟防火阀的构造如图 2-11 所示。远程控制的排烟防火阀如图 2-12 所示。

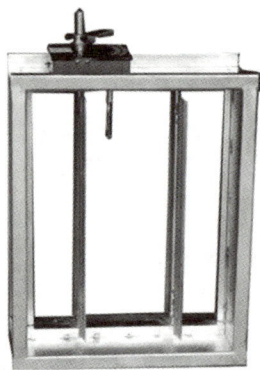

图 2-10　排烟防火阀

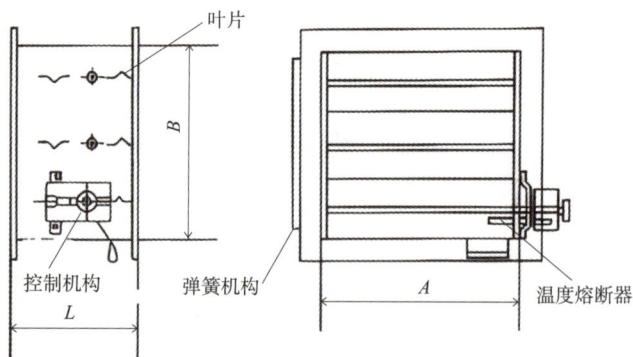

图 2-11　排烟防火阀构造

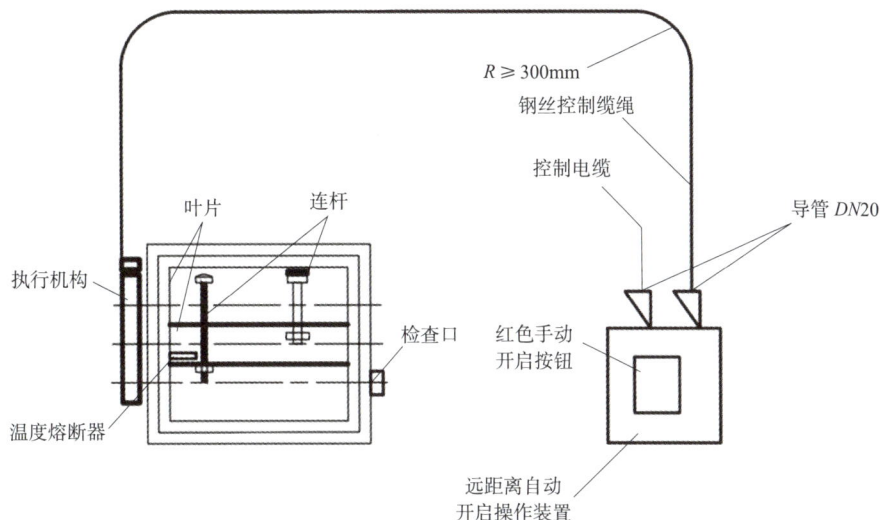

图 2-12　远程控制的排烟防火阀

防火阀及排烟防火阀的主要性能见表 2-4。

防火阀及排烟防火阀的主要性能　　　　　　　　表 2-4

序号	阀门的控制功能	防火阀	排烟防火阀
1	平时常开	√	√（排风、排烟兼用系统选用）
2	平时常闭	/	/
3	280℃感温自闭	/	√
4	70℃感温自闭	√	/
5	电信号开启	/	√
6	电信号关闭	√（排风、排烟兼用系统选用）	可选
7	手动开启	/	√
8	手动关闭	可选	√
9	手动复位	√	√
10	自动复位	可选	可选

3. 防火调节阀

防火调节阀是防火阀的一种，平时常开，阀门叶片可在 0°～90° 内调节，气流温度达到 70℃时，温度熔断器动作，阀门关闭，以阻止烟雾扩散；也可手动关闭或手动复位。阀门关闭后可发出电信号至消防控制中心。其结构如图 2-13 所示，实物图如图 2-14 所示。

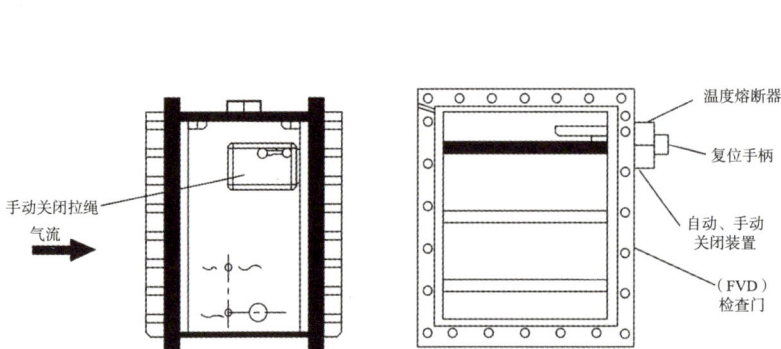

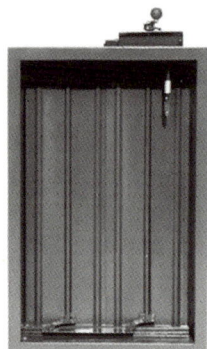

图 2-13　防火调节阀结构图　　　　　图 2-14　防火调节阀实物图

4. 防火风口

工程中常用的防火风口，由铝合金风口和薄型防火阀组合而成，如图 2-15 和图 2-16 所示。其主要用于有防火要求的通风空调系统的送回风管道的出口或吸入口，一般安装于风管侧面或风管末端及墙上，平时作风口用，可调节送风气流方向，其防火阀部分能够在 0°~90° 的范围内无级调节通过风口的气流量。气流温度达到 70℃ 时，温度熔断器动作，阀门关闭，从而有效阻断火势和烟气蔓延。

此外，防火风口还具备手动关闭和复位的功能，以适应不同的应急需求。

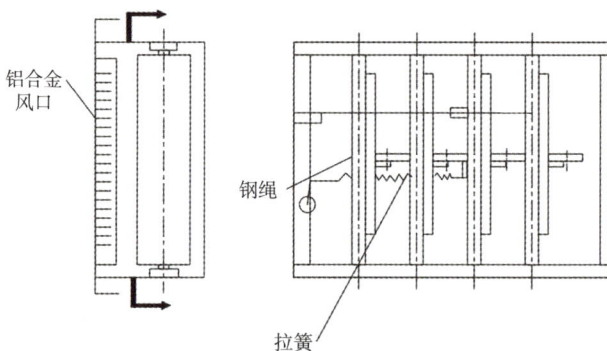

图 2-15　防火风口阀实物图　　　　　图 2-16　防火风口示意图

2.2.2　排烟阀

排烟阀由叶片、执行机构、连杆等组成，如图 2-17 所示。其安装在机械排烟系统各支管端部（烟气吸入口），也可安装在排烟口或排烟风机的吸入处，平时呈关闭状态并满足漏风量要求。

当火灾发生或需要排烟时，排烟阀可以通过手动或电动方式打开，进行排烟工作。带有装饰口或进行过装饰处理的阀门称为排烟口。排烟阀的开启可以由消防控制中心通过 DC24V 电压控制，也可手动操作。阀门开启后，可以发出电信号至消防控制中心，以便进行监控和记录。

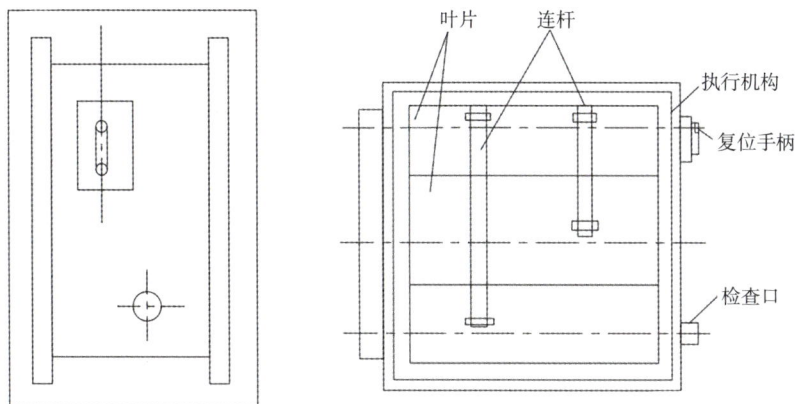

图 2-17　排烟阀示意图

2.2.3　阀门型号表示

1. 阀门型号表示方法

阀门型号顺序如图 2-18 所示。

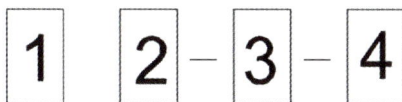

$$1 \quad 2 - 3 - 4$$

图 2-18　阀门型号顺序

各项的含义如下：

1—产品名称，防火阀用符号 FHF 表示，排烟防火阀用符号 PFHF 表示，排烟阀用符号 PYF 表示。

2—阀门的控制方式，W 表示温感器控制自动关闭，S 表示手动控制关闭或开启，D 表示电动控制关闭或开启，Dc 表示电控电磁铁关闭或开启，Dj 表示电控电机关闭或开启，Dq 表示电控气动机构关闭或开启。

3—阀门的功能，F 表示阀门具有风量调节功能（排烟防火阀和排烟阀不要求风量调节功能），Y 表示阀门具有远距离复位功能，K 表示阀门具有关闭或开启后阀门位置信号反馈功能。

4—公称尺寸，矩形阀门用 $W \times H$ 表示，W 和 H 分别为阀门的公称宽度和公称高度；圆形阀门用 ϕ 表示，ϕ 为阀门的公称直径。常见的阀门规格如表 2-5 和表 2-6 所示。

圆形阀门的常见规格　　　　表 2-5

阀门公称直径 φ（mm）	120	140	160	180	200	220	250	280	320	360	400	450	500	560	630	700	800	900	1000
法兰规格（mm）	扁钢 20×4		扁钢 25×4						角钢 25×3							角钢 30×3			

矩形阀门的常用规格（单位：mm）　　　　表 2-6

W	H												
	120	160	200	250	320	400	500	630	800	1000	1250	1600	2000
120	√	√	√	√									
160		√	√	√	√								
200			√	√	√	√	√						
250				√	√	√	√	√	√				
320					√	√	√	√	√	√			
400						√	√	√	√	√	√		
500							√	√	√	√	√	√	
630								√	√	√	√	√	
800									√	√	√	√	√
1000										√	√	√	√
1250												√	√
法兰规格（mm）	角钢 25×3								角钢 30×3			角钢 40×4	

2. 阀门型号举例

【示例 2-1】FHF WSDc — F — 500×500

表示具有温感器控制自动关闭、手动控制关闭（开启）、电控电磁铁关闭（开启）和风量调节功能，公称尺寸为 500mm×500mm 的防火阀。

【示例 2-2】PFHF WSDc — Y — φ800

表示具有温感器控制自动关闭、手动控制关闭（开启）、电控电磁铁关闭（开启）和远距离复位功能，公称直径为 800mm 的排烟防火阀。

【示例 2-3】PYF WSDc — K — 400×630

表示具有温感器控制自动关闭、手动控制关闭（开启）、电控电磁铁关闭（开启）和阀门关闭（开启）后位置信号反馈功能，公称尺寸为 400mm×630mm 的排烟阀。

2.2.4 阀门的要求

1. 阀门材料

防火阀和排烟防火阀的主要部件,如阀体、阀盖等,应采用耐高温、耐腐蚀的材料,如不锈钢、碳钢等。这些材料应能在高温环境下保持结构完整性和功能稳定性。

阀门内部的密封材料也应具有良好的耐高温和耐腐蚀性能,以确保在高温下阀门能够严密关闭,防止火势和烟气通过。

2. 控制方式

防火阀或排烟防火阀应具备温感器控制方式,使其自动关闭,防火阀或排烟防火阀宜具备手动关闭方式;排烟阀应具备手动开启方式,手动操作应方便、灵活可靠,手动关闭或开启操作力应不大于 70N。

防火阀或排烟防火阀宜具备电动关闭方式;排烟阀应具备电动开启方式,具有远距离复位功能的阀门,当通电动作后,应具有显示阀门叶片位置的信号输出。

阀门执行机构中电控电路宜采用 DC24V 工作电压,其额定工作电流应不大于 0.7A。

3. 耐火性能

防火阀或排烟防火阀必须采用不燃材料制作,在规定的耐火时间内阀门表面不应出现连续 10s 以上的火焰,耐火时间不应小于 1.50h。

耐火试验开始后 1min 内,防火阀的温感器应动作,阀门关闭。耐火试验开始后 3min 内,排烟防火阀的温感器应动作,阀门关闭。

在规定的耐火时间内,使防火阀或排烟防火阀叶片两侧保持 300Pa ± 15Pa 的气体静压差,其单位面积的漏烟量(标准状态)应不大于 700m³/(m²·h)。

4. 关闭可靠性

防火阀或排烟防火阀经过 50 次开关试验后,各零部件应无明显变形、磨损及其他影响其密封性能的损伤,叶片仍能从打开位置灵活可靠地关闭。

5. 开启可靠性

排烟阀经过 50 次开关试验后,各零部件应无明显变形、磨损及其他影响其密封性能的损伤,电动和手动操作均应立即开启。排烟阀经 5 次开关试验后,在其前后气体静压差保持在 1000Pa ± 15Pa 的条件下,电动和手动操作均应立即开启。

6. 环境温度下的漏风量

在环境温度下,使防火阀或排烟防火阀叶片两侧保持 300Pa ± 15Pa 的气体静压差,其单位面积的漏风量(标准状态)应不大于 500m³/(m²·h)。在环境温度下,使排烟阀叶片两侧保持 1000Pa ± 15Pa 的气体静压差,其单位面积上的漏风量(标准状态)应不大于 700m³/(m²·h)。

2.3 风管及其配件

2.3.1 风管及弯头

1. 常用的防排烟管道的规格

防排烟管道按其截面形状分为圆形和矩形两种。为便于设计和制作，国家制定了防排烟管道的统一规格，分为基本系列和辅助系列，在设计和施工中优先使用基本系列，其规格如表 2-7 和表 2-8 所示。

圆形防排烟管道的规格（单位：mm） 表 2-7

基本系列	辅助系列	基本系列	辅助系列
100	80	500	480
	90	560	530
120	110	630	600
140	130	700	670
160	150	800	750
180	170	900	850
200	190	1000	950
220	210	1120	1060
250	240	1250	1180
280	260	1400	1320
320	300	1600	1500
360	340	1800	1700
400	380	2000	1900
450	420		

矩形防排烟管道的规格（单位：mm） 表 2-8

风管边长				
120	320	800	2000	4000
160	400	1000	2500	—
200	500	1250	3000	—
250	630	1600	3500	—

2. 风管及弯头的展开画线

用金属薄板加工制作的防排烟风管，都是用平整的板材利用展开下料的基本方法制造的。所谓展开就是按照防排烟管道的施工图（或放样图）的要求，把管件的表面按实际的大小铺平在板面上。然后用几何作图的基本方法，在板面上画出各种管段和加工部件的展开图形。经常画的线有直线及其平行线、各种角度的分角线、圆、曲线等。

　　风管有圆形和矩形两种。圆形直风管展开图是一个矩形，如图 2-19 所示，一边长为 πD，一边长为 L。D 是圆形风管外径，L 是风管长度，咬口余量为 M。

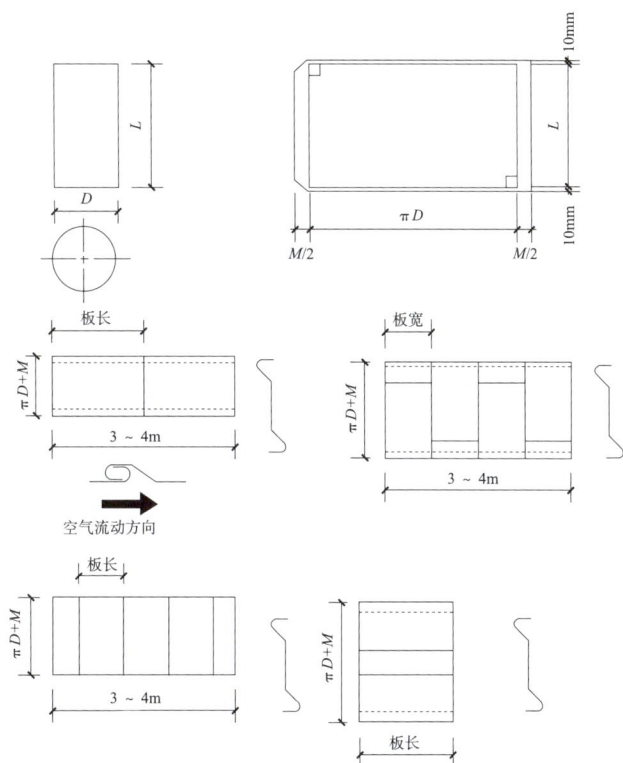

图 2-19　圆形直风管的展开图

　　矩形直风管展开之后是一个矩形，如图 2-20 所示，一边长度为 $2(A+B)$（A 和 B 分别为矩形风管的长和宽），另一边为风管长 L，放样画线时，对连接或闭合的风管要按板材厚度画出咬口余量 M，咬口余量的宽度根据咬缝形式和金属板的厚度而定，分别留在两边。防排烟管道采用法兰连接时，需要留出法兰的翻边量（两边合计约 90mm）。画出的展开图

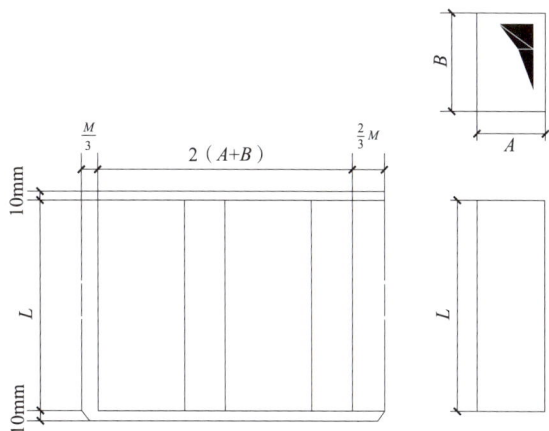

图 2-20　矩形直风管的展开图

必须平整并进行长度、宽度、对角线检验，使矩形图样的四个角垂直、长度、宽度满足要求，以避免风管折合时出现扭曲和尺寸不符的现象。风管直径较大，用单张钢板料不够时，可先将钢板拼接起来，再按展开尺寸下料。

弯头有圆形和矩形两种形式。弯头的尺寸主要取决于风管的断面尺寸、弯曲角度和弯曲半径。圆形弯头由两个端节和若干个中间节组成，端节为中间节的一半。圆形弯管的展开采用平行线展开法。先由弯管直径确定弯管弯曲半径及节数，画出弯管立面图，再进行展开。矩形弯头有内弧形、内外弧形、内斜线三种形式。它们主要由两块侧壁、弯头背、弯头里组成，如图 2-21 所示，其中①为侧壁，②为弯头背，③为弯头里。

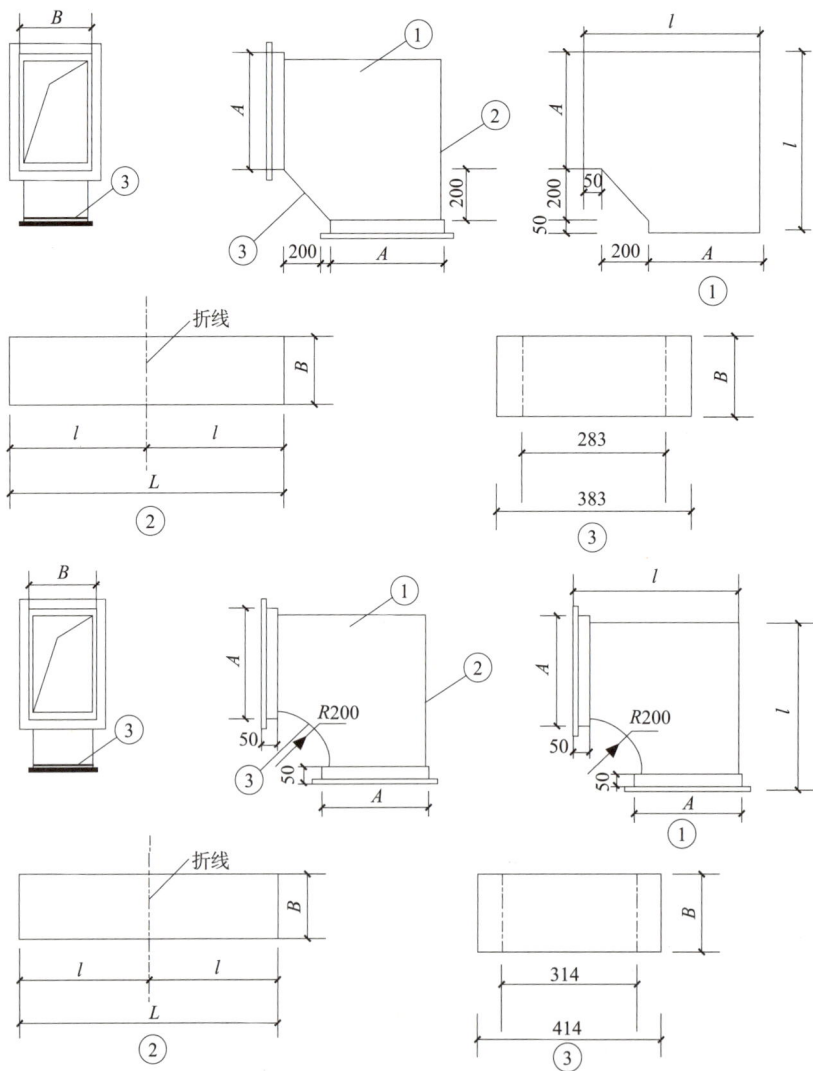

图 2-21　矩形弯头的展开图（单位：mm）

也可以把材料图形尺寸输入电脑，直接采用等离子切割机进行切割，如图 2-22 所示。

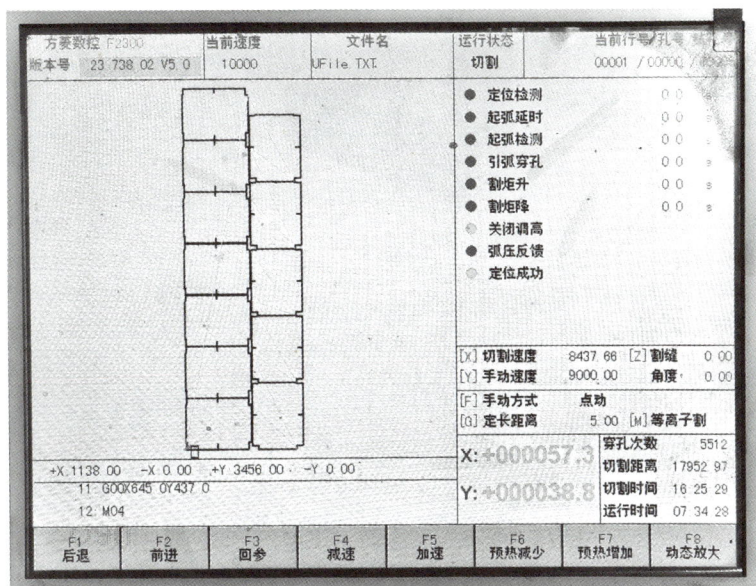

图 2-22　在等离子切割机中输入下料尺寸

2.3.2　排烟口

排烟口是用于排放烟雾、烟气或异味的通风口，主要作用是通过自然或强制通风的方式，将室内的有害气体排出室外，保证室内空气的质量。排烟口平时处于关闭状态，火灾时根据火灾烟气扩散蔓延情况打开相关区域的排烟口。开启动作可手动或自动，手动又分为就地操作和远距离操作两种。自动可分有烟（温）感电信号联动和温度熔断器动作两种。排烟口动作后，可通过手动复位装置或更换温度熔断器予以复位，以便重复使用。排烟口按结构形式分为板式排烟口和多叶排烟口两种，按开口形状分为矩形排烟口和圆形排烟口。

1. 板式排烟口

板式排烟口由电磁铁、阀门、叶片等组成。板式排烟口应用在建筑物的墙上或顶板上，也可直接安装在排烟风道上。发生火灾时，操作装置在控制中心输出的 DC24V 电源或手动作用下打开排烟口进行排烟。排烟口打开时输出电信号，可与消防系统或其他设备连锁；排烟完毕后需要手动复位。在人工手动无法复位的场合，可以通过全自动装置进行复位。BPYK-SDcY 型板式排烟口如图 2-23 所示。

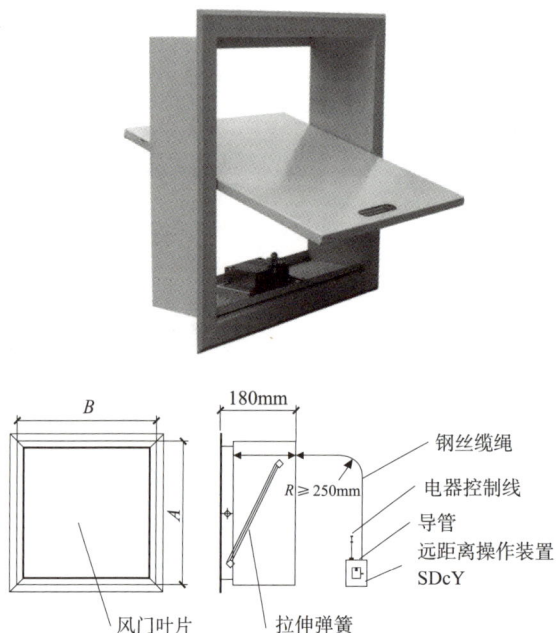

图 2-23　BPYK-SDcY 型板式排烟口

2. 多叶排烟口

多叶排烟口内部为排烟阀门，外部为百叶窗，如图 2-24 和图 2-25 所示。多叶排烟口用于建筑物的过道、无窗房间的排烟系统上，安装在墙上或顶板上。发生火灾时，通过控制中心 DC24V 电源或手动打开阀门进行排烟。

图 2-24　多叶排烟口

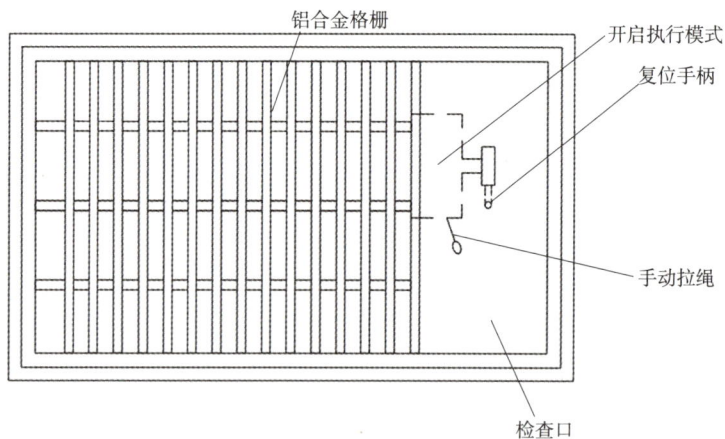

图 2-25　多叶排烟口示意图

3. 排烟口的规格

常用矩形排烟口的规格如表 2-9 所示。

常用矩形排烟口的规格　　　　　　表 2-9

排烟阀（口）公称宽度 W（mm）	排烟阀（口）公称高度 H（mm）									
	250	320	400	500	630	800	1000	1250	1600	2000
250	√	√	√	√	√	√				
320		√	√	√	√	√	√			
400			√	√	√	√	√	√		
500				√	√	√	√	√	√	
630					√	√	√	√	√	
800						√	√	√	√	√
1000							√	√	√	√
1250									√	√

圆形排烟口的规格用公称直径 ϕ 来表示，单位为"mm"，常用的规格有 280、320、360、400、450 等。

2.3.3　加压送风口

加压送风口用于建筑物的防烟前室，安装在墙上，平时常闭。火灾发生时，通过电源 DC24V 或手动打开阀门，根据系统的功能为防烟前室送风。多叶加压送风口的外形和结构与多叶排烟口相同，图 2-26 和图 2-27 为多叶加压送风口。

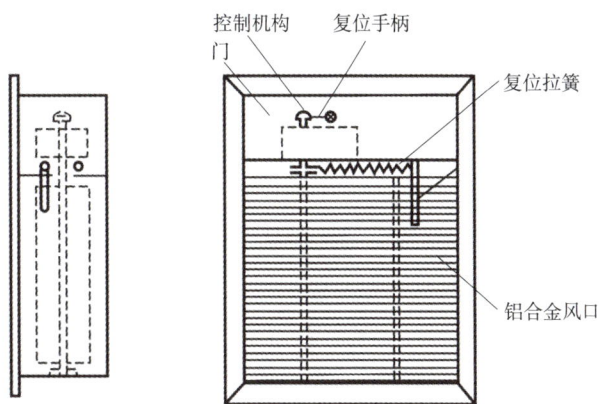

图 2-26　多叶加压送风口

图 2-27　多叶加压送风口示意图

楼梯间的加压送风口，常采用常开的形式，一般采用普通百叶送风口或自垂式百叶送风口。图 2-28 为自垂式百叶送风口。

图 2-28　自垂式百叶送风口

2.3.4　法兰

　　法兰又叫法兰凸缘盘或突缘。法兰是一种用于连接轴与轴、管端之间或设备进出口的零件。法兰连接或法兰接头，是指由法兰、垫片及螺栓三者相互连接作为一组组合密封结构的可拆连接。管道法兰是指管道装置中配管用的法兰，用在设备上系指设备的进出口法兰。法兰上有孔眼，通过螺栓使两法兰紧连。法兰间用衬垫密封。法兰分螺纹连接（丝扣连接）法兰、焊接法兰和卡夹法兰。法兰都是成对使用的，两片法兰盘之间加上密封垫，然后用螺栓紧固。不同压力的法兰厚度不同，它们使用的螺栓也不同。在两个平面周边使用螺栓连接同时封闭的连接零件，一般都称为"法兰"，如通风管道的连接，这一类零件可以称为"法兰类零件"。

　　防排烟风管与风管、风管与部件、配件的连接，一般采用便于安装和维修的法兰。法兰能增加风管的强度，并且拆卸比较方便。与防排烟风管相对应法兰也有圆形和矩形两种形式，如图 2-29 所示。

图 2-29　法兰

风管在加工过程中，通常用冲压机器冲压出法兰翻边，再用法兰角钢、扁钢加工制成法兰。法兰材料的选取与风管的尺寸有关，具体参见表 2-10、表 2-11。随着风管及风管配件、部件的定型化，其连接件法兰也已定型化。

圆形法兰，可用手工或机械弯制而成。由于法兰弯制时外圆弧受拉，内圆弧受压，改变了原来材料长度，在加热弯制时，还存在材料的受热伸长问题，均应在下料时予以考虑。金属圆形法兰的下料长度可用式（2-7）计算：

$$L = \pi(D + b/2) \tag{2-7}$$

式中　D——法兰内径（mm）；

　　　b——扁钢或角钢的宽度（mm）。

金属圆形风管法兰材料规格　　　　表 2-10

风管直径 D（mm）	法兰材料规格 $b \times t$（mm）		螺栓规格
	扁钢	角钢	
$D \leq 140$	20×4	—	M6
$140 < D \leq 280$	25×4	—	
$280 < D \leq 630$	—	25×3	
$630 < D \leq 1250$	—	30×4	M8
$1250 < D \leq 2000$	—	40×4	

金属矩形风管法兰材料规格　　　　表 2-11

风管长边尺寸 l（m）	法兰材料规格（角钢）（mm）	螺栓规格
$l \leq 630$	25×3	M6
$630 < l \leq 1500$	30×3	M8
$1500 < l \leq 2500$	40×4	
$2500 < l \leq 4000$	50×5	M10

2.4　其他配件

2.4.1　余压阀

余压阀，也被称为静压控制器或节流阀、安全阀，是一种自动调节室内空气压力

图 2-30　余压阀实物图

的装置。其主要目的是维持一定的室内静压，并实现空调房间正压的无能耗自动控制，如图 2-30 所示。

余压阀是一个单向开启的风量调节装置，按静压差来调整开启度，用重锤的位置来平衡风压。当系统内的压力超过设定的压力阈值时，弹簧就会放松，使余压阀开启，从而释放出多余的压力，使系统保持在安全的压力范围内。相反，当系统内压力低于设定压力时，弹簧就会紧缩，从而使余压阀关闭，阻止外部流体进入系统，维持系统内的压力，如图 2-31 所示。

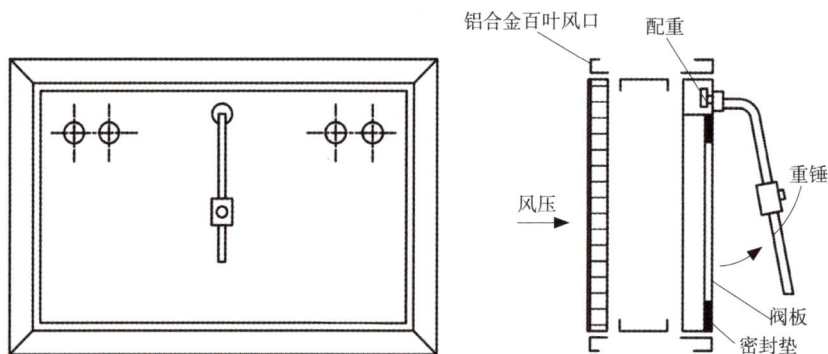

图 2-31　余压阀示意图

如表 2-12 所示为余压阀的常用规格。

余压阀的常用规格（单位：mm）　表 2-12

序号	规格	序号	规格
1	300×150	5	600×200
2	400×150	6	600×250
3	450×150	7	800×300
4	500×200		

2.4.2　挡烟垂壁

挡烟垂壁是指安装在吊顶或楼板下或隐藏在吊顶内，火灾时能够阻止烟雾和热气体水平流动的垂直分隔设施。挡烟垂壁主要用来划分防烟分区，由夹丝玻璃、不锈钢、挡烟布、铝合金等不燃材料制成，并配以电控装置。挡烟垂壁根据安装方式可以分为固定式（代号 D）和活动式（代号 H）。固定式挡烟垂壁是固定不变的，而活动式挡烟垂壁可以根据实际情况进行开启或关闭。按照挡烟部件材料的刚度性能，挡烟垂壁又可以分为柔性（代号 R）和刚性（代号 G）两种。

根据挡烟垂壁的材质分类，常用的挡烟垂壁有以下几种。

1. 高温夹丝防火玻璃型

高温夹丝防火玻璃又称安全玻璃，玻璃中间镶有钢丝。它最大的特点就是夹丝防火玻璃挡烟垂壁遇到外力冲击破碎时，破碎的玻璃不会脱落或整个垮塌而伤人，因而具有很强的安全性。

2. 单片防火玻璃型

单片防火玻璃是一种单层玻璃构造的防火玻璃，其在一定的时间内能保持耐火完整性、阻断迎火面的明火及有毒、有害气体等，但不具备隔温绝热功效。单片防火玻璃型挡烟垂壁优点是美观，其广泛地应用在人流、物流不大，但对装饰的要求很高的场所，如高档酒店、会议中心、文化中心、高档写字楼等；其缺点是挡烟垂壁遇到外力冲击发生意外时，整个挡烟垂壁会发生垮塌击伤或击毁下方的人员或设备。

3. 双层夹胶玻璃型

双层夹胶玻璃型挡烟垂壁综合了单片防火玻璃型和高温夹丝防火玻璃型的优点。它是由两层单片防火玻璃中间夹一层无机防火胶制成的。它既有单片防火玻璃型的美观度又有高温夹丝防火玻璃型的安全性，是一种比较完美的固定式挡烟垂壁，但其造价较高。

4. 板型

板型挡烟垂壁用涂碳金钢砂板等不燃材料制成。板型挡烟垂壁造价低，使用范围主要是车间、地下车库、设备间等对美观要求较低的场所。

5. 挡烟布型

挡烟布是以耐高温玻璃纤维布为基材，经有机硅橡胶压延或刮涂而成，是一种高性能，多用途的复合材料。挡烟布型挡烟垂壁如图 2-32 所示，其使用场所和板型挡烟垂壁基本相同，价格也基本相同。

（1）挡烟垂壁的命名方法

挡烟垂壁的命名方法如图 2-33 所示。

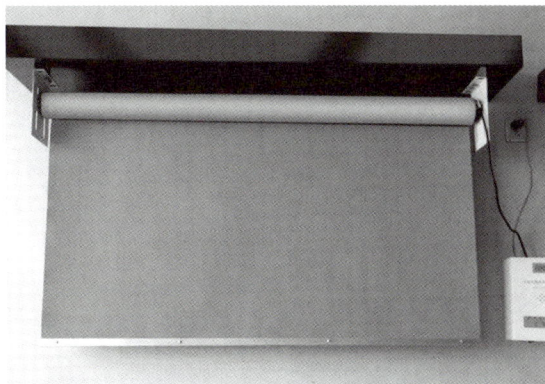

图 2-32　挡烟布型挡烟垂壁

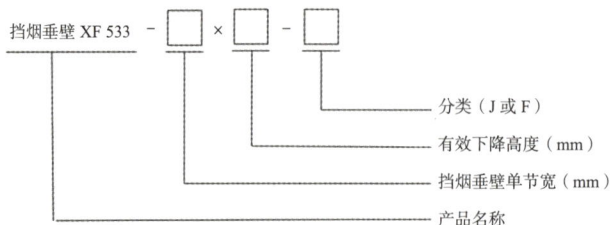

图 2-33　挡烟垂壁的命名

其中卷帘式挡烟垂壁以符号 J 表示，翻板式挡烟垂壁以符号 F 表示。

挡烟垂壁的有效下降高度应不小于 500mm，卷帘式挡烟垂壁的单节宽度应不大于 6000mm，翻板式挡烟垂壁的单节宽度应不大于 2400mm。

（2）挡烟垂壁的命名举例

【示例 2-4】挡烟垂壁 XF533-6000mm×400mm-J

表示符合 XF533 要求，单节宽度为 6000mm，有效下降高度为 400mm 的卷帘式挡烟垂壁。

【示例 2-5】挡烟垂壁 XF533-3000mm×600mm-F

表示符合 XF533 要求，单节宽度为 3000mm，有效下降高度为 600mm 的翻板式挡烟垂壁。

2.4.3　排烟窗

排烟窗通常安装在建筑物的排烟区域顶部或外墙上，排烟窗可分为自动排烟窗和手动排烟窗。自动排烟窗在火灾发生时，可通过感烟探测器或联动控制盘发来的指令信号自动打开；而手动排烟窗则需要人工操作打开。

用于高层建筑物中的自动排烟窗由窗扇、窗框和安装在窗扇、窗框上的自动开启装置组成。开启装置由开启器、报警器和电磁插销等主要部件构成。自动排烟窗能在火灾发生后自动开启，并在 60s 内达到设计的开启角度，起到及时排放火灾烟气、保护高层建筑的作用。

（1）自动排烟窗的命名方法

自动排烟窗的命名方法，如图 2-34 所示。

（2）自动排烟窗的命名举例

【示例 2-6】LTL-1512

表示材质为铝合金、电气性能为通用控制型、开窗机为链条式的排烟窗，洞口宽度为 1500mm，标记为 15，洞口高度为 1200mm，

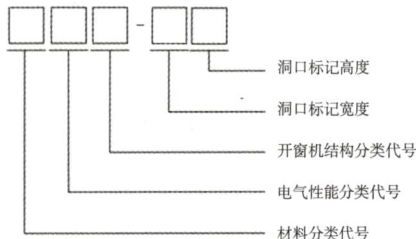

图 2-34　自动排烟窗的命名

标记为 12。

注：1. 材料分类代号：木窗—M；塑料窗—S；铝合金窗—L；钢窗—G；其他材料窗，按材料名称汉语拼音首字母大写标注，若与以上所列代号重复的，取两个字汉语拼音首字母大写标注。

2. 电气性能分类代号：通用控制型排烟窗—T；自动控制型排烟窗—Z；智能网络控制型排烟窗—ZN。

3. 开窗机结构分类代号，链条式—L；推杆式—T；齿条式—C；其他方式，代号按开窗机结构形式描述的汉语拼音首字母大写标注，若与以上所列代号重复的，取两个字汉语拼音首字母大写标注。

4. 洞口标记宽度、洞口标记高度应以"dm"为单位标记。

2.4.4　感烟探测器

感烟探测器也被称为感烟式火灾探测器、烟感探测器、烟雾探测器、烟感探头和烟感传感器，常用类型有点型感烟火灾探测器、线型光束感烟火灾探测器等，如图 2-35、图 2-36 所示。其主要应用于消防系统，在安防系统建设中也应用感烟探测器，性能远优于气敏电阻类的火灾报警器。

图 2-35　点型感烟火灾探测器

图 2-36　线型光束感烟火灾探测器

复习思考题

1. 列举出防排烟系统中常见的几种设备类型，并简述它们各自的作用。

2. 在设计建筑防排烟系统时，应如何考虑排烟风机的选型？请从风量、风压、能耗等方面进行分析。

建筑防排烟系统设计

第 3 章

学习目标

1. 了解机械加压送风系统的设计计算；
2. 了解建筑排烟系统的设计计算；
3. 熟悉防排烟系统施工图制图要求。

当建筑物发生火灾事故时，如果没有有效的防排烟系统，将会导致烟气在建筑物内迅速扩散，进而产生极大的危害。作为建筑防排烟系统的安装、调试、验收技术人员，有必要了解防排烟系统的设计知识。科学合理的防排烟系统设计可保证防排烟系统功能的有效发挥，最大限度地保障人员的安全。

3.1　防烟分区

3.1.1　防烟分区的概念

建筑物发生火灾时，烟气会在建筑物内不断流动、扩散、传播，烟气的遮光性会导致能见度下降，影响人员疏散，烟气的高温与烟气中的有毒气体，会对人体造成损害。因此，采取相应的措施控制烟气合理流动显得尤为重要。

防烟分区是指在设置排烟措施的过道、房间中，用隔墙或其他措施（可以阻拦和限制烟气流动）分隔的区域。设置防烟分区可将烟气控制在着火区域所在的空间范围内，并限制烟气从储烟仓内向其他区域蔓延。烟气层高度需控制在储烟仓下沿以上一定高度内，以保证人员安全疏散及消防救援。

3.1.2　防烟分区的设置要求

防烟分区的作用是在一定时间内把建筑火灾的高温烟气控制在一定的区域范围内，

为排烟设施排除火灾初期的高温烟气创造有利的条件，防止烟气蔓延。

防烟分区的设置原则包括合理确定分区的大小和位置，以及确保防烟隔断的完整性和密封性。防烟分区过大时（包括长边过长），烟气水平射流的扩散中，会卷吸大量冷空气而沉降，不利于烟气及时排出；而防烟分区的面积过小，又会使储烟能力减弱，烟气过早沉降或蔓延到相邻的防烟分区。

防烟分区的设置需满足以下要求：

（1）设置排烟系统的场所或部位应采用挡烟垂壁、结构梁及隔墙等划分防烟分区。

（2）防烟分区不应跨越防火分区。

（3）挡烟垂壁等挡烟分隔设施的深度不应小于储烟仓厚度。对于有吊顶的空间，当吊顶开孔不均匀或开孔率小于或等于 25% 时，吊顶内空间高度不得计入储烟仓厚度。

（4）设置排烟设施的建筑内，敞开楼梯和自动扶梯穿越楼板的开口部应设置挡烟垂壁等设施。

（5）公共建筑、工业建筑防烟分区的最大允许面积及其长边最大允许长度应符合表 3-1 的规定。当工业建筑采用自然排烟系统时，其防烟分区长边的长度尚不应大于建筑内空间净高的 8 倍。

公共建筑、工业建筑防烟分区的最大允许面积及其长边最大允许长度　　表 3-1

空间净高 H（m）	最大允许面积（m^2）	长边最大允许长度（m）
$H \leq 3.0$	500	24
$3.0 < H \leq 6.0$	1000	36
$H > 6.0$	2000	60m；具有自然对流条件时，不应大于 75m

注：1. 公共建筑、工业建筑中的走道宽度不大于 2.5m 时，其防烟分区的长边长度不应大于 60m。
　　2. 当空间净高大于 9m 时，防烟分区之间可不设置挡烟设施。
　　3. 汽车库防烟分区的划分及其排烟量应符合现行国家规范《汽车库、修车库、停车场设计防火规范》GB 50067—2014 的相关规定。

3.2　建筑防烟系统设计要点及要求

3.2.1　建筑物防烟系统设计的要点

1. 防烟分区划分

（1）高层建筑防烟分区划分。

防烟分区是指采用挡烟垂壁、隔墙或从顶棚下突出不小于 0.5m 的挡烟梁等来划分区域的防烟空间。

（2）防烟分区的划分原则。

①防烟分区不应跨越防火分区。

②整个防烟分区的建筑面积不宜超过 500m²。

③通常应按楼层划分。

④特殊用途的场所应单独划分。

（3）防烟分区的划分方法。

防烟分区可按其用途、面积、楼层划分。

①按用途划分。对于建筑物不同部分，按其用途不同，如厨房、卫生间、起居室、客房及办公室等，来划分防烟分区比较合适。

②按面积划分。在建筑物内按面积将其划分为若干个防烟分区。如所有防烟分区共用一套排烟设备，排烟风机的容量应按最大防烟分区的面积计算。

③按楼层划分。在高层建筑中，底层和上层的用途往往不同。

统计资料表明，底层较上部发生火灾的概率大。因此，应尽可能沿垂直方向按楼层划分防烟分区。

（4）防烟分区的隔烟部位。

①设定在走廊和房间之间。

②设定在走廊中某处。

③设定在走廊和楼梯间前室之间。

④设定在楼梯间前室和楼梯间之间。

2. 系统分区

（1）建筑高度大于100m的建筑，其机械加压送风系统应竖向分段独立设置，且每段高度不应超过100m。

（2）建筑高度超过50m的公共建筑和建筑高度超过100m的住宅，其排烟系统应竖向分段独立设置，且公共建筑每段高度不应超过50m，住宅建筑每段高度不应超过100m。

3. 防烟系统形式

（1）建筑高度大于50m的公共建筑、工业建筑和建筑高度大于100m的住宅建筑，其防烟楼梯间、独立前室、共用前室、合用前室及消防电梯前室应采用机械加压送风系统。

（2）建筑地下部分的防烟楼梯间前室及消防电梯前室，当无自然通风条件或自然通风不符合要求时，应采用机械加压送风系统。

（3）封闭楼梯间应采用自然通风系统，不能满足自然通风条件的封闭楼梯间，应设置机械加压送风系统。当地下、半地下建筑（室）的封闭楼梯间不与地上楼梯间共用且地下仅为一层时，可不设置机械加压送风系统，但首层应设置有效面积不小于 $1.2m^2$ 的可开启外窗或直通室外的疏散门。

（4）避难走道

①应在其前室及避难走道分别设置机械加压送风系统。

②避难走道一端设置安全出口，且总长度小于 30m 或者避难走道两端设置安全出口，且总长度小于 60m 时，可仅在前室设置机械加压送风系统。

4. 风速要求

（1）加压送风口的风速不宜大于 7m/s。

（2）排烟口的风速不宜大于 10m/s。

（3）机械加压送风系统应采用管道送风，且不应采用土建风道。送风管道应采用不燃材料制作且内壁应光滑。当送风管道内壁为金属时，设计风速不应大于 20m/s；当送风管道内壁为非金属时，设计风速不应大于 15m/s。

（4）机械排烟系统应采用管道排烟，且不应采用土建风道。排烟管道应采用不燃材料制作且内壁应光滑。当排烟管道内壁为金属时，管道设计风速不应大于 20m/s；当排烟管道内壁为非金属时，管道设计风速不应大于 15m/s。

（5）机械补风口的风速不宜大于 10m/s，人员密集场所补风口的风速不宜大于 5m/s；自然补风口的风速不宜大于 3m/s。

3.2.2　建筑防烟系统的设置部位

根据《建筑设计防火规范》GB 50016—2014（2018 年版）的规定，防烟楼梯间及其前室、消防电梯间前室或合用前室、避难走道的前室、避难层（间）应设置防烟设施。

建筑高度小于或等于 50m 的公共建筑、工业建筑和建筑高度小于或等于 100m 的住宅建筑，其防烟楼梯间、独立前室、共用前室、合用前室（除共用前室与消防电梯前室合用外）及消防电梯前室应采用自然通风系统；当不能设置自然通风系统时，应采用机械加压送风系统。防烟系统的选择，尚应符合下列规定：

（1）当独立前室或合用前室满足下列条件之一时，楼梯间可不设置防烟系统：

①采用全敞开的阳台或凹廊。

②设有两个及以上不同朝向的可开启外窗，且独立前室两个外窗面积分别不小于 $2.0m^2$，合用前室两个外窗面积分别不小于 $3.0m^2$。

（2）当独立前室、共用前室及合用前室的机械加压送风口设置在前室的顶部或正对前室入口的墙面时，楼梯间可采用自然通风系统；当机械加压送风口未设置在前室的顶部或正对前室入口的墙面时，楼梯间应采用机械加压送风系统。

（3）当防烟楼梯间在裙房高度以上部分采用自然通风时，不具备自然通风条件的裙房的独立前室、共用前室及合用前室应采用机械加压送风系统，且独立前室、共用前室及合用前室送风口的设置方式应符合上述第（2）点的规定。

根据《建筑防烟排烟系统技术标准》GB 51251—2017 的规定，防烟楼梯间及其前室的机械加压送风系统的设置应符合下列规定：

（1）建筑高度小于或等于 50m 的公共建筑、工业建筑和建筑高度小于或等于 100m 的住宅建筑，当采用独立前室且其仅有一个门与走道或房间相通时，可仅在楼梯间设置机械加压送风系统；当独立前室有多个门时，楼梯间、独立前室应分别独立设置机械加压送风系统。

（2）当采用合用前室时，楼梯间、合用前室应分别独立设置机械加压送风系统。

（3）当采用剪刀楼梯时，其两个楼梯间及其前室的机械加压送风系统应分别独立设置。

3.2.3　自然通风设施设置要求

根据《建筑防烟排烟系统技术标准》GB 51251—2017 的规定：

（1）采用自然通风方式的封闭楼梯间、防烟楼梯间，应在最高部位设置面积不小于 $1.0m^2$ 的可开启外窗或开口；当建筑高度大于 10m 时，尚应在楼梯间的外墙上每 5 层内设置总面积不小于 $2.0m^2$ 的可开启外窗或开口，且布置间隔不大于 3 层。

（2）前室采用自然通风方式时，独立前室、消防电梯前室可开启外窗或开口的面积不应小于 $2.0m^2$，共用前室、合用前室不应小于 $3.0m^2$。

（3）采用自然通风方式的避难层（间）应设有不同朝向的可开启外窗，其有效面积不应小于该避难层（间）地面面积的 2%，且每个朝向的面积不应小于 $2.0m^2$。

（4）可开启外窗应方便直接开启，设置在高处不便于直接开启的可开启外窗应在距地面高度为 1.3～1.5m 的位置设置手动开启装置。

3.2.4　机械加压设施设置要求

根据《建筑防烟排烟系统技术标准》GB 51251—2017 的规定，机械加压设施设置应满足以下要求：

采用机械加压送风系统的防烟楼梯间及其前室应分别设置送风井（管）道、送风口（阀）和送风机。

设置机械加压送风系统的楼梯间的地上部分与地下部分，其机械加压送风系统应分别独立设置。当受建筑条件限制，且地下部分为汽车库或设备用房时，可共用机械加压送风系统，并应符合下列规定：

（1）应分别计算地上、地下部分的加压送风量，相加后作为共用加压送风系统风量。

（2）应采取有效措施分别满足地上、地下部分的送风量的要求。

1. 直灌式加压送风系统的设置要求

建筑高度小于或等于 50m 的建筑，当楼梯间设置加压送风井（管）道确有困难时，楼梯间可采用直灌式加压送风系统，并应符合下列规定：

（1）建筑高度大于 32m 的高层建筑，应采用楼梯间两点部位送风的方式，送风口之间距离不宜小于建筑高度的 1/2。

（2）送风量应按计算值或查表的送风量增加 20%。

（3）加压送风口不宜设在影响人员疏散的部位。

2. 加压送风机的设计要求

机械加压送风风机宜采用轴流风机或中、低压离心风机，其设置应符合下列规定：

（1）送风机的进风口应直通室外，且应采取防止烟气被吸入的措施。

（2）送风机的进风口宜设在机械加压送风系统的下部。

（3）送风机的进风口不应与排烟风机的出风口设在同一面上。当确有困难时，送风机的进风口与排烟风机的出风口应分开布置，且竖向布置时，送风机的进风口应设置在排烟出口的下方，其两者边缘最小垂直距离不应小于 6.0m；水平布置时，两者边缘最小水平距离不应小于 20.0m。

（4）送风机宜设置在系统的下部，且应采取保证各层送风量均匀性的措施。

（5）送风机应设置在专用机房内，送风机房并应符合现行国家标准《建筑设计防火规范》GB 50016—2014（2018 年版）的规定。

（6）当送风机出风管或进风管上安装单向风阀或电动风阀时，应采取火灾时自动开启阀门的措施。

3. 加压送风口设计要求

加压送风口的设置应符合下列规定：

（1）除直灌式加压送风方式外，楼梯间宜每隔 2~3 层设一个常开式百叶送风口。

（2）前室应每层设一个常闭式加压送风口，并应设手动开启装置。

（3）送风口的风速不宜大于 7m/s。

（4）送风口不宜设置在被门挡住的部位。

4. 风道的设计要求

送风管道的厚度应符合现行国家标准《通风与空调工程施工质量验收规范》GB 50243—2016 的规定。

机械加压送风管道的设置和耐火极限应符合下列规定：

（1）竖向设置的送风管道应独立设置在管道井内，当确有困难时，未设置在管道井内或与其他管道合用管道井的送风管道，其耐火极限不应低于 1.00h。

（2）水平设置的送风管道，当设置在吊顶内时，其耐火极限不应低于 0.50h；当未设置在吊顶内时，其耐火极限不应低于 1.00h。

机械加压送风系统的管道井应采用耐火极限不低于 1.00h 的隔墙与相邻部位分隔，当墙上必须设置检修门时应采用乙级防火门。

5. 外窗的设计要求

采用机械加压送风的场所不应设置百叶窗，且不宜设置可开启外窗。

设置机械加压送风系统的封闭楼梯间、防烟楼梯间，尚应在其顶部设置不小于 1m² 的固定窗。靠外墙的防烟楼梯间，尚应在其外墙上每 5 层内设置总面积不小于 2m² 的固定窗。

设置机械加压送风系统的避难层（间），尚应在外墙设置可开启外窗，其有效面积不应小于该避难层（间）地面面积的 1%。

3.2.5 机械加压送风量的确定

机械加压送风量是影响防烟设施效果的重要因素之一，如果加压送风量太小就不能有效防烟，但若加压送风量太大，不但会增加风机的负荷，而且会使加压区域正压值太高，导致疏散时门难以开启。加压送风量的确定可采用计算法和查表法。防烟楼梯间、独立前室、共用前室、合用前室和消防电梯前室的机械加压送风量通过计算法确定。当系统负担建筑高度大于 24m 时，防烟楼梯间、独立前室、合用前室和消防电梯前室应按计算法与查表法中的较大值确定。根据《建筑防烟排烟系统技术标准》GB 51251—2017 规定：机械加压送风系统的设计风量不应小于计算风量的 1.2 倍。

1. 计算法

（1）门开启时，达到规定风速值所需的送风量应按式（3-1）计算：

$$L_1 = A_k v N_1 \tag{3-1}$$

式中 A_k——一层内开启门的截面面积（m²），对于住宅楼梯前室，可按一个门的面积取值；

　　　v——门洞断面风速（m/s），当楼梯间和独立前室、共用前室、合用前室均采用机械加压送风时，通向楼梯间和独立前室、共用前室、合用前室疏散门的门洞断面风速均不应小于 0.7m/s；当楼梯间机械加压送风、只有一个开启门的独立前室不送风时，通向楼梯间疏散门的门洞断面风速不应小于 1.0m/s；当消防电梯前室机械加压送风时，通向消防电梯前室门的门洞断面风速不应小于 1.0m/s；当独立前室、共用前室或合用前室机械加压送风而楼梯间采用可开启外窗的自然通风系统时，通向独立前室、共用前室或合用前室疏散门的门洞风速不应小于 $0.6\left(A_1/A_g+1\right)$；

A_1——楼梯间疏散门的总面积（m^2）；

A_g——前室疏散门的总面积（m^2）；

N_1——设计疏散门开启的楼层数量；楼梯间：采用常开风口，当地上楼梯间为 24m 以下时，设计 2 层内的疏散门开启，取 $N_1=2$；当地上楼梯间为 24m 及以上时，设计 3 层内的疏散门开启，取 $N_1=3$；当为地下楼梯间时，设计 1 层内的疏散门开启，取 $N_1=1$。前室：采用常闭风口，计算风量时取 $N_1=3$。

（2）门开启时，规定风速值下的其他门漏风总量应按式（3-2）计算

$$L_2 = 0.827 A\Delta p^{\frac{1}{n}} \times 1.25 N_2 \tag{3-2}$$

式中　A——每个疏散门的有效漏风面积（m^2）；疏散门的门缝宽度取 0.002 ~ 0.004m。

Δp——计算漏风量的平均压力差（Pa）；当开启门洞处风速为 0.7m/s 时，取 $\Delta p=6.0Pa$；当开启门洞处风速为 1.0m/s 时，取 $\Delta p=12.0Pa$；当开启门洞处风速为 1.2m/s 时，取 $\Delta p=17.0Pa$；

n——指数，一般取 $n=2$；

1.25——不严密处附加系数；

N_2——漏风疏散门的数量，楼梯间采用常开风口，取 $N_2=$ 加压楼梯间的总门数 - 楼层数上的总门数。

（3）未开启的常闭送风阀的漏风总量应按式（3-3）计算：

$$L_3=0.083A_f N_3 \tag{3-3}$$

式中　0.083——阀门单位面积的漏风量 $[m^3/(s\cdot m^2)]$；

A_f——单个送风阀门的面积（m^2）；

N_3——漏风阀门的数量，前室采用常闭风口 $N_3=$ 楼层数 -3。

2. 查表法

防烟楼梯间、独立前室、合用前室和消防电梯前室的机械加压送风的计算风量可查表 3-2 ~ 表 3-5 确定。

消防电梯前室加压送风的计算风量 表 3-2

系统负担高度 h（m）	加压送风量（m³/h）
24 < h ≤ 50	35400 ~ 36900
50 < h ≤ 100	37100 ~ 40200

楼梯间自然通风，独立前室、合用前室加压送风的计算风量 表 3-3

系统负担高度 h（m）	加压送风量（m³/h）
24 < h ≤ 50	42400 ~ 44700
50 < h ≤ 100	45000 ~ 48600

前室不送风，封闭楼梯间、防烟楼梯间加压送风的计算风量 表 3-4

系统负担高度 h（m）	加压送风量（m³/h）
24 < h ≤ 50	36100 ~ 39200
50 < h ≤ 100	39600 ~ 45800

防烟楼梯间及独立前室、合用前室分别加压送风的计算风量 表 3-5

系统负担高度 h（m）	送风部位	加压送风量（m³/h）
24 < h ≤ 50	防烟楼梯间	25300 ~ 27500
	独立前室、合用前室	24800 ~ 25800
50 < h ≤ 100	防烟楼梯间	27800 ~ 32200
	独立前室、合用前室	26000 ~ 28100

表 3-2 ~ 表 3-5 注：1. 风量按开启 1 个 2.0m × 1.6m 的双扇门确定；当采用单扇门时，其风量可乘以系数 0.75 计算；
　　　　　　　　2. 表中风量按开启着火层及上下层，共开启三层的风量计算；
　　　　　　　　3. 表中风量的选取应按建筑高度或层数、风道材料、防火门漏风量等因素综合确定。

3.3　建筑排烟系统设计要点及要求

3.3.1　建筑排烟系统的设置部位

根据《建筑设计防火规范》GB 50016—2014（2018 年版）的规定，民用建筑的下列场所或部位应设置排烟设施：

（1）设置在一、二、三层且房间建筑面积大于 100m² 的歌舞娱乐放映游艺场所，设置在四层及以上楼层、地下或半地下的歌舞娱乐放映游艺场所。

（2）中庭。

（3）公共建筑内建筑面积大于 100m² 且经常有人停留的地上房间。

（4）公共建筑内建筑面积大于 300m² 且可燃物较多的地上房间。

（5）建筑内长度大于 20m 的疏散走道。

地下或半地下建筑（室）、地上建筑内的无窗房间，当总建筑面积大于 200m² 或一个房间建筑面积大于 50m²，且经常有人停留或可燃物较多时，应设置排烟设施。

根据《建筑防烟排烟系统技术标准》GB 51251—2017 的规定，建筑排烟系统优先采用自然排烟系统，同一个防烟分区应采用同一种排烟方式。

3.3.2　自然排烟设施的设置要求

根据《建筑防烟排烟系统技术标准》GB 51251—2017 的规定，自然排烟窗（口）的设置要求如下：

采用自然排烟系统的场所应设置自然排烟窗（口）。防烟分区内任一点与最近的自然排烟窗（口）之间的水平距离不应大于 30m，当公共建筑空间净高大于或等于 6m，且具有自然对流条件时，其水平距离不应大于 37.5m。

自然排烟窗（口）应设置在排烟区域的顶部或外墙，并应符合下列规定：

（1）当设置在外墙上时，自然排烟窗（口）应在储烟仓以内，但走道、室内空间净高不大于 3m 的区域的自然排烟窗（口）可设置在室内净高度的 1/2 以上。

（2）自然排烟窗（口）的开启形式应有利于火灾烟气的排出。

（3）当房间面积不大于 200m² 时，自然排烟窗（口）的开启方向可不限。

（4）自然排烟窗（口）宜分散均匀布置，且每组的长度不宜大于 3.0m。

（5）设置在防火墙两侧的自然排烟窗（口）之间最近边缘的水平距离不应小于 2.0m。

自然排烟窗（口）应设置手动开启装置，设置在高位不便于直接开启的自然排烟窗（口），应设置距地面高度 1.3 ~ 1.5m 的手动开启装置。净空高度大于 9m 的中庭、建筑面积大于 2000m² 的营业厅、展览厅、多功能厅等场所，尚应设置集中手动开启装置和自动开启设施。

3.3.3　机械排烟设施的设置要求

当建筑的机械排烟系统沿水平方向布置时，每个防火分区的机械排烟系统应独立设置。建筑高度超过 50m 的公共建筑和建筑高度超过 100m 的住宅，其排烟系统应竖向分段独立设置，且公共建筑每段高度不应超过 50m，住宅建筑每段高度不应超过 100m。

排烟系统与通风、空气调节系统应分开设置；当确有困难时可以合用，但应符合排烟系统的要求，且当排烟口打开时，每个排烟合用系统的管道上需联动关闭的通风和空气调节系统的控制阀门不应超过 10 个。

1. 排烟风机的设置要求

排烟风机宜设置在排烟系统的最高处，烟气出口宜朝上，并应高于加压送风机和补风机的进风口。

排烟风机应设置在专用机房，且风机两侧应有 600mm 以上的空间。对于排烟系统与通风空气调节系统共用的系统，其排烟风机与排风风机的合用机房应符合下列规定：

（1）机房内应设置自动喷水灭火系统。

（2）机房内不得设置用于机械加压送风的风机与管道。

（3）排烟风机与排烟管道的连接部件应能在 280℃时连续 30min 保证其结构完整性。

排烟风机应满足 280℃时连续工作 30min 的要求，排烟风机应与风机入口处的排烟防火阀连锁，当该阀关闭时，排烟风机应能停止运转。

2. 排烟管道的设置要求

排烟管道的厚度应按现行国家标准《通风与空调工程施工质量验收规范》GB 50243—2016 的有关规定执行。

排烟管道的设置和耐火极限应符合下列规定：

（1）排烟管道及其连接部件应能在 280℃时连续 30min 保证其结构完整性。

（2）竖向设置的排烟管道应设置在独立的管道井内，排烟管道的耐火极限不应低于 0.50h。

（3）水平设置的排烟管道应设置在吊顶内，其耐火极限不应低于 0.50h；当确有困难时，可直接设置在室内，但管道的耐火极限不应小于 1.00h。

（4）设置在走道部位吊顶内的排烟管道，以及穿越防火分区的排烟管道，其管道的耐火极限不应小于 1.00h，但设备用房和汽车库的排烟管道耐火极限可不低于 0.50h。

当吊顶内有可燃物时，吊顶内的排烟管道应采用不燃材料进行隔热，并应与可燃物保持不小于 150mm 的距离。

排烟管道下列部位应设置排烟防火阀：

（1）垂直风管与每层水平风管交接处的水平管段上。

（2）一个排烟系统负担多个防烟分区的排烟支管上。

（3）排烟风机入口处。

（4）穿越防火分区处。

设置排烟管道的管道井应采用耐火极限不小于 1.00h 的隔墙与相邻区域分隔；当墙上必须设置检修门时，应采用乙级防火门。

3. 排烟口的设置要求

防烟分区内任一点与最近的排烟口之间的水平距离不应大于 30m。排烟口的设置尚应符合下列规定：

（1）排烟口宜设置在顶棚或靠近顶棚的墙面上。

（2）排烟口应设在储烟仓内，但走道、室内空间净高不大于 3m 的区域，其排烟口可设置在其净空高度的 1/2 以上；当设置在侧墙时，吊顶与其最近边缘的距离不应大于 0.5m。

（3）对于需要设置机械排烟系统的房间，当其建筑面积小于 50m² 时，可通过走道排烟，排烟口可设置在疏散走道。

（4）火灾时由火灾自动报警系统联动开启排烟区域的排烟阀或排烟口，应在现场设置手动开启装置。

（5）排烟口的设置宜使烟流方向与人员疏散方向相反，排烟口与附近安全出口相邻边缘之间的水平距离不应小于 1.5m。

（6）每个排烟口的排烟量不应大于最大允许排烟量。

（7）排烟口的风速不宜大于 10m/s。

当排烟口设在吊顶内且通过吊顶上部空间进行排烟时，应符合下列规定：

（1）吊顶应采用不燃材料，且吊顶内不应有可燃物。

（2）封闭式吊顶上设置的烟气流入口的颈部烟气速度不宜大于 1.5m/s。

（3）非封闭式吊顶的开孔率不应小于吊顶净面积的 25%，且孔洞应均匀布置。

4. 固定窗的设置要求

固定窗宜按每个防烟分区在屋顶或建筑外墙上均匀布置且不应跨越防火分区。

固定窗的布置应符合下列规定：

（1）非顶层区域的固定窗应布置在每层的外墙上。

（2）顶层区域的固定窗应布置在屋顶或顶层的外墙上，但未设置自动喷水灭火系统的以及采用钢结构屋顶或预应力钢筋混凝土屋面板的建筑应布置在屋顶。

固定窗的设置和有效面积应符合下列规定：

（1）设置在顶层区域的固定窗，其总面积不应小于楼地面面积的 2%。

（2）设置在靠外墙且不位于顶层区域的固定窗，单个固定窗的面积不应小于 1m²，且间距不宜大于 20m，其下沿距室内地面的高度不宜小于层高的 1/2；供消防救援人员进入的窗口面积不计入固定窗面积，但可组合布置。

（3）设置在中庭区域的固定窗，其总面积不应小于中庭楼地面面积的 5%。

（4）固定玻璃窗应按可破拆的玻璃面积计算，带有温控功能的可开启设施应按开启时的水平投影面积计算。

3.3.4　补风系统的设置要求

除地上建筑的走道或建筑面积小于 500m² 的房间外，设置排烟系统的场所应设置补风系统。

（1）补风系统应直接从室外引入空气，且补风量不应小于排烟量的 50%。

（2）补风系统可采用疏散外门、手动或自动可开启外窗等自然进风方式以及机械送风方式；防火门、窗不得用作补风设施。风机应设置在专用机房内。

（3）补风口与排烟口设置在同一空间内相邻的防烟分区时，补风口位置不限；当补风口与排烟口设置在同一防烟分区时，补风口应设在储烟仓下沿以下；补风口与排烟口水平距离不应少于 5m。

（4）补风系统应与排烟系统联动开启或关闭。

（5）机械补风口的风速不宜大于 10m/s，人员密集场所补风口的风速不宜大于 5m/s；自然补风口的风速不宜大于 3m/s。

（6）补风管道耐火极限不应低于 0.5h，当补风管道跨越防火分区时，管道的耐火极限不应小于 1.5h。

3.3.5　排烟系统的设计一般要求

根据《建筑防烟排烟系统技术标准》GB 51251—2017 的规定，排烟系统的设计风量不应小于该系统计算风量的 1.2 倍。

除中庭外下列场所一个防烟分区的排烟量计算应符合下列规定：

（1）建筑空间净高小于或等于 6m 的场所，其排烟量应按不小于 60m³/（h·m²）计算，且取值不小于 15000m³/h，或设置有效面积不小于该房间建筑面积 2% 的自然排烟窗（口）。

（2）公共建筑、工业建筑中空间净高大于 6m 的场所，其每个防烟分区排烟量不应小于表 3-6 中的数值，或设置自然排烟窗（口），其所需有效排烟面积应根据表 3-6 中自然排烟侧窗（口）部风速计算。

当一个排烟系统担负多个防烟分区排烟时，其系统排烟量的计算应符合下列规定：

（1）当系统负担具有相同净高场所时，对于建筑空间净高大于 6m 的场所，应按排烟量最大的一个防烟分区的排烟量计算；对于建筑空间净高为 6m 及以下的场所，应按同一防火分区中任意两个相邻防烟分区的排烟量之和的最大值计算。

（2）当系统负担具有不同净高场所时，应采用上述方法对系统中每个场所所需的排烟量进行计算，并取其中的最大值作为系统排烟量。

公共建筑、工业建筑中空间净高大于 6m 场所的计算排烟量
及自然排烟侧窗（口）部风速   表 3-6

空间净高（m）	办公室、学校（×10⁴m³/h）		商店、展览厅（×10⁴m³/h）		厂房、其他公共建筑（×10⁴m³/h）		仓库（×10⁴m³/h）	
	无喷淋	有喷淋	无喷淋	有喷淋	无喷淋	有喷淋	无喷淋	有喷淋
6.0	12.2	5.2	17.6	7.8	15.0	7.0	30.1	9.3
7.0	13.9	6.3	19.6	9.1	16.8	8.2	32.8	10.8
8.0	15.8	7.4	21.8	10.6	18.9	9.6	35.4	12.4
9.0	17.8	8.7	24.2	12.2	21.1	11.1	38.5	14.2
自然排烟侧窗（口）部风速（m/s）	0.94	0.64	1.06	0.78	1.01	0.74	1.26	0.84

注：1. 建筑空间净高大于 9.0m 的，按 9.0m 取值；建筑空间净高位于表中两个高度之间的，按线性插值法取值；表中建筑空间净高为 6m 处的各排烟量值为线性插值法的计算基准值。

2. 当采用自然排烟方式时，储烟仓厚度应大于房间净高的 20%；自然排烟窗（口）面积 = 计算排烟量 / 自然排烟窗（口）处风速；当采用顶开窗排烟时，其自然排烟窗（口）的风速可按侧窗口部风速的 1.4 倍计。

3. 当公共建筑仅需在走道或回廊设置排烟时，其机械排烟量不应小于 13000m³/h，或在走道两端（侧）均设置面积不小于 2m² 的自然排烟窗（口）且两侧自然排烟窗（口）的距离不应小于走道长度的 2/3。

4. 当公共建筑房间内与走道或回廊均需设置排烟时，其走道或回廊的机械排烟量可按 60m³/（h·m²）计算且不小于 13000m³/h，或设置有效面积不小于走道、回廊建筑面积 2% 的自然排烟窗（口）。

中庭排烟量的设计计算应符合下列规定：

（1）中庭周围场所设有排烟系统时，中庭采用机械排烟系统的，中庭排烟量应按周围场所防烟分区中最大排烟量的 2 倍数值计算，且不应小于 107000m³/h；中庭采用自然排烟系统时，应按上述排烟量和自然排烟窗（口）的风速不大于 0.5m/s 计算有效开窗面积。

（2）当中庭周围场所不需设置排烟系统，仅在回廊设置排烟系统时，中庭的排烟量不应小于 40000m³/h；中庭采用自然排烟系统时，应按排烟量和自然排烟窗（口）的风速不大于 0.4m/s 计算有效开窗面积。

走道、室内空间净高不大于 3m 的区域，其最小清晰高度不宜小于其净高的 1/2，其他区域的最小清晰高度应按式（3-4）计算：

$$H_q = 1.6 + 0.1H' \qquad (3-4)$$

式中 H_q——最小清晰高度（m）；

H'——对于单层空间，取排烟空间的建筑净高度（m）；对于多层空间，取最高疏散楼层的层高（m）。

3.3.6　建筑自然排烟设计

1. 自然排烟的常用方式

自然排烟经常利用建筑的阳台、凹廊，或在外墙上设置便于开启的外窗、排烟窗进行无组织的自然排烟。

2. 对外开口面积要求

《建筑防烟排烟系统技术标准》GB 51251—2017 规定自然排烟对外开口要满足以下几点要求：

（1）自然排烟窗（口）截面积应由下式计算确定：

$$A_{\mathrm{v}} C_{\mathrm{v}} = \frac{M_{\rho}}{\rho_0} \left[\frac{T^2 + \left(A_{\mathrm{v}} C_{\mathrm{v}} / A_0 C_0 \right)^2 TT_0}{2g d_{\mathrm{b}} \Delta TT_0} \right]^{\frac{1}{2}} \qquad (3-5)$$

$$\Delta T = \frac{KQ_{\mathrm{c}}}{M_{\rho} C_{\rho}} \qquad (3-6)$$

$$Q = \alpha t^2 \qquad (3-7)$$

式中　A_{v}——自然排烟窗（口）截面积（m²）；

A_0——所有进气口总面积（m²）；

C_{v}——自然排烟窗（口）流量系数（通常选定在 0.5 ~ 0.7）；

C_0——进气口流量系数（通常约为 0.6）；

M_{ρ}——烟羽流质量流量（kg/s）；

ρ_0——环境温度下气体的密度（kg/m³）；

g——重力加速度（m/s²）；

d_{b}——排烟系统吸入口最低点之下烟气层厚度（m）；

T——烟层的平均绝对温度（K），$T=T_0+\Delta T$；

T_0——环境的绝对温度（K）；

ΔT——烟层平均温度与环境温度的差（K）；

Q_{c}——热释放速率的对流部分，一般取值为 $Q_{\mathrm{c}} = 0.7Q$（kW）；

C_{ρ}——空气的定压比热，一般取 $C_{\rho} = 1.01$[kJ/（kg·K）]；

K——烟气中对流放热量因子，当采用机械排烟时，取 $K=1$，当采用自然排烟时，取 $K=0.5$；

Q——热释放速率（kW），见表3-9；

t——火灾增长时间（s）；

α——火灾增长系数，按表 3-10 取值。

注意：公式中 $A_v C_v$ 在计算时应采用试算法。

（2）自然排烟窗（口）开启的有效面积尚应符合下列规定：

①当采用开窗角大于 70° 的悬窗时，其面积应按窗的面积计算；当开窗角小于或等于 70° 时，其面积应按窗最大开启时的水平投影面积计算。

②当采用开窗角大于 70° 的平开窗时，其面积应按窗的面积计算；当开窗角小于或等于 70° 时，其面积应按窗最大开启时的竖向投影面积计算。

③当采用推拉窗时，其面积应按开启的最大窗口面积计算。

④当采用百叶窗时，其面积应按窗的有效开口面积计算。

⑤当平推窗设置在顶部时，其面积可按窗的 1/2 周长与平推距离乘积计算，且不应大于窗面积。

⑥当平推窗设置在外墙时，其面积可按窗的 1/4 周长与平推距离乘积计算，且不应大于窗面积。

3.3.7 建筑机械排烟设计

《建筑防烟排烟系统技术标准》GB 51251—2017 规定：每个防烟分区排烟量应按式（3-8）计算或按火灾烟气速查表选取。

$$V = \frac{M_\rho T}{\rho_0 T_0} \qquad (3\text{-}8)$$

式中　V——排烟量（m^3/s）；

　　　ρ_0——环境温度下的气体密度（kg/m^3），通常 T_0=293.15K，ρ_0=1.2kg/m^3；

　　　T_0——环境的绝对温度（K）；

　　　T——烟层的平均绝对温度（K），$T = T_0+\Delta T$，ΔT 为烟气平均温度与环境温度的差；

　　　M_ρ——烟羽流质量流量（kg/s）。

机械排烟系统中，单个排烟口的最大允许排烟量 V_{max} 宜按式（3-9）计算，或按表 3-7 选取。

$$V_{max} = 4.16\gamma d d_b^{\frac{5}{2}}\left(\frac{T - T_0}{T_0}\right)^{\frac{1}{2}} \qquad (3\text{-}9)$$

式中　V_{max}——排烟口最大允许排烟量（m^3/s）；

　　　γ——排烟位置系数；当风口中心点到最近墙体的距离大于等于 2 倍的排烟口当量直径时，γ 取 1.0；当风口中心点到最近墙体的距离小于 2 倍的排烟口当量直径时，γ 取 0.5；当吸入口位于墙体上时，γ 取 0.5。

d_b——排烟系统吸入口最低点之下烟气层厚度（m）；

T——烟层的平均绝对温度（K）；

T_0——环境的绝对温度（K）。

排烟口最大允许排烟量（$\times 10^4 \mathrm{m^3/h}$） 表 3-7

热释速率（MW）	烟层厚度（m）	房间净高（m）									
		2.5	3	3.5	4	4.5	5	6	7	8	9
1.5	0.5	0.24	0.22	0.20	0.18	0.17	0.15	—	—	—	—
	0.7	—	0.53	0.48	0.43	0.40	0.36	0.31	0.28	—	—
	1.0	—	1.38	1.24	1.12	1.02	0.93	0.80	0.70	1.63	0.56
	1.5	—	—	3.81	3.41	3.07	2.80	2.37	2.06	1.82	1.63
2.5	0.5	0.27	0.24	0.22	0.20	0.19	0.17	—	—	—	—
	0.7	—	0.59	0.53	0.49	0.45	0.42	0.36	0.32	—	—
	1.0	—	1.53	1.37	1.25	1.15	1.06	0.92	0.81	0.73	0.66
	1.5	—	—	4.22	3.78	3.45	3.17	2.72	2.38	2.11	1.91
3	0.5	0.28	0.25	0.23	0.21	0.20	0.18	—	—	—	—
	0.7	—	0.61	0.55	0.51	0.47	0.44	0.38	0.3	—	—
	1.0	—	1.59	1.42	1.30	1.20	1.11	0.97	0.85	0.77	0.70
	1.5	—	—	1.38	3.92	3.58	3.31	2.85	2.50	2.23	2.01
4	0.5	0.30	0.27	0.24	0.23	0.21	0.20	—	—	—	—
	0.7	—	0.64	0.58	0.54	0.50	0.47	0.41	0.37	—	—
	1.0	—	1.68	1.51	1.37	4.27	1.18	1.04	0.92	0.83	0.76
	1.5	—	—	4.64	4.15	3.79	3.51	3.05	2.69	2.41	2.18
6	0.5	0.32	0.29	0.26	0.24	0.23	0.22	—	—	—	—
	0.7	—	0.70	0.63	0.58	0.54	0.51	0.45	0.41	—	—
	1.0	—	1.83	1.63	1.49	1.38	1.29	1.14	1.03	0.93	0.85
	1.5	—	—	5.03	4.50	4.11	3.80	3.35	2.98	2.69	2.44
8	0.5	0.34	0.31	0.28	0.26	0.24	0.23	—	—	—	—
	0.7	—	0.74	0.67	0.62	0.58	0.54	0.48	0.44	—	—
	1.0	—	1.93	1.73	1.58	1.46	1.37	1.22	1.10	1.00	0.92
	1.5	—	—	5.33	4.77	4.35	4.03	3.55	3.19	2.89	2.54
10	0.5	0.36	0.32	0.29	0.27	0.25	0.24	—	—	—	—
	0.7	—	0.77	0.70	0.65	0.60	0.57	0.51	0.46	—	—
	1.0	—	2.02	1.81	1.65	1.53	1.43	1.28	1.16	1.06	0.97

热释速率（MW）	烟层厚度（m）	房间净高（m）									
		2.5	3	3.5	4	4.5	5	6	7	8	9
10	1.5	—	—	5.57	4.98	4.55	4.21	3.71	3.36	3.05	2.79
20	0.5	0.41	0.377	0.34	0.31	0.29	0.27	—	—	—	—
	0.7	—	0.89	0.81	0.74	0.69	0.65	0.59	0.54	—	—
	1.0	—	2.32	2.08	1.90	1.76	1.64	1.47	1.34	1.24	1.15
	1.5	—	—	6.40	5.72	5.23	4.84	4.27	3.86	3.55	3.30

注：1. 本表仅适用于排烟口设置于建筑空间顶部，且排烟口中心点至最近墙体的距离大于或等于 2 倍排烟口当量直径的情形。当小于 2 倍或排烟口设于侧墙时，应按表中的最大允许排烟量减半。

2. 本表仅列出了部分火灾热释放速率、部分空间净高、部分设计烟层厚度条件下，排烟口的最大允许排烟量。

3. 对于不符合上述两条所述情形的工况，应按实际情况按《建筑防烟排烟系统技术标准》GB 51251—2017 的第 4.6.14 条的规定进行计算。

烟羽流的质量流量按羽流类型不同选择下列公式进行计算。

1. 轴对称型烟羽流

轴对称型烟羽流，用以下公式进行计算：

$$当 Z > Z_1 时 \quad M_\rho = 0.071 Q_c^{\frac{1}{3}} Z^{\frac{5}{3}} + 0.0018 Q_c \qquad (3\text{-}10)$$

$$当 Z \leqslant Z_1 时 \quad M_\rho = 0.032 Q_c^{\frac{3}{5}} Z \qquad (3\text{-}11)$$

$$Z_1 = 0.166 Q_c^{\frac{2}{5}} \qquad (3\text{-}12)$$

式中　M_ρ——烟羽流质量流量（kg/s）；

Q_c——热释放速率的对流部分（kW），一般取值为 $0.7Q$，Q 为热释放速率（见表 3-9）；

Z——燃料面到烟层底部的高度（m）（取值应大于或等于最小清晰高度与燃料面高度之差）；

Z_1——火焰极限高度（m）。

2. 阳台溢出型烟羽流

阳台溢出型烟羽流，用以下公式进行计算：

$$M_\rho = 0.36 \left(QW^2 \right)^{\frac{1}{3}} \left(Z_b + 0.25 H_1 \right) \qquad (3\text{-}13)$$

$$W = \omega + b \qquad (3\text{-}14)$$

式中　M_ρ——烟羽流质量流量（kg/s）；

H_1——燃料面至阳台的高度（m）；

Q——热释放速率（kW），见表 3-9；

Z_b——从阳台下缘至烟层底部的高度（m）；

W——烟羽流扩散宽度（m）；

ω——火源区域的开口宽度（m）；

b——从开口至阳台边缘的距离（m），$b \neq 0$。

3. 窗口型烟羽流

窗口型烟羽流，用以下公式进行计算：

$$M_\rho = 0.68 \left(A_w H_w^{\frac{1}{2}} \right)^{\frac{1}{3}} \left(Z_w + \alpha_w \right)^{\frac{5}{3}} + 1.59 A_w H_w^{\frac{1}{2}} \tag{3-15}$$

$$\alpha_w = 2.4 A_w^{\frac{2}{5}} H_w^{\frac{1}{5}} - 2.1 H_w \tag{3-16}$$

式中　A_w——窗口开口的面积（m²）；

H_w——窗口开口的高度（m）；

Z_w——窗口开口的顶部到烟层底部的高度（m）；

α_w——窗口型烟羽流的修正系数（m）；

烟层平均温度与环境温度的差 ΔT 应以式（3-6）计算或查表 3-8 确定。

不同火灾规模下的机械排烟量　　　　　　表 3-8

Q=1MW			Q=1.5MW			Q=2.5MW		
M_ρ（kg/s）	ΔT（℃）	V（m³/s）	M_ρ（kg/s）	ΔT（℃）	V（m³/s）	M_ρ（kg/s）	ΔT（℃）	V（m³/s）
4	175	5.32	4	263	6.32	6	292	9.98
6	117	6.98	6	175	7.99	10	175	13.31
8	88	6.66	10	105	11.32	15	117	17.49
10	70	10.31	15	70	15.48	20	88	21.68
12	58	11.96	20	53	19.68	25	70	25.8
15	47	14.51	25	42	24.53	30	58	29.94
20	35	18.64	30	35	27.96	35	50	34.16
25	28	22.80	35	30	32.16	40	44	38.32
30	23	26.90	40	26	36.28	50	35	46.60
35	20	31.15	50	21	44.65	60	29	54.96
40	18	35.32	60	18	53.10	75	23	67.43
50	14	43.60	75	14	65.48	100	18	88.50
60	12	52.00	100	10.5	86.00	120	15	105.10

续表

Q=3MW			Q=4MW			Q=5MW		
M_ρ（kg/s）	ΔT（℃）	V（m³/s）	M_ρ（kg/s）	ΔT（℃）	V（m³/s）	M_ρ（kg/s）	ΔT（℃）	V（m³/s）
8	263	12.64	8	350	14.64	9	525	21.50
10	210	14.30	10	280	16.30	12	417	24.00
15	140	18.45	15	187	20.48	15	333	26.00
20	105	22.64	20	140	24.64	18	278	29.00
25	84	26.80	25	112	28.80	24	208	34.00
30	70	30.96	30	93	32.94	30	167	39.00
35	60	35.14	35	80	37.14	36	139	43.00
40	53	39.32	40	70	41.28	50	100	55.00
50	42	49.05	50	56	49.65	65	77	67.00
60	35	55.92	60	47	58.02	80	63	79.00
75	28	68.48	75	37	70.35	95	53	91.50
100	21	89.30	100	28	91.30	110	45	103.50
120	18	106.20	120	23	107.88	130	38	120.00
140	15	122.60	140	20	124.60	150	33	136.00

Q=6MW			Q=8MW			Q=20MW		
M_ρ（kg/s）	ΔT（℃）	V（m³/s）	M_ρ（kg/s）	ΔT（℃）	V（m³/s）	M_ρ（kg/s）	ΔT（℃）	V（m³/s）
10	420	20.28	15	373	28.41	20	700	56.48
15	280	24.45	20	280	32.59	30	467	64.85
20	210	28.62	25	224	36.76	40	350	73.15
25	168	32.18	30	187	40.96	50	280	81.48
30	140	38.96	35	160	45.09	60	233	89.76
35	120	41.13	40	140	49.26	75	187	102.40
40	105	45.28	50	112	57.79	100	140	123.20
50	84	53.60	60	93	65.87	120	117	139.90
60	70	61.92	75	74	78.28	140	100	156.50
75	56	74.48	100	56	90.73	—	—	—
100	42	98.10	120	46	115.70	—	—	—
120	35	111.80	140	40	132.60	—	—	—
140	30	126.70	—	—	—	—	—	—

火灾达到稳态时的热释放速率　　　　　　　　　　表 3-9

建筑类别	喷淋设置情况	热释放速率 Q（MW）
办公室、教室、客房、走道	无喷淋	6.0
	有喷淋	1.5
商店、展览厅	无喷淋	10.0
	有喷淋	3.0
其他公共场所	无喷淋	8.0
	有喷淋	2.5
汽车库	无喷淋	3.0
	有喷淋	1.5
厂房	无喷淋	8.0
	有喷淋	2.5
仓库	无喷淋	20.0
	有喷淋	4.0

注：设置自动喷水灭火系统（简称喷淋）的场所，其室内净高大于 8m 时，应按无喷淋场所对待。

火灾增长系数　　　　　　　　　　表 3-10

火灾类型	典型的可燃材料	火灾增长系数 α（kW/s^2）
慢速火	硬木家具	0.00278
中速火	棉质、聚酯垫子	0.011
快速火	装满的邮件袋、木制货架托盘、泡沫塑料	0.044
超快速火	池火、快速燃烧的装饰家具、轻质窗帘	0.178

3.4　建筑防排烟系统设计程序及施工图绘制

3.4.1　建筑防排烟系统设计程序

在进行防排烟系统设计时，首先应分析建筑物的类型、功能特性和防火要求，明晰建筑物的防火分区，研究出合理的防排烟方案，确定防排烟的部位和防烟分区。根据建筑物的特点和其他要求，根据规范确定防排烟的方式，然后再进行防排烟系统的计算与设施布置，具体的建筑防排烟系统设计程序图如图 3-1 所示。

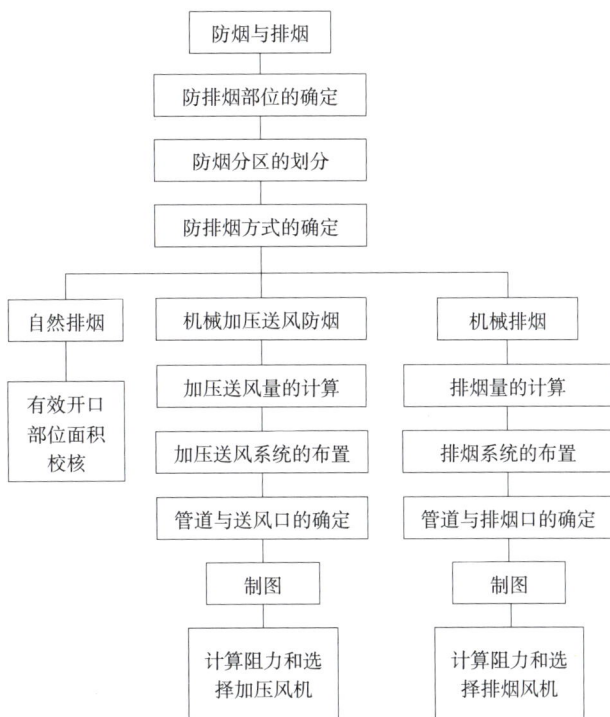

图 3-1　建筑防排烟系统设计程序图

3.4.2　建筑防排烟系统设计施工图的制图要求

1. 线宽和线型

制图时，基本宽度 b 宜选用 0.18mm、0.35mm、0.5mm、0.7mm、1.0mm，其他线宽可参照表 3-11 选取，线型参照表 3-12 选取。

线宽　　　　　　　　　　　　　　　　　　　　　　　　表 3-11

线宽组	线宽（mm）			
b	1.0	0.7	0.5	0.35
$0.5b$	0.5	0.35	0.25	0.18
$0.25b$	0.25	0.18	（0.13）	—

线型　　　　　　　　　　　　　　　　　　　　　　　　表 3-12

名称		线型	线宽	一般用途
实线	粗	——	b	单线表示管道
	中	——	$0.5b$	本专业设备轮廓，双线表示管道轮廓
	细	——	$0.25b$	建筑轮廓线：尺寸、标高、角度等标注线及引出线；非本专业设备轮廓

2. 制图的比例

防排烟工程施工图制图的比例，如表 3-13 所示。

制图比例　　　　　　　　　　　　　　　　　　　表 3-13

图名	常用比例	可用比例
剖面图	1∶50、1∶100、1∶150、1∶200	1∶300
局部放大图、管沟断面图	1∶20、1∶50、1∶100	1∶30、1∶40、1∶50、1∶200
索引图、详图	1∶1、1∶2、1∶5、1∶10、1∶20	1∶3、1∶4、1∶5

3. 施工图文件资料的内容

一套完整的消防工程施工图通常包括封面、目录、图例、设备材料表、设计说明、系统（原理）图、各系统平面图、大样图等。

设计说明通常包括工程概况、设计依据、设计范围及各系统设备设置的区域、设计原理（工作原理）、设计参数及计算结果、设备材料的材质及规格要求、设备材料的安装要求、系统试验及调试的标准等内容。

设备材料表通常包括编号、名称、技术要求、数量、单位、备注栏等。

复习思考题

1. 简述建筑防排烟设施的设置部位及要求。
2. 简述机械加压送风量计算方法。

建筑防排烟系统装调工具材料与操作安全

第4章

学习目标

1. 了解建筑防排烟系统的工作场所、常用设备、材料、常用工具以及安全技术操作规程与守则；
2. 熟悉建筑防排烟系统相关设备的保养方法。

建筑防排烟系统装调的工作场所一般是建筑物，会用到各种机械设备、工具、材料，也会用到各种电气工具及仪表。在建筑防排烟系统装调过程中，要遵守各种操作规程，杜绝安全事故的发生。

4.1 建筑防排烟系统机械装调常用设备、工具、材料

建筑防排烟系统机械装调常用设备包括：升降平台、高空作业平台、脚手架、梯子等；常用的机械工具主要有：各种螺丝刀、扳手、冲击钻、手电钻、激光水平仪、拖线板、卷尺等；常用的材料有：金属薄板（风管），防火绝热材料（玻璃棉、防火岩棉保温毡、硅酸铝纤维毡等），风管吊杆，螺栓、螺母、螺钉，膨胀螺栓，角钢法兰、夹码、夹码扳手等。

4.1.1 设备

1. 升降平台

升降平台，也称材料升降机，是一种依靠液压动力起重、搬运、装卸货物或设备的可移动升降平台系统，具有良好的稳定性和较高的承载能力，如图4-1所示。

图 4-1　升降平台

升降平台结构主要由平台、承重剪叉、起升油缸、泵站、支撑底座及车轮组成。其主要用于作业平台之间货物运送，设备装配时调节工件高度，给高处送物料，日常货物快速搬运、装卸等。升降平台不仅可以作为起重搬运设备、物料来使用，带有护栏的升降平台也可以作为高空作业的承载平台。

2. 高空作业平台

建筑防排烟系统在施工过程中，常使用到高空作业平台，如图 4-2 所示。

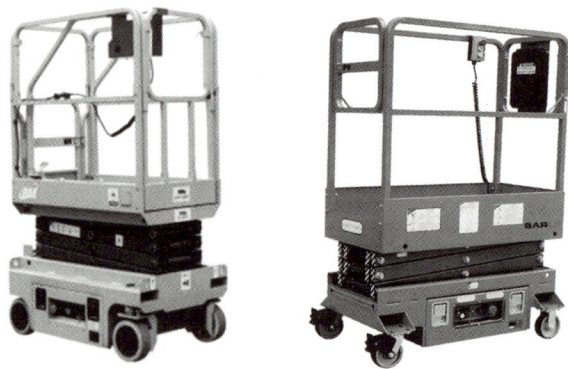

图 4-2　高空作业平台

高空作业平台是一种将人、施工物料和工具，通过作业机械平台升到一定的高度，进行各种安装、施工、维修等作业的专业机械设备。

与传统高空作业平台（如脚手架和人力阶梯）相比，高空作业平台更加安全和高效，体现在以下方面：

（1）可移动、作业稳定性好

高空作业平台不管是在室内，还是凹凸不平的室外，甚至需要爬坡的粗糙地面，都有不同的型号可供选择，可根据需求进行上下、左右、前后的灵活移动，也不存在重心偏移的问题，稳定性和安全性更高。

（2）多功能、多用途

高空作业平台能够快速升高或者降低，完成物料举升、起重吊装和载人高空作业等，同时为扩展作业设备以及各种作业设备的快速切换提供了接口。

（3）减少人力要求、省时又高效

没有人力搭建、分离脚手架环节，只需要操作员即可。施工效率大大提高，节约了运营成本。

高空作业平台的使用注意事项如下：

（1）严格遵守操作规程

在使用高空作业平台前，一定要仔细阅读操作手册，并严格按照操作规程进行操作。特别是在设备移动、升降、停放等工作环节，一定要做到稳妥谨慎，避免出现任何失误。

（2）定期检查设备

高空作业平台在使用过程中，会出现一些损耗、故障等情况，因此一定要定期检查设备的电气、液压、机械等部分，确保设备处于正常工作状态，避免发生任何意外情况。

（3）安全防护措施

在使用高空作业平台时，必须加强安全防护措施，比如穿戴好防护装备，不要超载、超高作业，确保设备操作安全。

（4）现场管理规范

在高空作业平台使用现场，必须有专人进行现场管理，指挥和监管人员安排合理，不可私自篡改设备参数、私自拆改设备、随意移动设备，加强现场管理，确保设备操作的安全和稳定性。

（5）学会急救方法

在高空作业平台使用过程中，任何事故都可能发生，因此操作人员在使用设备前，一定要学会急救方法，以应对任何突发情况。在使用高空作业平台时，我们必须注重安全，加强设备管理和操作规范，只有这样才能确保设备的正常使用和操作人员的人身安全。

3. 脚手架

脚手架是为建筑施工或安装施工而搭设的上料、堆料以及施工作业用的临时结构架，是为了保证各施工过程顺利进行而搭设的工作平台。

（1）按所用的材料：分为木脚手架、钢脚手架和软梯。

（2）按是否可移动：分为移动脚手架和固定脚手架，如图4-3所示。

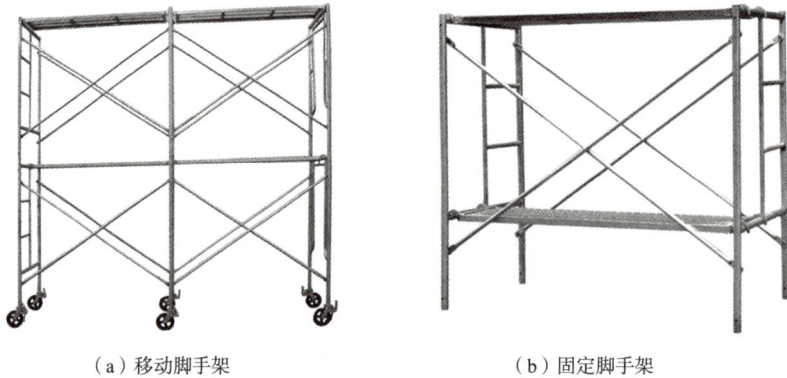

（a）移动脚手架　　　　　　　　　　　（b）固定脚手架

图4-3　脚手架

（3）按施工的性质：分为建筑脚手架和安装脚手架。

移动脚手架的使用注意事项如下：

（1）使用脚手架时，应安放稳固，要有工作平台；移动脚手架的轮子必须有制动装置（脚刹），在架体使用时，应当关闭锁止装置，限制其移动。

（2）拖动操作平台时，上部应没有作业人员，应设警戒区，并应派专人现场指挥，移动到位后，踩下车轮刹车，锁上车轮。

（3）脚手架上工作平台必须铺满铺板并安装挡脚板，铺板、挡脚板必须固定，护栏外须加设防护网；在操作过程中，应避免支架突然受到水平冲击。

（4）高处作业，发现有缺陷和隐患时，必须及时处理，危及人身安全时，必须停止作业，严禁站在护栏上工作或坐在护栏上休息，严禁交叉作业。

（5）操作平台上不能堆放过多、过重的材料（不能超载），且材料堆放必须均匀、分散，要有足够的工作空间。

（6）使用前检查脚手架的扣件是否完好、螺栓是否拧紧；在作业平台上操作时，必须佩带安全带并挂牢（可拴在护栏上），不得在作业平台上设置其他梯子。

（7）禁止配电线路穿越移动式脚手架操作平台，或沿平台拉设。

（8）严禁将重物悬挂在支架外，防止支架因严重偏载而翻倒。

（9）作业区域应用警示带围护好，设置监护人，严禁非作业人员入内。

4. 梯子

梯子主要用于爬高，如图4-4所示。梯子种类和形式很多。按材质有竹制、木制、钢制和铝合金制等类型。

图 4-4 梯子

梯子使用注意事项如下：

（1）使用前检查梯子是否安全，即检查梯子的铆钉是否松动，焊接是否开裂。

（2）梯子应放置在坚固平稳的地面上，禁止放在没有防滑和固定设备的冰、雪或滑的地表面上。

（3）梯子须安放稳固，作业时禁止超载，使用材料需经人传递或用小桶吊放，严禁上下抛物。

（4）使用梯子时至少两人一组，有专人扶梯；作业人员身体疲倦，服用药物、饮酒或有体力障碍时，禁止使用梯子。

（5）攀登时人面向梯子，双手抓牢，身体重心保持在两梯柱中央；严禁使用梯子最上面两格，保留安全保护高度，不要攀过顶部的最高支撑点，作业时手不要超过头顶，以免身体失去平衡，发生危险。

（6）严禁背对梯子作业，严禁交叉作业，禁止从梯子的一侧直接跨越到另一侧。

（7）超过 2m 以上的作业，且安全带无挂点时，除扶梯人外，须再设置一名监护人。

（8）金属梯子导电，避免靠近带电场所。

（9）作业区域应用警示带围护好，设置监护人，严禁非作业人员入内。

5. 割磨机

割磨机是一种用于表面加工的机械加工设备，也叫手提砂轮机，它主要通过高速旋转的割磨盘（砂轮）来实现物体的刃磨和切割，如图 4-5 所示。

割磨机可以用来刃磨各种刀具、工具，用作零件磨削、去毛刺及清理等工作，也可以用于切断金属、石料、木材等材料。

割磨机要根据实际需求进行选择，使用前要确

图 4-5 割磨机

认砂轮片无缺口、防护罩齐全、外观完好、电缆没有破损等；通电测试开关正常，没有杂音、振动方可使用；同时注意要安全操作。

6.金属风管合缝机

金属风管合缝机也叫电动合边机、通风管道铁皮压边机等，如图4-6所示。

图4-6　金属风管合缝机

金属风管合缝机可以快速、安全、强有力的合缝，将联合口与直角边很好结合，代替传统手锤敲打，既减轻繁重的劳作，又可以达到很好的合缝效果，是风管现场施工常用设备。

4.1.2　工具

1.螺丝刀

螺丝刀，如图4-7所示，又称"起子"，是用来拧螺栓的工具，按不同的头型可以分为一字、十字、米字、星形、方头、六角头和Y形头部等，其中一字螺丝刀、十字螺丝刀、内六角螺丝刀最常用的。

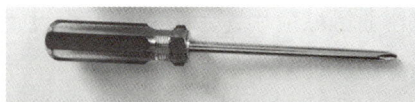

（a）一字螺丝刀　　　　　　　　　　（b）十字螺丝刀

图4-7　螺丝刀

一字螺丝刀，如图4-7（a）所示，型号表示为刀头宽度 × 刀杆长度。例如 2×75mm，则表示刀头宽度为2mm，杆长为75mm（非全长）。

十字螺丝刀，如图4-7（b）所示，型号表示为刀头大小 × 刀杆长度。例如 PH2×75mm，表示刀头为PH2型，金属杆长为75mm（非全长）。

螺丝刀使用注意事项如下：

（1）使用时，右手握住旋具，手心抵住柄端，旋具和螺钉同轴心，压紧后用手腕扭转，松动后用手心轻压旋具，用拇指、中指、食指快速扭转。

（2）使用长杆旋具，可用左手协助压紧和拧动手柄。

（3）刀具应与螺钉槽口大小、宽窄、长短相适应，刀口不得残缺，以免损坏槽口和刀口。

（4）不可用锤子敲击旋具柄或当錾子使用，不可当作杠杆使用，刃口不可磨削，以免破坏硬化表面。

（5）不可把旋具口端用扳手或者其他工具增加阻力，以免破坏旋杆，不可放在衣服或者裤子口袋，以免碰撞或跌倒时造成人身伤害。

2. 扳手

扳手种类很多，常用的有固定扳手、活动扳手等。固定扳手如图 4-8（a）所示；活动板手如图 4-8（b）所示。

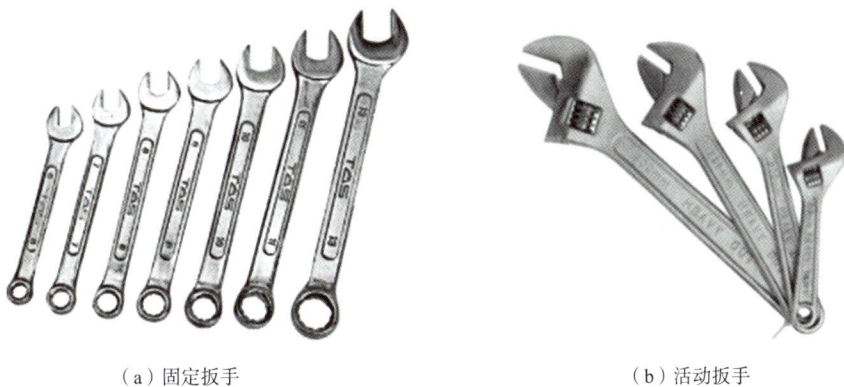

（a）固定扳手　　　　　　　　　　（b）活动扳手

图 4-8　扳手

固定扳手使用注意事项如下：

（1）扳手开口大小的选择应与螺栓、螺母头部的尺寸一致。

（2）扳手开口厚的一边应置于受力大的一侧。

（3）扳动时以拉动为好，若必须推动时，为防止伤手，可用手掌推动。

（4）多用于拧紧或拧松标准规格的螺栓螺母。

（5）不可用于拧紧力矩较大的螺母或螺栓。

（6）可以上、下套入或者横向插入，使用方便。

活动扳手使用注意事项如下：

（1）此种扳手的开度可以自由调节，适用于不规则的螺栓或螺母。

（2）使用时，应将钳口调整到与螺栓或螺母的对边距离同宽，并使其紧密贴合，让扳手可动钳口承受推力，固定钳口承受拉力。

（3）不可将扳手当作铁锤使用，不可在扳手柄端再套上管子来增加扳手的扭力。

（4）活动扳手的开口尺寸能在一定范围内任意调节，应向固定边施力，绝不可向活动边施力。

（5）限于拆装开口尺寸限度以内的螺栓、螺母，特别对不规则的螺栓、螺母，更能发挥作用。

（6）不可用于拧紧力矩较大的螺栓、螺母，以防损坏扳手活动部分，扳手开口若有磨损或使用时有打滑现象时，不可再继续使用，以免打滑。

（7）原则上能使用套筒扳手则不使用梅花扳手，能使用梅花扳手则不使用开口扳手，能使用开口扳手则不使用活动扳手。

3. 电动扳手

电动扳手是指拧紧和旋松螺栓及螺母的电动工具，由电动机、齿轮减速器、正反转电源开关、电源联接装置件和机动套筒等组成，如图 4-9 所示。

电动扳手是装卸螺纹连接件的手持式电动工具，广泛应用于装拆螺纹螺栓场合，各种结构的安装、检修和拆换工作，也是防排烟系统装调中广泛使用的工具之一。

4. 冲击钻

冲击钻以旋转切削为主，兼有依靠操作者推力产生冲击力的冲击机构，用于在砖、砌块及混凝土等材料上钻孔，如图 4-10 所示。

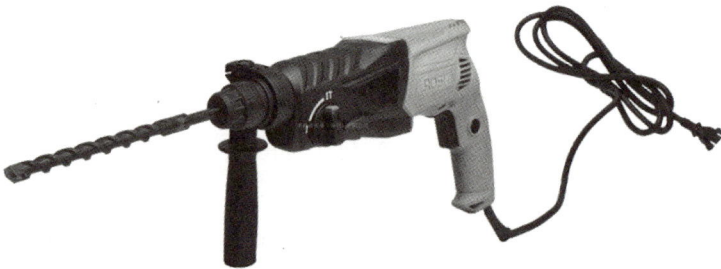

图 4-9　电动扳手

图 4-10　冲击钻

冲击钻使用方法为：

（1）操作前必须查看电源是否与电动工具上的常规额定 220V 电压相符，以免错接到 380V 的电源上。

（2）使用冲击电钻前请仔细检查机体绝缘防护、辅助手柄及深度尺调节等情况，冲击钻有无螺栓松动现象。

（3）冲击电钻必须按材料要求装入直径允许范围的钻头，严禁使用超越范围的钻头。

（4）冲击电钻导线要保护好，严禁满地乱拖，防止轧坏、割破，更不准把电线拖到油水中，防止油水腐蚀电线。

（5）使用冲击电钻的电源插座必须配备漏电开关装置，并检查电源线有无破损现象，使用中发现冲击电钻漏电、振动异常、高热或者有异声时，应立即停止工作，及时检查修理。

（6）冲击电钻更换钻头时，应用专用扳手及钻头锁紧钥匙，杜绝使用非专用工具敲打冲击钻。

（7）使用冲击电钻时不可用力过猛或出现歪斜操作，使用前务必装紧合适钻头并调节好冲击电钻深度尺，垂直、平衡操作时要徐徐均匀用力。

5. 手电钻

手电钻，可用来钻孔、攻螺纹、拧螺栓等，常用的有充电式手电钻如图 4-11（a）所示，插电式手电钻如图 4-11（b）所示。

（a）充电式　　　　　　　　　（b）插电式

图 4-11　手电钻

手电钻使用注意事项如下：

（1）在使用电钻时不准戴手套，防止手套缠绕。

（2）使用前检查手电钻是否接地线，核对电压是否相符，先通电空转检查旋转方向是否正常再使用。

（3）钻孔前，要确定钻头装夹位置是否合适，是否紧固到位。

（4）钻孔时，孔在即将钻透时，电钻的进给量要适当减小，压力适当减小，避免切削量过大，造成手电钻从手中脱落或者折断。

（5）操作时电钻内部有打火声、异味、冒烟时应停止使用。

（6）装卸钻头应在电钻完全停止转动并断电时进行，不准用锤和其他器件敲打钻夹头。

（7）操作完成或移动手电钻时应断电。

（8）熟练掌握和操作顺逆转向控制机构、松紧螺栓及打孔、攻牙等功能。

6. 激光水平仪

激光水平仪如图 4-12 所示，是一种测量和标记水平的工具。

激光水平仪也是一种常见的校准工具，在许多领域中能快速、准确地测量和标记水平线，提高工作效率，节省时间和精力，常用于以下场合：

（1）建筑施工：激光水平仪可以用来测量墙面、地面、屋顶、水平线等，方便建筑工人进行定位、布线、安装风管、水管等操作。

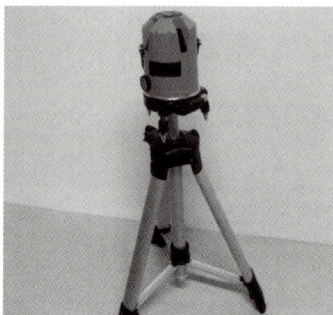

图 4-12　激光水平仪

（2）家装装修：激光水平仪可用于装修顶棚、地板、墙壁等，能快速准确地定位、标记水平线。

（3）地形测量：激光水平仪可以用来标记地面高度、水平线等，用于地形测量和工程规划。

（4）景观设计：激光水平仪可以用来标记花坛、水槽、篮球架、网球场等物体的水平位置，方便景观设计师进行规划和布局。

激光水平仪使用方法及注意事项如下：

（1）将仪器放置在基准平面或脚架上。

（2）先对向转动两只脚螺旋，使圆水准器气泡向中间移动，再转动另一脚螺旋，使气泡移至居中位置，则仪器安放面趋于水平。

（3）通过摇动手柄或升降脚架来调整仪器架设高度。

（4）打开电源开关，开启电源，此时水平激光线将点亮，调整仪器架设高度或水平方向旋转仪器，使激光线落在所需要的位置上。

（5）不要直视激光光束，如果激光线较暗或明亮不一，检查光线出口，如有污垢，用棉花棒沾上酒精以后擦拭干净。

（6）使用完毕后需要关闭电源，平时要保持激光输出窗清洁；长期不用时应取出电池，不用时应将仪器放在仪器箱或软包内，并置于通风干燥的房间内。

7. 拖线板

拖线板也叫电线加长组件或延长线插座，简称排插、插座、延长插座等，是日常生活中经常用到的电工产品，如图 4-13 所示。

拖线板是带电源线和插头，可以移动的多位插座。可以连接一个以上的电源插头，既节省了空间又节省了线路。

拖线板选用及使用注意事项如下：

（1）一定要选用获得国家认证和符合国际行业标准的，通过 3C 认证的拖线板，最好选择有保障的品牌产品。

（2）拖线板都有额定电流（电压、功率），不能超负荷使用，否则插座会发热，损坏电器甚至引起火灾。

（3）插座、插头、电缆出现开裂、变形、破损、异常或老化时要及时更换，禁止改变插头尺寸与形状，禁止将电源引线直接插在插座中使用。

（4）拔插头时不要拽电源线，这样容易把电源线与插头连接的部位拽断，从而发生短路、漏电，引发火灾和触电事故。

在建筑施工工地电器设备和拖线板的使用频率很高，一旦出现漏电或过热，后果严重。消防工程中使用的拖线板，一般叫电缆盘，其延长线一般使用电缆线，并套管，带空气开关，也称带漏电保护电缆盘，如图 4-14 所示。

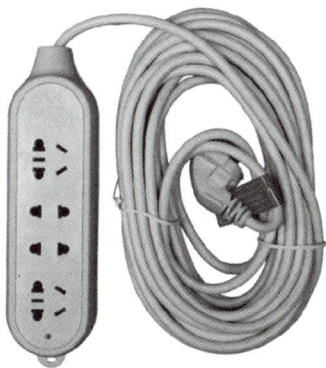

图 4-13　拖线板　　　　图 4-14　带漏电保护电缆盘

带漏电保护的电缆盘可以及时检测到漏电情况并切断电源，从而保障工人的人身安全，过载保护装置可以防止电路过载引起的火灾。

电缆盘使用方法及注意事项如下：

（1）将电缆盘置于用电现场，牵引电缆插头端到相同供电制式的电源插座处，插上插头便可；也可插上并固定好插头后，牵引电缆盘到用电现场。

（2）使用前和每使用一段时间后（一般为半个月），必须对漏电保安性能进行检查，即在合闸通电情况下，按动漏电试验按钮，以跳闸为正常。

（3）电缆盘不允许平放，电缆线与盘的两边挡板须有一定距离，否则钉子等会磨破绝缘层或护套层。

（4）电缆盘不要长时间在阳光下直射，不要长期在存在腐蚀性物质的环境下工作，保护电缆盘不被水溅、进灰尘。

（5）电缆盘在不使用的时候，不能存放过于潮湿的地方，还要避免阳光直射。有塑胶保护盖的线盘要将保护盖盖上，避免进入灰尘或溅入水。

8. 卷尺

卷尺是一种可以自由舒卷的软尺，我们经常看到的是钢卷尺，如图4-15所示。卷尺是日常生活中常用的工量具，建筑和消防工程中也常用到。

卷尺能卷起来是因为卷尺里面装有弹簧，在拉出测量长度时，实际是拉长标尺及弹簧的长度，一旦测量完毕，卷尺里面的弹簧会自动收缩，标尺在弹簧力的作用下也跟着收缩，所以卷尺就会卷起来。

卷尺上的数字分为两排，一排数字单位是厘米（cm），一排单位是英寸（in），两个数字相距较短的数字单位是厘米，较长的为英寸。

图 4-15　钢卷尺

卷尺使用方法及注意事项如下：

（1）制动按钮打开，就可以随意拉动尺子；使用时，应先按下制动按钮，然后徐徐拉出尺带，用完后按下制动按钮，尺带自动收卷，尺带自动收卷时，应防止尺带伤人。

（2）使用卷尺时，拉出尺带不得用力过猛，而应徐徐拉出，用完后也应让它徐徐退回。

（3）测量时卷尺零刻度对准测量起始点，尺头勾住或顶住物体，施以适当拉力，尺子必须拉直，中间不能打弯或打卷，并且紧贴被测物体，合上制动按钮，直接读取测量终止点所对应的尺上刻度数字，读数时要注意刻度线与物体边缘平齐，视线与尺子上的刻度保持垂直。

（4）使用时不能打弯过重，防止折断。

（5）使用时注意尺子边缘，防止受伤，收回时控制速度，防止伤到自己。

9. 锤子

锤子是主要的击打工具，如图4-16所示，分别是钢制锤和橡胶锤。钢制锤由锤头和锤柄组成，锤头材质多为45钢。锤子其规格以锤重量而定，如0.5kg、1kg等。锤子木柄呈椭圆形，锤柄一般选用比较坚硬的檀木做成。锤柄安装必须稳固可靠，要防止锤头脱落造成事故，为此，锤柄装在两端大，中间小的椭圆孔中后，还必须在端部打入斜楔铁，防止锤柄松动造成锤头脱落。

防排烟系统装调中，锤子主要用于敲打风管接缝接边、安装角钢法兰、敲打钉子等。

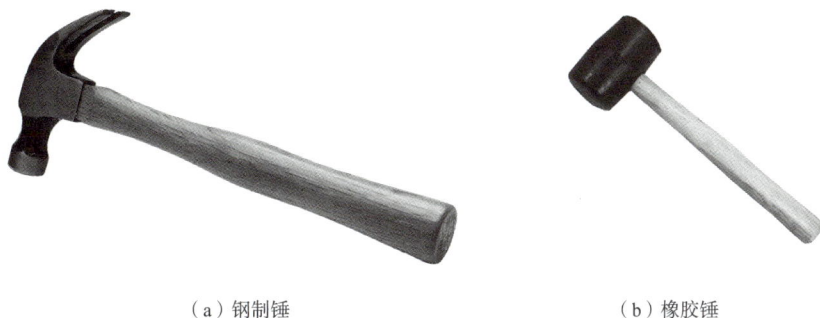

（a）钢制锤　　　　　　　　　　　（b）橡胶锤

图 4-16　锤子

使用锤子应该注意以下几点：

（1）使用前应该检查手柄是否松动、开裂，以免锤头滑脱而造成事故。

（2）清除锤面和手柄的油污，以防敲击时锤面从工作面上滑下造成机件损坏。

（3）锤子的重量应与工件、材料和作用相适应，太重和过轻都会不安全。

10. 拉铆枪

拉铆枪，常用于各类金属板材、管材等制造工业的紧固铆接，解决金属薄板、薄管焊接螺母易熔，攻内螺纹易滑牙等问题，它可直接铆接不需要攻内螺纹和焊接螺母的拉铆产品。

根据动力类型，拉铆枪分为电动、手动（图 4-17）和气动的几种类型。其中手动的使用最为广泛，价格低，操作方便。

图 4-17　手动拉铆枪

4.1.3　材料

1. 金属薄板（风管）

风管，由金属薄板制作而成，用于空气输送和分布的管道系统，如图 4-18 所示。

常见的消防排烟管道主要分为消防风管以及排烟风管，消防风管的主要作用是向外抽走烟气，排烟风管的作用是向室内输送空气，同时挤走烟气，这两种风管使用的材质都是耐高温防腐蚀的，使用的密封材料也都是耐高温防腐蚀的。

图 4-18　风管

按材质，风管可分为金属风管、复合风管、高分子风管等。其中金属风管是用各种金属材料制作的风管，防排烟管道一般选择金属薄板制作，常用的金属材料包括镀锌铁皮（白铁皮）和不锈钢等。

按截面形状，风管可分为圆形风管、矩形风管、扁圆风管等多种，其中圆形风管阻力最小但高度尺寸最大，制作复杂，所以日常应用以矩形风管为主。

2. 防火绝热材料（玻璃棉、防火岩棉保温毡、珍珠岩保温板等）

《建筑防烟排烟系统技术标准》GB 51251—2017 中，对于防排烟工程材料有明确具体的要求，比如防排烟成品耐火风管要求达到 A 级不燃的防火等级，并且有 1 ~ 2h 的耐火时效。目前市场上能满足规范要求的做法有两种，一种是金属风管外加防火包覆（柔性包覆或者防火板包覆），另一种是成品防火复合风管。

消防工程绝热材料有玻璃棉、防火岩棉保温毡、硅酸铝纤维毡、硅酸铝板、珍珠岩保温板、硅酸盐板、玻镁板、硅酸钙板等材料，下面只介绍其中几种。

（1）玻璃棉

玻璃棉（铝箔）是一种由玻璃纤维制成的绝缘材料，该玻璃纤维使用胶粘剂排列成类似于羊毛的质地，如图 4-19 所示。

图 4-19　玻璃棉

图 4-20　防火岩棉保温毡

玻璃棉成型好、防火阻燃、体积密度小、导热系数低、保温绝热、吸声降噪性能好、耐腐蚀、材料尺寸稳定性好等，是一种广泛应用于建筑、冷冻、制造业等领域的高性能隔热材料。其具有优异的隔热性能、防火性能以及难燃性能。与其他隔热材料相比，玻璃棉具有厚度适中、柔软性好、抗压性能强的优点，可以根据实际需求进行裁剪、压缩，使其适应各种形状和尺寸的墙体、屋顶、地面和管道等部位。

（2）防火岩棉保温毡

防火岩棉保温毡也叫岩棉，是以玄武岩及其他天然矿石等为主要原料，经高温熔融成纤，并加入适量胶粘剂加工而成的，如图4-20所示。

防火岩棉保温毡具有优良的保温隔热性能，施工及安装便利、节能效果显著，具有很高的性能价格比，适用于大中口径管道。

（3）珍珠岩保温板

珍珠岩保温板，又称FSG防水珍珠岩保温板，它是以膨胀珍珠岩散料为骨料，加入防水剂和胶粘剂，进过配制、筛选、加压成型、烘干等工序制成的隔热防水保温板，如图4-21所示。

图4-21 珍珠岩保温板

珍珠岩保温板质轻且保温隔热性能优良，防火、防潮、不变形、不腐烂发霉、无毒无味、憎水性能好，施工安全简单易行，有良好的环保性。

3.风管吊杆

风管吊杆是用于支撑和固定风管的关键组件，如图4-22所示。在防排烟系统安装时，风管吊杆的质量和安装技术都对通风系统的使用寿命和安全性起着重要的作用。

在防排烟系统安装过程中，应该注意吊杆的类型和长度，同时满足安装要求，并遵守相关法规，确保吊杆的质量、安全性和稳定性。

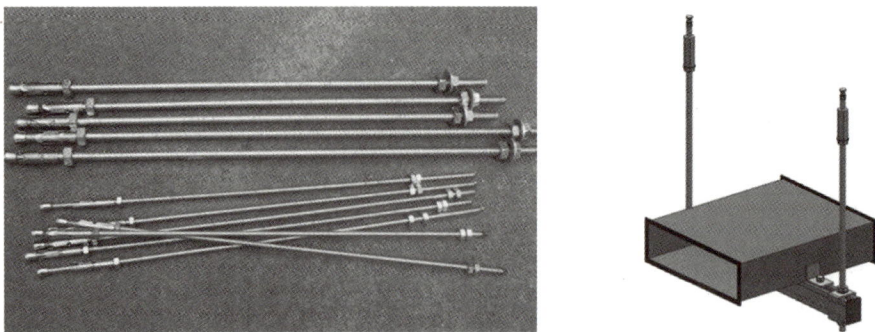

图 4-22　风管吊杆

4. 螺栓、螺母、螺钉

螺栓、螺母、螺钉是常见的紧固件，如图 4-23 所示。螺栓、螺母、螺钉用于固定物体时若装配不到位，可能导致物体出现松动，有脱落的风险。

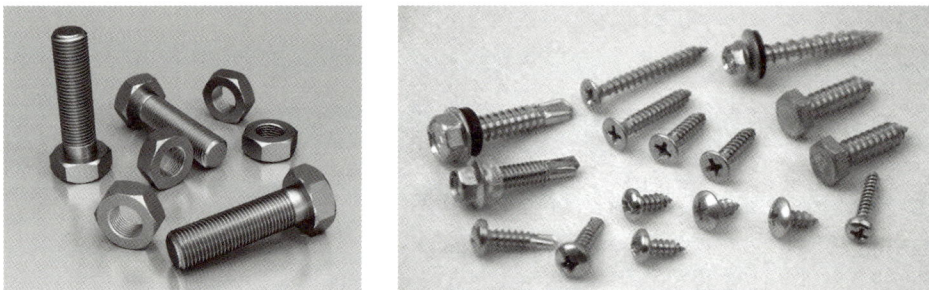

图 4-23　螺栓、螺母、螺钉

螺栓、螺母、螺钉安装时应注意以下事项：

（1）严格按照图纸或工艺文件上规定等级的螺栓、螺母、螺钉紧固件装配，装配螺母和螺栓需要仔细操作，以确保固定牢固，避免松动或位移；在实际使用中，需要根据具体的情况进行调整和维护，以确保固定效果。

（2）螺栓头和螺母下面可放置平垫圈以增大承压面积，不可采用大螺母代替垫圈，螺栓拧紧后外露螺纹不得少于两扣；应使用专门型号的扳手，不能使用尖嘴钳、老虎钳等。

（3）装配双头螺栓时首先应将螺纹和螺孔的接触面清理干净，再用手轻轻地把螺母拧到螺纹的终止处。

（4）用电动起子时，应保证螺丝刀和螺钉在一条直线上，根据螺钉直径合理选择电动起子挡位。

（5）若用普通螺丝刀装配螺钉，应拧紧螺钉至标准要求。

①对于十字盘头组合系列螺钉，应锁紧至中间弹垫水平，完全与平垫以及上端螺钉贴合。

②对于自攻螺钉系列，应锁紧至螺钉，与 PCB 板或金属板完全贴合成一条均匀缝隙。

③对于沉头螺钉，应拧紧至沉头部分，与螺钉孔端面紧密贴合，无缝隙。

（6）使用正规的安装工具，严格遵照螺栓、螺母、螺钉装配工艺流程规范。对螺栓、螺母、螺钉应按型号分类放置于专业的螺钉盒里，并按型号放回多余的螺钉，不要随意丢弃。

5. 膨胀螺栓

膨胀螺栓是使风管支、吊、托架固定在墙上、楼板上、柱上所用的一种特殊螺纹连接件，如图 4-24 所示。膨胀螺栓的原理是当螺母旋紧时，带锥的螺栓将胀管胀开，使其卡紧。

图 4-24　膨胀螺栓

1—带锥螺杆；2—胀管；3—平垫圈；4—弹簧垫圈；5—六角螺母

6. 角钢法兰、夹码、夹码扳手

角钢法兰，也叫共板法兰风管角码，如图 4-25 所示。

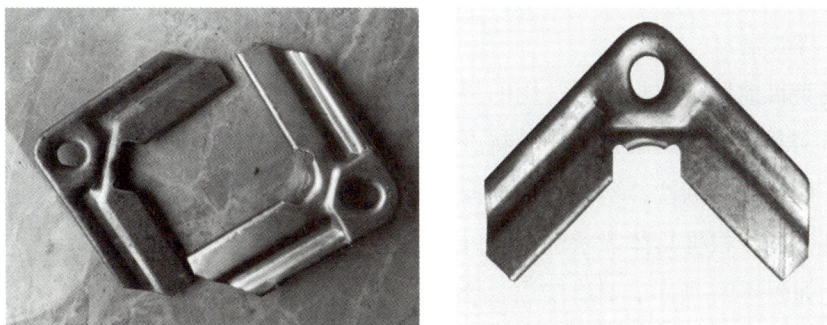

图 4-25　角钢法兰

夹码，也叫通风管道固定夹码、风管法兰夹子、卡箍，如图 4-26（a）所示；夹码扳手，也叫扣骨扳手，如图 4-26（b）所示。

（a）夹码　　　　　　　　　　　　　　　（b）夹码扳手

图 4-26　夹码、夹码扳手

风管采用法兰连接时，共板法兰风管的连接方式主要是通过角钢法兰、夹码和螺栓进行连接，如图 4-27 所示，安装方便且效率高，具有以下作用：

（1）连接作用：通过角钢法兰、夹码和螺栓将两段风管连接起来，确保风管的连续性和密封性。

（2）固定作用：角钢法兰通过螺栓等紧固件将风管固定在支架或吊架上，保证风管的稳定性和安全性。

（3）调整作用：角钢法兰的设计允许通过调整螺栓的松紧程度来调整风管的间距和角度，以满足实际安装需求。

（4）增强刚性：角钢法兰可以增加风管的刚性，提高风管的抗变形能力，确保风管在使用过程中的稳定性和可靠性。

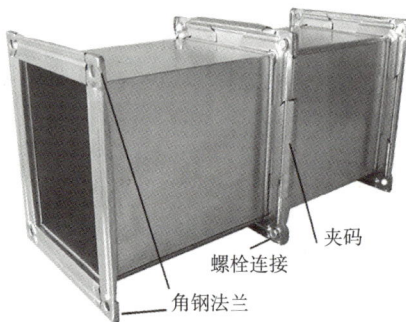

图 4-27　法兰连接

7. 风管密封材料

（1）橡胶密封

橡胶是目前风管密封中最常用的材料，橡胶密封具有密封性好、抗温性能好等特点，同时还具备良好的弹性和韧性，不同类型的橡胶密封材料适用性不同，根据具体需求选择。风管法兰专用胶条，如图 4-28 所示，具有防火阻燃、单面带胶、施工方便等特点。

（2）绝缘材料密封

图 4-28　风管法兰专用胶条

绝缘材料密封主要包括石棉胶带（图 4-29）、石棉衬垫、玻璃纤维等材料。与橡胶密封相比，绝缘材料密封具有更好的耐腐蚀性、隔热性和耐酸碱等，绝缘材料密封的成本要低于橡胶密封。

（3）密封胶

密封胶是一种常见的风管密封材料，如图 4-30 所示为防火密封胶，通常采用特殊的胶体材料制成，具有良好的封闭性和黏附性。密封胶适用性不如橡胶密封广泛，在选择时需要考虑使用环境和气体类型等因素。

图 4-29　石棉胶带

图 4-30　防火密封胶

密封材料需要根据实际需求和风管的使用环境来确定。在选择时需要考虑密封性、耐温性、耐腐蚀性等因素，以保证风管的顺畅运行和长期稳定性。

防排烟系统安装中，常用的密封条有 8501 密封条和 9501 密封条，均由特种高分子材料制成，9501 密封条具有阻燃特性，它在高温下不易燃烧，常用于防止火灾蔓延的地方，如建筑物的门窗缝隙或通风系统中。

4.2　建筑防排烟系统电气装调常用工具材料及仪表

4.2.1　电工工具材料

建筑防排烟系统电气装调常用电工工具材料包括电工钳、试电笔、电工刀、剥线钳、电线电缆、接线端子、熔断器、空气开关、交流接触器、热继电器、中间继电器、金属槽盒、金属锁母、低压配电箱等。

1. 电工钳

电工钳如图 4-31 所示，根据用途不同可分为：尖嘴钳、钢丝钳、扁口钳。

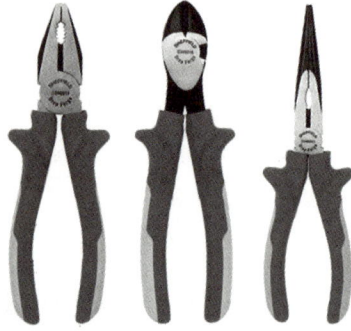

图 4-31　电工钳

尖嘴钳头部细而尖，在狭小的空间也能灵活操作，它一般用于夹持较小的螺钉、导线等元件，剪断细小金属丝或绕弯一定圆弧的接线鼻。

钢丝钳也称为平口钳或老虎钳，主要用来夹持和拧断金属薄板及金属丝，工作电压一般在 500V 以内。

扁口钳又称斜口钳或断线钳，常用于剪切多余线头或代替剪刀剪切尼龙套管、尼龙线卡等。

电工钳为绝缘柄，绝缘手柄损坏时，不可用来剪切带电电线。带电操作时，首先要检查手柄部位绝缘是否良好，以防止触电；手离金属部分的距离应不小于 2cm，以确保人身安全。

2. 试电笔

试电笔又称为低压验电笔，它被比喻为电工的"眼睛"，用来检验线路和设备是否带电，常见的有钢笔式、螺丝刀式和感应显示式三种。低压试电笔检验电压的范围是 60 ~ 500V，其实物图如图 4-32 所示。

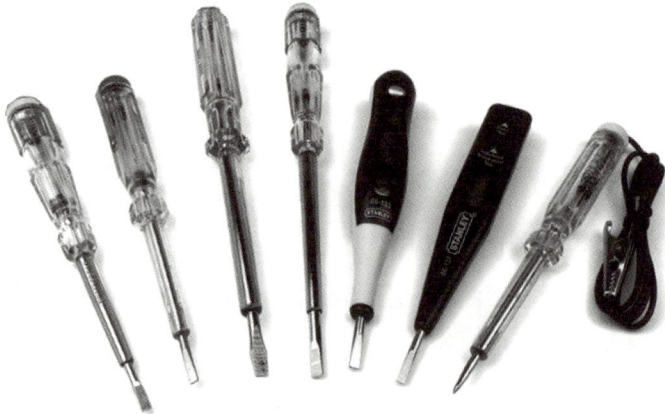

图 4-32　试电笔

使用时，手指须接触笔顶部的金属部分，使电流在带电体→试电笔→人体→大地之间构成回路，使用方法如图 4-33 所示。

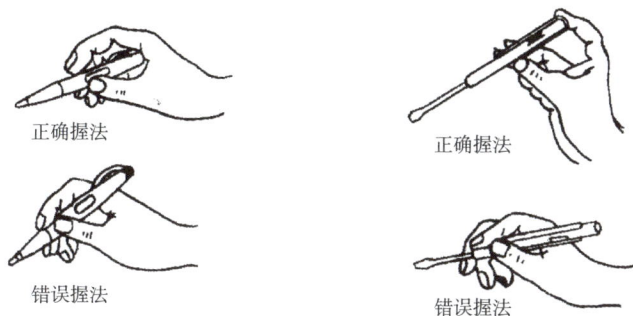

图 4-33　试电笔使用方法

注意：试电笔在使用前，一定先要在有电的电源上检验一下氖管是否正常发光，防止因氖管损坏，在检验中造成误判，危及人身安全。

3. 电工刀

电工刀如图 4-34 所示，常用于剥削导线绝缘层、切削木枕等。

注意：由于刀柄没有绝缘，不能直接在带电体上进行操作；割削时刀口应朝外，以免伤手；剥削导线绝缘层时，刀面与导线成小于 45° 的锐角，以免削伤线芯。

4. 剥线钳

剥线钳如图 4-35 所示，是用于剥削导线绝缘层的专用工具，它的钳口有 0.5～3mm 的多个不同孔径的切口，可以剥削截面积 6mm² 以下不同规格的绝缘层。剥线时，线头应放在大于线芯的切口上，用力捏一下钳柄，导线的绝缘层即可自动剥离弹出。

图 4-34　电工刀

图 4-35　剥线钳

5. 电线电缆

电线电缆包括各种电气设备内部的安装连接线、电源电缆线、信号控制系统用电缆线、低压配电系统用的绝缘电缆线等。电线电缆一般由导电线芯、绝缘层和保护层组成，如图 4-36 所示。

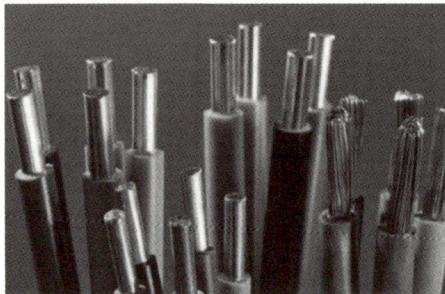

图 4-36　电线电缆

电线电缆按使用特性可以分为通用电线电缆，电动机、电器用电线电缆，仪器仪表用电线电缆，信号控制电线电缆等。

（1）电线电缆的分类

电线电缆作为传输电流的载体，用途非常广泛，型号、规格繁多。常见的有以下两种。

①B 系列橡胶塑料电线。这种系列电线结构简单、重量轻、价格较低，电气和力学性能有较大的裕度，广泛应用于各种动力、配电和照明线路。

②R 系列橡胶塑料软线。这种系列的软线由多根铜线绞合而成，它除了有 B 系列的特点以外，而且比较柔软，大量用于日用电器和仪器仪表，小型电气装备和仪器仪表内部作安装线及照明的灯头线。

常用电线电缆如表 4-1 所示。

常用电线电缆一览表　　　　　　　　　　　　　表 4-1

名称	规格	用途
聚氯乙烯绝缘铜芯线 聚氯乙烯绝缘铝芯线 裸铜线 铜芯橡胶线 铝芯橡胶线 铝芯氯丁橡胶线	交流 500V 以下	架空线、照明线和动力线路的传输线
聚氯乙烯绝缘铜芯软线	交流 250V 以下	移动不频繁场所电源连接线
聚氯乙烯绝缘双股铜芯绞合软线 聚氯乙烯绝缘双股铜芯平行软线	交流 250V 以下	移动电器、吊灯电源连接线
棉纱编织橡胶绝缘双根铜芯绞合软线（花线）	交流 250V 以下	吊灯电源连接线
聚氯乙烯绝缘护套铜芯硬线	交流 250V 以下	室内外照明和小容量动力线路敷设
氯丁橡胶绝缘护套铜芯软线	交流 250V 以下	电工工具电源连接线
阻燃聚氯乙烯绝缘护套铜芯软线	交流 500V 以下	交直流额定电压 500V 以下移动式电工工具的电源连接线

除了以上两种常用的电线电缆外，还有 Y 系列通用橡胶塑料软线、J 系列电动机、电器引接线、YH 系列电焊机用电缆等多种电线电缆。

根据电缆绝缘材料的不同还可分为普通电线电缆、阻燃电线电缆、耐火电线电缆。

（2）绝缘导体的型号命名

根据国家相关标准，绝缘导体的型号命名由四部分构成：导线类型（B—布线用导线，R—软导线，A—安装用导线）、导体材料（字母）（L—铝，无标注—铜）、绝缘材料（字母）（X—橡胶材料，V—聚氯乙烯材料）、线芯标称面积（单位"mm^2"）。

如 BVR-1.5 表示标称面积 $1.5mm^2$ 的聚氯乙烯绝缘铜芯（布线用）软导线。

（3）电线电缆选用原则

①允许载流量大于负载最大电流。

②电线电缆的额定电压大于线路的最大电压。

③有足够的机械强度。

（4）电线电缆的选用

①普通电线电缆。普通聚氯乙烯电线电缆适用温度范围为 $-15 \sim 60℃$，使用场所的环境温度超出该范围时，应采用特种聚氯乙烯电线电缆；普通聚氯乙烯电线电缆在燃烧时会散放有毒烟气，不适用于地下客运设施、地下商业区、高层建筑和重要公共设施等人员密集场所。

交联聚氯乙烯电线电缆不具备阻燃性能，但燃烧时不会产生大量有毒烟气，适用于有清洁要求的工业与民用建筑。

橡皮电线电缆弯曲性能较好，能够在严寒气候下敷设，适用于水平高差大和垂直敷设的场所；橡皮电线电缆适用于移动式电气设备的供电线路。

②阻燃电线电缆。阻燃电线电缆是指在规定试验条件下被燃烧，撤去火源后，火焰仅能在限定范围内蔓延，残焰和残灼能在限定时间内自行熄灭的电缆。阻燃电线电缆在火灾发生时很快中止工作，其功能在于难燃、阻止火势蔓延及窒息。阻燃电线电缆一般采用的方法就是在护套材料中添加含有卤素的卤化物和金属氧化物，能在燃烧时释放大量的烟雾和卤化氢气体。根据燃烧时的烟气特性可分为一般阻燃电线电缆、低烟低卤阻燃电线电缆、无卤阻燃电线电缆三大类。

电线电缆成束敷设时，应采用阻燃电线电缆。电线在槽盒内敷设时，也宜选择阻燃电线。同一通道中敷设的电缆，应选用同一阻燃等级的电缆。阻燃和非阻燃电缆不宜在同一通道内敷设。

③耐火电线电缆。耐火指在火焰燃烧情况下能保持一定时间的运行，即保持电路的完整性，该类型电线电缆在火焰中具有一定时间的供电能力。耐火电线电缆在火灾发生时能持续工作（传送电流和信号），其本身延燃与否不在考核之列。我国国家标准

将耐火试验分为 A、B 两种级别：A 级火焰温度 950～1000℃，持续供火时间 90min；B 级火焰温度 750～800℃，持续供火时间 90min。耐火电线电缆广泛应用于高层建筑、地铁、地下空间、大型电站及重要工矿企业的消防系统、应急照明系统、救生系统、报警及重要的监测回路等。

6. 接线端子

接线端子是用于实现电气连接的一种配件产品，工业上划分为连接器的范畴，如图 4-37 所示。接线端子方便导线的连接，两端都有孔可以插入导线，有螺栓用于紧固或者松开，方便快捷。其适合大量的导线互联，在电力行业有专门的端子排、端子箱等。连接时，注意不要连错或接反导线，需要将导线插入固定夹具中，拧紧螺栓，保证接触良好，不会发生松动或短路，以免影响电路的正常工作。

图 4-37　接线端子

7. 熔断器

熔断器如图 4-38 所示，是当电流超过规定值时，以本身产生的热量使熔体熔断，断开电路的一种电器。熔断器广泛应用于配电系统和控制系统以及用电设备中，作为短路和过电流的保护器，是应用最普遍的保护器件之一。

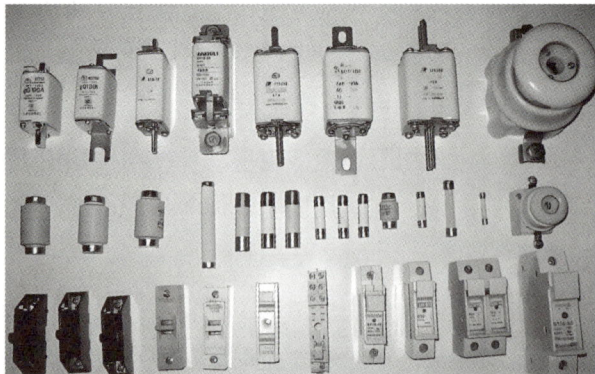

图 4-38　熔断器

熔断器的熔断电流与熔体的材料、截面积、长度、端接点、周围环境和电流作用的时间有关。为确保电路安全运行，必须正确、合理地选择熔体。常用熔体选择，如表 4-2 所示。

熔体选择一览表　　　　　　　　　　表 4-2

线路	选用原则
照明电路	熔体额定电流 = 所有照明灯具额定电流之和
家用电器	熔体额定电流 ≤ 所有家用电器额定电流之和
单台电机	熔体额定电流 = 1.5 ~ 2.5 倍电动机额定电流
多台电机	熔体额定电流 = 最大一台电动机额定电流的 1.5 ~ 2.5 倍额定电流之和 + 其他电动机额定电流
电路	熔体额定电流 ≤ 导线持续运行额定电流的 80%

8. 空气开关

空气开关又名空气断路器，是断路器的一种，是一种只要电路中电流超过额定电流就会自动断开的开关。空气开关是低压配电网络和电力拖动系统中非常重要的一种电器，它集控制和多种保护功能于一身。除能完成接触和分断电路外，还能对电路或电气设备发生的短路、严重过载及欠电压等进行保护，同时也可以用于不频繁地启动电动机。

空气开关具有操作安全、安装使用方便、工作可靠、动作值可调、分断能力较强、兼作多种保护、动作后不需要更换元件等优点，得到广泛应用。其外形如图 4-39 所示。

空气开关的安装要求如下：

（1）空气开关应垂直安装，电源线接在上端，负载线接在下端。

（2）作电源总开关或电动机的控制开关时，在电源进线侧必须加装闸刀开关或熔断器等，以形成明显的断开点。

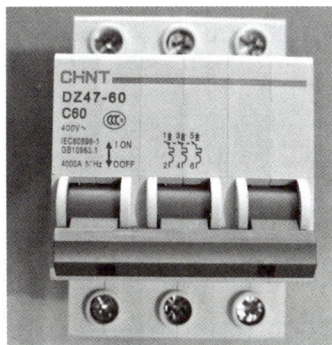

图 4-39　空气开关

（3）使用前需将脱扣器工作面上的防锈油脂擦干净，同时应定期检修，清除灰尘，给操作机构添加润滑剂。

（4）不允许随意变动已调整好的脱扣器动作值，并要定期检查各脱扣器动作值是否满足要求。

（5）空气开关的触头使用一定次数或分断短路电流后，应及时检查触头系统，如果触头表面有毛刺、颗粒等，要及时维修或更换。

9. 交流接触器

交流接触器广泛用作电力的开断和控制电路，如图 4-40 所示。它利用主触点开闭电路，用辅助触点执行控制指令。在电力拖动中，交流接触器广泛用于实现电路的自动控制。交流接触器的优点是能实现远距离自动操作，具有欠压和失压自动释放功能，控制容量大，工作可靠，操作频率高，适用于远距离频繁接通和断开电路及大容量的控制电路，所以广泛应用于电动机、电热设备、小型发电机、电焊机和机床电路上。其缺点是噪声大、寿命短。由于它只能接通和分断负荷电流，不具备短路保护作用，故必须与熔断器、热继电器等保护电器配合使用。

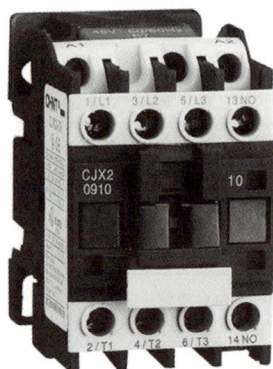

图 4-40　交流接触器

交流接触器的工作环境要求清洁、干燥。应将交流接触器垂直安装在底板上，注意安装位置不能受到剧烈振动，因剧烈振动容易造成触点抖动，严重时会发生误动作。

选用交流接触器时，交流接触器工作电压不得低于被控制电路的最高电压，交流接触器主触点额定电流应大于被控制电路的最大工作电流。用交流接触器控制电动机时，电动机最大电流不应超过交流接触器额定电流允许值。

10. 热继电器

热继电器是对电动机和其他用电设备进行过载保护的控制电器。热继电器的外形如图 4-41 所示。

热继电器可以作过载保护但不能作短路保护，因其双金属片从升温到发生形变断开动断触点（常闭触点）有一个时间过程，不可能在短路瞬时迅速分断电路。

热继电器的整定电流是指热继电器长期运行而不动作的最大电流。通常只要负载电流超过整定电流的 1.2 倍，热继电器必须动作。整定电流的调整可通过旋转外壳上方的旋钮完成，旋钮上刻有整定电流标尺，作为调整时的依据。

在防排烟系统中，热继电器是高温排烟风机的保护装置，能够在设备运行过程中自动检测电动机的温度，并在达到预定温度时切断电源，以避免电动机过热引发火灾。

11. 中间继电器

中间继电器属于电磁继电器的一种，通常用于控制各种电磁线圈，使有关信号放大，还可以将信号同时传达给几个元件，使它们互相配合，起到自动控制作用。

中间继电器的基本结构和工作原理与小型交流接触器基本相同，其外形如图 4-42 所示。如果被控制电路的额定电流在 5A 以内时，中间继电器可直接当作交流接触器使用。

图 4-41　热继电器

图 4-42　中间继电器

选用中间继电器时，应根据被控制电路的电压等级、所需触点对数、种类和容量综合考虑。

12. 金属槽盒

金属槽盒也叫金属线盒、过路盒、拉伸过路接线铁盒，消防系统常见的是封闭式金属槽盒，如图 4-43 所示。封闭式金属槽盒采用金属材料制造，具有很好的机械强度和抗腐蚀性能，能够保障电力系统的安全可靠运行和人员的生命安全。

图 4-43　封闭式金属槽盒

13. 金属锁母

金属锁母如图 4-44 所示，主要作用是固定接线盒（金属槽盒）并使其与其他设备或部件（如电线）固定连接，以确保电气线路的连接安全和稳定。在使用时需要选择合适的材质和尺寸，正确拧紧锁母，确保接线盒的固定牢固和承载能力。

图 4-44　金属锁母

14. 低压配电箱

建筑防排烟系统装调中常用低压配电箱，如图 4-45 所示。

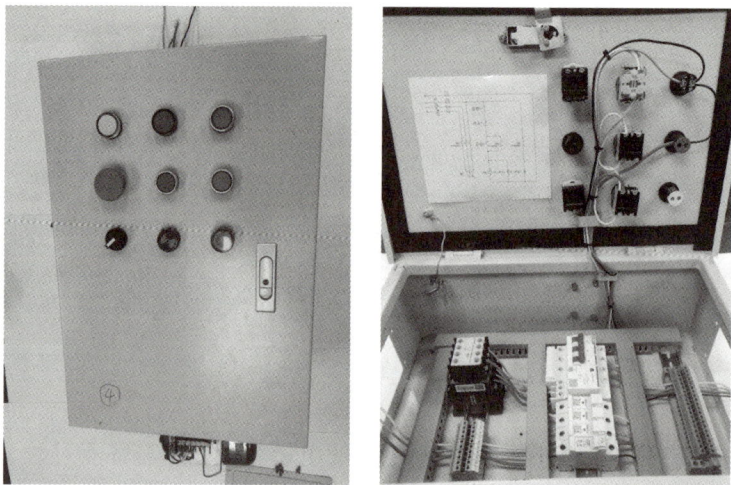

图 4-45　低压配电箱

低压配电箱里面除了元器件，还有线槽、导轨、按钮、指示灯等。线槽及导轨安装，还需要使用到线槽剪、导轨剪，如图 4-46 所示。

（1）导轨

导轨如图 4-46（a）所示，是配电箱不可缺少的组成部分，便于电器的组装及更换，具有固定电器以防振动、便于维护和提高安全性能等作用。

（2）线槽

线槽如图 4-46（b）所示，也称为走线槽、配线槽或行线槽，主要用于规范整理电线或数据线、信号线等，以便于维护和管理。线槽的用途包括：

①保护电线。线槽可以保护电线免受外界环境的损害，如防止电线被蚊虫、老鼠咬坏，或者防止电线因摩擦、碰撞而损坏。

②便于检修。由于线槽内的电线整齐有序，当出现问题时，可以方便快捷地进行检修和更换。

③美化结构。线槽可以隐藏散乱的电线，使装修效果更加整洁美观，提升整体环境的美观性。

④防火阻燃。某些材质的线槽具有阻燃或难燃的特性，能够在火灾发生时减缓火势蔓延，增加安全性。

⑤方便电力分配。线槽可以作为电力分配的中心，将电源分配到各个终端设备，如灯具、插座等。

（3）按钮

电箱按钮如图 4-46（c）所示，是一种控制电器元件，用于接通或断开控制电路，这些电路通常携带较小的电流，从而实现对电动机或其他电气设备的运行控制。

（4）指示灯

指示灯如图 4-46（c）所示，能显示电路和电气设备的工作状态。一般通过不同颜色的灯光表示设备是否带电、运行、停运或处于试验状态。

（5）导轨剪

导轨剪如图 4-46（d）所示，用于导轨剪切。导轨剪切的操作方法如下。

①测量和标记：使用尺子和标记笔，在导轨上标记需要剪切长度的位置，确保标记线为直线且清晰可见。

②剪切导轨：将剪切工具放置在标记线的位置上，并确保切割刀具对准标记线；用力按下剪切工具的手柄或开关，开始剪切导轨；根据导轨的材质和厚度，可能需要逐渐施加适当的力量。

③检查和修整：完成剪切后，检查切口的质量和准确度；确保切口整齐，没有毛刺或变形；如有需要，可以使用锉刀或砂纸修整切口，使其更加平滑。

（6）线槽剪

线槽剪如图 4-46（e）所示，用于线槽剪切。线槽剪切的操作方法如下。

①测量和标记：使用尺子和标记笔，在线槽上标记需要剪断的位置。

②剪断线槽：使用线槽剪，将线槽放置在剪刀的切口处，确保与标记线对齐；用力压下剪刀手柄，将线槽剪断。线槽剪切需要一次性完成，避免来回剪切，以免损坏线槽。

③清理和整理：将剪断的线槽端口清理干净，确保没有锐利的边缘或残留物。

④检查和修整：检查剪断后的线槽端口，确保切口整齐、平整，没有开裂或变形；如有需要，可以使用锉刀或砂纸修整线槽端口，使其更加光滑。

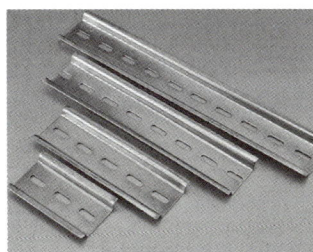

（a）导轨

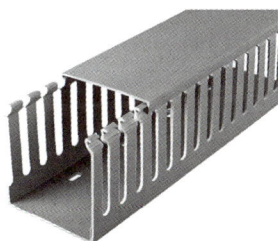

（b）线槽

（c）按钮、指示灯

（d）导轨剪

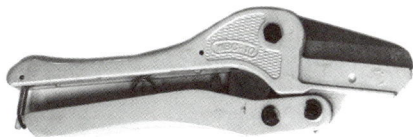

（e）线槽剪

图 4-46　低压配电箱配件及使用到的工具

4.2.2 电工仪表及使用

建筑防排烟系统装调中，常用的电工仪表包括电压表、电流表、万用表、兆欧表、风速仪等。

1. 电压表

测量电压时采用电压表，常用直流、交流电压表外形如图 4-47、图 4-48 所示。

图 4-47　直流电压表

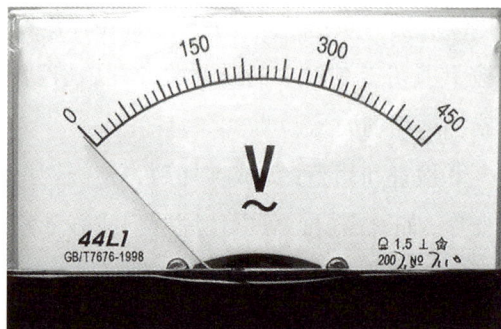

图 4-48　交流电压表

（1）直流电压的测量

测量直流电压时，电压表应并联在线路中。测量时应注意仪表的极性标记，将"＋"端接线路的高电位点，"–"端接电路的低电位点，以免指针反转而损坏仪表。如需扩大直流电压表量程，无论磁电式、电磁式或电动式仪表，均可在电压表外串联分压电阻，所串分压电阻越大，量程越大。

（2）交流电压的测量

测量交流电压时，电压表不分极性，只需要在测量量程范围内直接将电压表并联到被测电路，若测量较高的交流电压时，如 600V 以上，一般都要配合电压互感器进行测量；读数时，电压表表盘刻度值已按互感器比率折算，可直接读取。

（3）注意事项

测量时应根据被测电压的大小选用电压表的量程，量程要大于被测线路的电压，否则可能损坏仪表。

2. 电流表

电流测量采用电流表。直流电流表如图 4-49 所示，交流电流表如图 4-50 所示。

注意事项如下：

①使用直流交流表测量电流时极性不能接反，否则会使电流表的指针反向偏转；测量高压电路的交流电流时，电流表应串接在被测电路中的低电位端。

②要根据被测电流的大小来选择适当的仪表，例如安培表、毫安表或微安表。因此，在测量前应对电流的大小进行估计，当不知被测电流的大致数值时，先使用较大量程的电流表试测，然后根据指针偏转的情况，再转换适当量程的仪表。

图 4-49　直流电流表　　　　　　　　　图 4-50　交流电流表

3. 万用表

万用表又称为复用表、多用表、三用表、繁用表等，是电工工作过程中不可缺少的测量仪表。万用表按显示方式分为指针万用表和数字万用表，是一种多功能、多量程的测量仪表。一般万用表可测量直流电流、直流电压、交流电流、交流电压、电阻（含判断导线的通断）和音频电平等，有的还可以测量电容量、电感量及半导体的一些参数（如 β）等。下面将详细介绍应用较广泛的 MF47 型指针式万用表的结构原理和使用方法，然后介绍数字式万用表的使用方法。

（1）指针式万用表

MF47 型指针式万用表如图 4-51 所示。

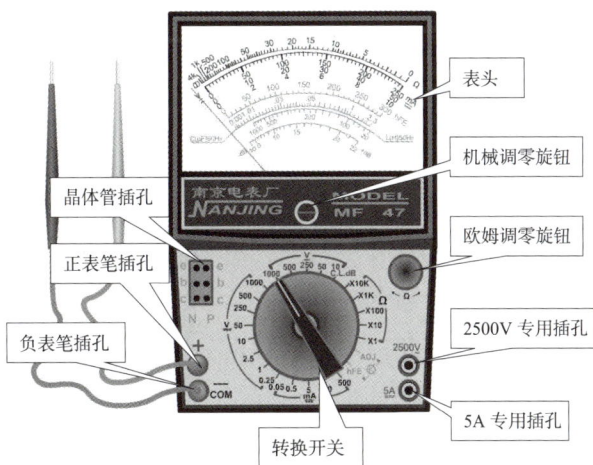

图 4-51　MF47 型指针式万用表实物图

1）万用表的构造

万用表由表头、测量电路及转换开关三个主要部分组成。

①万用表表头和表盘

万用表表头是一只磁电式仪表，用以指示被测量的数值。表头灵敏度指的是指针满刻度偏转时，流过表头线圈的直流电流值，这个电流值越小，代表灵敏度越高。万用表性能很大程度取决于表头的灵敏度，灵敏度越高，其内阻也越大，万用表性能就越好。

万用表表盘除了有与各种测量项目相对应的 6 条标度尺外，还附有各种符号。正确识读标度尺和理解表盘符号、字母、数字的含义，是使用和维修万用表的基础。

万用表表盘标度尺通常有以下特点：有的标度尺刻度是均匀的，如直流电压、直流电流和交流电压共用的标度尺；有的刻度是不均匀的，如电阻、晶体管共射极直流电流放大系数 h_{FE}、电感、电容及音频电平标度尺等。其形状如图 4-52 所示。

第一条刻度（最上面）：电阻值刻度（读数时从右向左）；第二条刻度：交、直流电压电流值刻度（读数时从左向右）。

图 4-52　MF47 型万用表表盘

②万用表测量电路

万用表的测量电路由电阻、半导体元件及电池组成。它能将各种不同的被测量（如电流、电压、电阻等）经过一系列的处理（如整流、分流、分压等）统一变成一定量限的微小直流电流送入表头进行测量。

③万用表转换开关

万用表转换开关是用来选择各种不同的测量电路，如图 4-53 所示，以满足不同量程的测量要求。当转换开关处在不同位置时，其相应的固定触点就闭合，万用表就可执行各种不同的量程。万用表的面板上装有标度尺、转换开关旋钮、调零旋钮及端钮（或插孔）等。

图 4-53　转换开关

2）MF47 型万用表标度尺的读法

MF47 型万用表有 6 条标度尺，他们分别代表了不同的测量项目。其上又用不同的数字及单位标出了相应项目的不同量程。

在均匀标度尺上读取数据时，如遇到指针停留在两条刻度线之间的某个位置，应将两刻度线之间的距离等分后再估读一个数据。

在欧姆标度尺上只有一组数字，为测量电阻专用。转换开关选择 R×1 挡时，应在标度尺上直接读取数据。在选择其他挡位时，应乘以相应的倍率。例如选择 R×1k 挡时，就要对已读取的数据乘以 1000Ω。这里指出的是，欧姆标度尺的刻度是不均匀的，当指针停留在两条刻度线之间的某个位置时，估读数据要根据左边和右边刻度缩小或扩大趋势进行估计，尽量减小读数误差。

3）指针式万用表注意事项

①使用前，认真阅读说明书，充分了解万用表的性能，正确理解表盘上各种符号和字母的含义及各条标度尺的读法，了解和熟悉转换开关等部件的作用和用法。

②使用前，观察表头指针是否处于零位（电压、电流标度尺的零点），若不在零位，则应调整表头下方的机械调零旋钮，使其为零。否则，测量结果将不准确。

③进行测量前，先检查红、黑表笔连接的位置是否正确。红色表笔接到红色接线柱或标有"+"号的插孔内，黑色表笔接到黑色接线柱或标有"−"号的插孔内，不能接反，否则在测量直流电量时会因正负极的反接而使指针反转，损坏表头部件。

④在表笔连接被测电路之前，一定要查看所选挡位与测量对象是否相符，误用挡位和量程，不仅得不到测量结果，而且还会损坏万用表。

⑤测量时，须用右手握住两支表笔，手指不要触及表笔的金属部分和被测元器件。

⑥必须在表笔离开电路后才能转换量程，否则选择开关转动产生的电弧易烧坏选择开关的触点，造成接触不良的事故。

⑦在实际测量中，经常要测量多种电量，每一次测量前要注意把选择开关转换到相应的挡位和量程。

⑧测量前，要根据被测量的项目和大小，把转换开关拨到合适的位置。量程的选择，应尽量使表头指针偏转到刻度尺满刻度 2/3 左右。如果事先无法估计被测量的大小，可在测量中从最大量程挡逐渐减小到合适的挡位。当拿起表笔准备测量时，一定要再核对一下测量项目，检查量程是否拨对、拨准。

⑨测量完毕，应将转换开关拨到最高交流电压挡。如果长期不使用，应将万用表内的电池拆下放好。

4）机械式万用表测量电阻的方法

使用前的准备：

①上好电池（注意电池正负极）。

②插好表笔："–"黑；"+"红。

③机械调零：万用表在测量前，应注意水平放置时，表头指针是否处于交直流挡标尺的零刻度线上，否则读数会有较大的误差。若不在零位，应通过机械调零的方法（即使用小螺丝刀调整表头下方机械调零旋钮）使指针回到零位。

④量程的选择：第一步：试测。先粗略估计所测电阻值，再选择合适量程，如果被测电阻未知，一般情况将开关拨在 R×100 或 R×1k 的位置进行初测，然后看指针是否停在中线附近，如果是，说明挡位合适。如果指针太靠零，则要减小挡位，如果指针太靠近无穷大，则要增大挡位。第二步：选择正确挡位。测量时，指针停在中间或附近。

⑤欧姆调零：量程选准以后在正式测量之前必须调零，否则测量值有误差。其方法为：将红黑两笔短接，看指针是否指在零刻度位置，如果没有，调节欧姆调零旋钮，使其指在零刻度位置。重新换挡以后，在正式测量之前必须重新调零。

5）连接电阻测量

将万用表两表笔并接在所测电阻两端进行电阻测量。测量接在电路中的电阻时，须断开电阻的一端或断开与被测电阻相并联的所有电路，此外还必须断开电源，对电解电容进行放电，不能带电测量电阻，被测电阻不能有并联支路，如图4-54所示。被测电阻值＝表盘电阻读数 × 挡位倍率。如图4-55所示为错误的测量方法，双手接触电阻的两端，相当于并联了一个人体的电阻。

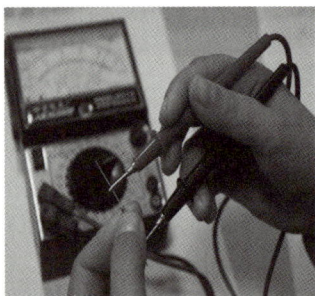

图 4-54　电阻的正确测量方法　　图 4-55　电阻的错误测量方法

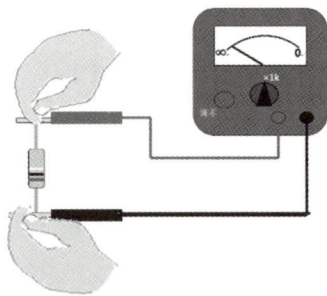

6）机械式万用表电流的测量

测量直流电流时，用转换开关选择好适当的直流电流量程，将万用表串联到被测电路中进行测量。测量时注意正负极性必须正确，应按电流从正到负的方向，即红表笔流入，黑表笔流出。测量大于 500mA 的电流时，应将红表笔插到"5A"插孔内。

7）机械式万用表电压的测量

测量电压时，用转换开关选择好适当的电压量程，将万用表并联在被测电路上进行测量。测量直流电压时，正负极性必须正确，红表笔应接被测电路的高电位端，黑表笔接低电位端。测量大于 500V 的电压时，应使用高压测试棒，插在"2500V"插孔内，并注意安全。交流电压的刻度值为交流电压的有效值。被测交、直流电压值，由表盘的相应量程刻度线上读出。

（2）数字式万用表

数字式万用表是根据模拟量与数字量之间的转换来完成测量的，它能用数字把测量结果显示出来。数字式测量仪表已成为主流，数字式仪表灵敏度高，准确度高，显示清晰，过载能力强，便于携带，使用更简单。其可用来测量交流电压、直流电压、交流电流、直流电流、电阻、电容、频率、二极管及通断测试等。

1）数字式万用表的结构

数字式万用表主要由直流数字电压表（DVM）和功能转换器构成，其中直流数字电压表由数字部分及模拟部分构成，主要包括 A/D（模拟 / 数字）转换器、液晶显示器（LCD）、逻辑控制电路等。数字式万用表的外观及面板功能如图 4-56 所示；面板上的符号说明如图 4-57 所示。

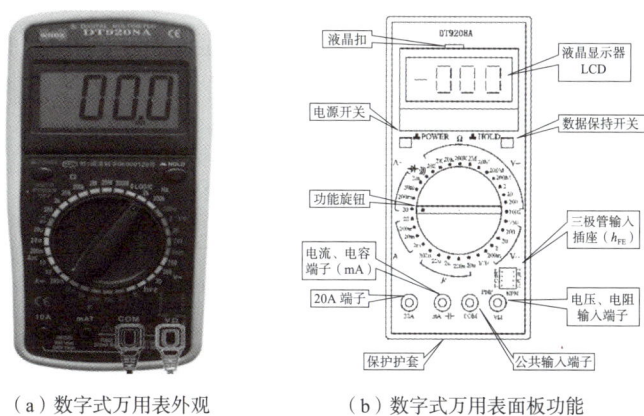

（a）数字式万用表外观　　　　（b）数字式万用表面板功能

图 4-56　数字式万用表

符号	功能
V～	交流电压测量
V⎓	直流电压测量
A～	交流电流测量
A⎓	直流电流测量
Ω	电阻测量
Hz	频率测量
h_{FE}	晶体管测量
F	电容测量
℃	温度测量
⊬	二极管测量
•)))	通断测量

图 4-57　数字式万用表面板符号说明

2）数字式万用表的使用方法

①数字式万用表交流电压的测量

如图 4-58 所示，使用时将功能转换开关置于"ACV"挡的相应量程上，将红表笔插入测量插孔"VΩ"，黑表笔插入测量插孔"COM"，两表笔并联在被测电路两端，表笔不分正负。数字表所显示数值为测量端交流电压的有效值。

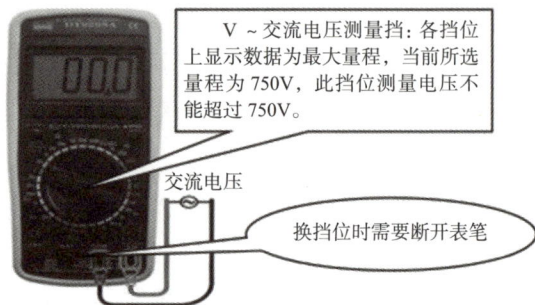

V～交流电压测量挡：各挡位上显示数据为最大量程，当前所选量程为 750V，此挡位测量电压不能超过 750V。

交流电压

换挡位时需要断开表笔

图 4-58　数字式万用表测量交流电压

②数字式万用表直流电压的测量

如图 4-59 所示，使用时将功能转换开关置于"DCV"挡的相应量程，将红表笔插入测量插孔"VΩ"，黑表笔插入测量插孔"COM"，两表笔并联在被测电路两端，并使红表笔对应高电位端，黑表笔对应低电位端。此时显示屏显示出相应的电压值。

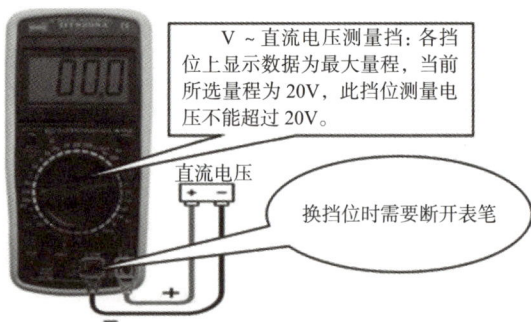

V～直流电压测量挡：各挡位上显示数据为最大量程，当前所选量程为 20V，此挡位测量电压不能超过 20V。

直流电压

换挡位时需要断开表笔

图 4-59　数字式万用表测量直流电压

③数字式万用表电流的测量

根据待测电流的大小选择合适的（交流或直流）电流测量挡位。在测量之前，确保要测量的电路处于断开状态，将万用表串联在电路中，确保电流方向与万用表中的正负极性相匹配，否则可能会导致负值读数或损坏万用表（注：测量交流电流时不用考虑正、负极性）。闭合电路使电流通过万用表，读数稳定后，记录电流的数值。在完成测量后，断开电路，断开测量引线，并将万用表设置回适当的位置或关闭设备。

④数字式万用表电阻的测量

如图 4-60 所示，使用时将量程转换开关置于"Ω"的五个相应量程中，无需调零，但测量电阻前需断电；将红表笔插入测量插孔"VΩ"，黑表笔插入测量插孔"COM"中，将两表笔短接，显示的数值为万用表内阻值；将两表笔跨接在被测电阻两端，此时在显示屏上得到的电阻值减去内阻值就是被测电阻的阻值。当用某个量程电阻值显示为"1."时，表示所选量程小了，需要换更大的量程来测量；数值前显示"."表示量程太大了，需要更换小量程。

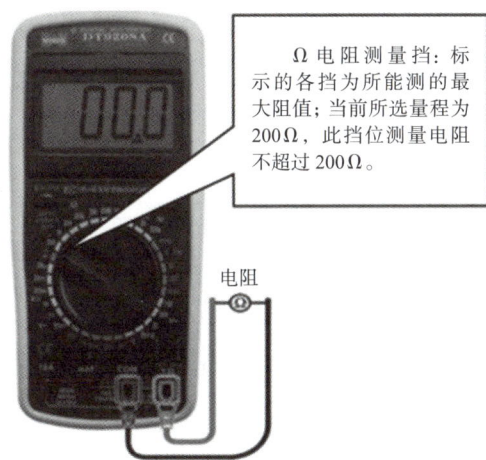

图 4-60　数字式万用表测量电阻

⑤数字式万用表使用注意事项

a. 如果无法预先估计被测电压或电流的大小，则应先拨至最高量程挡测量一次，再视情况逐渐把量程减小到合适位置。测量完毕，应将量程开关拨到最高电压挡，并关闭电源。

b. 满量程时，仪表仅在最高位显示数字"1"，其他位均消失，这时应选择更高的量程。

c. 测量电压时，应将数字式万用表与被测电路并联。测电流时应与被测电路串联，测交流电压时不必考虑正、负极性。

d. 当误用交流电压挡去测量直流电压，或者误用直流电压挡去测量交流电时，显示屏将显示"000"，或低位上的数字出现跳动。

e. 禁止在测量高电压（220V 以上）或大电流（0.5A 以上）时换量程，以防止产生电弧，烧毁开关触点；在超过 30V 交流电压均值，42V 交流电压峰值或 60V 直流电压时，使用万用表应请特别留意，该类电压会有电击的危险。

f.测试电阻、通断性、二极管或电容以前，必须先切断电源，将所有的高压电容放电。

g.使用测试表笔的探针时，手指应当保持在表笔保护盘的后面。

4.兆欧表

兆欧表又称摇表，是一种测量大电阻（绝缘电阻）的仪表，其表盘刻度以兆欧（MΩ）为单位，常用来测量变压器、电机、电缆、供电线路、电气设备和绝缘材料的绝缘电阻，消防工程中的水泵、风机等都需要进行绝缘电阻检测。如图4-61所示为兆欧表的实物图。各种电压等级的电气设备和线路的绝缘电阻大小都有具体的规定，一般来说，绝缘电阻越大，绝缘性能越好。兆欧表多采用手摇直流发电机提供电源，一般有250V、500V、1000V、2500V等型号。

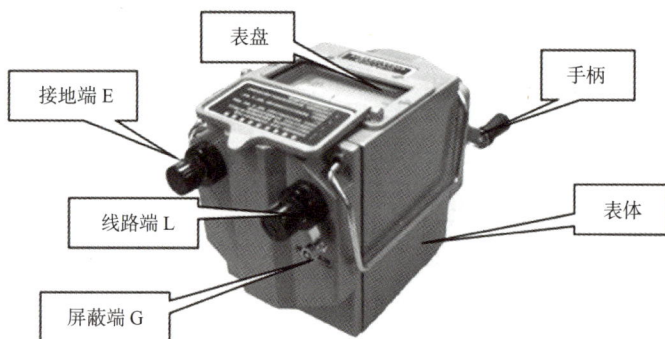

图4-61 兆欧表实物图

（1）兆欧表的使用方法

①兆欧表应按被测电气设备或线路的电压等级选用，一般情况下，额定电压在500V以下的设备，应选用500V或1000V的兆欧表；若选用过高电压的兆欧表可能会损坏被测设备的绝缘。额定电压在500V以上的设备，选用1000~2500V的兆欧表，特殊要求需选用5000V兆欧表。

②在进行测量前要先切断电源，严禁带电测量设备的绝缘。对电容性设备应充分放电，并将被测设备表面擦拭干净，以保障人身安全。测量完毕后也应将设备充分放电，放电前切勿用手触及测量部分和兆欧表的接线柱。

③测试前先将兆欧表进行一次开路试验和短路试验，检查兆欧表是否良好。若将两连接线端（L、E）开路，摇动手柄，指针应指在"∞"处。将两连接线端（L、E）短接，缓慢摇动手柄，指针应指在"0"处，说明兆欧表是良好的，否则兆欧表有故障，应检修再用。

④测量时，兆欧表应放置平稳，避免表身晃动，摇动手柄转速由慢渐快，使转速保持在 120r/min，至表针摆动到稳定处读出数据，读数的单位为"MΩ（兆欧）"。

⑤兆欧表共有 3 个接线端（线路端 L、接地端 E、屏蔽端 G），测量时必须正确接线。

a.测量照明或动力线路绝缘电阻时，兆欧表的线路端 L 与回路的裸露导体连接，接地端 E 连接地线或金属外壳，如图 4-62 所示；测量回路的绝缘电阻时，回路的首端与尾端分别与兆欧表线路端 L、接地端 E 连接。

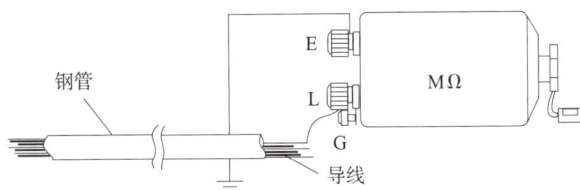

图 4-62　测量照明或动力线路绝缘电阻

b.测量电机绝缘电阻，将兆欧表的线路端 L 接到电动机的其中一接线端上，接地端 E 接到电动机外壳上，如图 4-63（a）所示，这样测得的数据是该相对地绝缘电阻。

c.测量电缆绝缘电阻时，兆欧表的线路端 L 接到电缆其中一导线端上，接地端 E 连接电缆外表绝缘层，如电缆终端套管表面绝缘层破损，可将屏蔽端 G 接至电缆的屏蔽层，以消除绝缘物表面的泄漏电流对所测绝缘电阻值的影响，如图 4-63（b）所示。

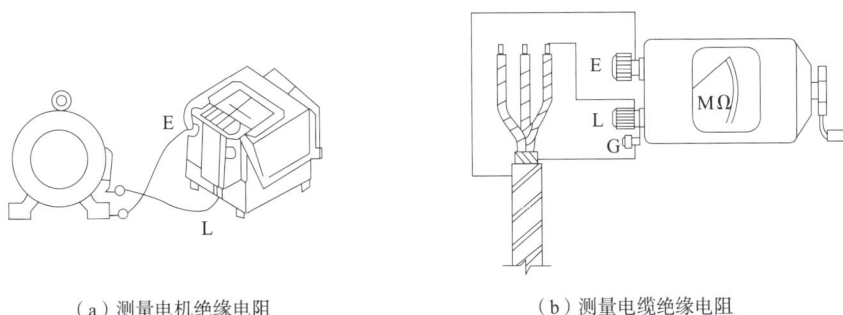

（a）测量电机绝缘电阻　　　　　（b）测量电缆绝缘电阻

图 4-63　测量电机、电缆绝缘电阻

（2）兆欧表使用注意事项

①读数完毕后，不要立即停止摇动手柄，应逐渐减速使手柄慢慢停转，以便通过被测设备的线路电路和表内的阻尼将发出的电能消耗掉。

②如被测电路中有电容时，先持续摇动一段时间，让兆欧表对电容充电，指针稳定后再读数。测完后应先取下兆欧表的（红色）线路端 L 测试线，再停止摇动手柄，防止已充电的电容器将电流反灌入兆欧表，损坏兆欧表。

③禁止在雷电时或附近有高压导体时测量绝缘电阻。只有在设备不带电又不可能受其他电源感应而带电的情况下才可测量绝缘电阻。

④兆欧表应定期校验。校验方法是直接测量有确定值的标准电阻，检查其测量误差是否在允许范围内。

5. 风速仪

风速仪，是测量空气流速的仪器。随着现代科学技术的全面发展，各种测量空气流速的方法和仪器也越来越多，常用风速仪包括数显叶轮风速仪、数显热球风速仪等。

数显叶轮风速仪，如图 4-64（a）所示，依靠风吹动叶轮或叶片转动，产生电磁信号来测量空气流速，这种方法的优点是仪器比较耐用，常用于长期测量，缺点是灵敏度稍差。

数显热球风速仪，如图 4-64（b）所示，原理是给发热探头设定一个恒定的温度，空气流过探头后会带走热量使探头温度下降，这时探头又会被自动加热至设定温度，风速越快，散热越快，加热电流也越大，此过程中的电流变化电信号被仪器收集，并依此换算出空气流速。这种方法的优点是灵敏度、准确度和稳定性高，量程较大；缺点是探头中连接热球的铂丝比较脆弱，在使用中容易造成探头损坏，无法修复。

数显叶轮风速仪、数显热球风速仪根据使用说明书进行操作即可，使用方便，数字表头直接显示出所测定的风速值，计量单位一般为"米/秒（m/s）"。

（a）数显叶轮风速仪　　　　　　　　　　（b）数显热球风速仪

图 4-64　风速仪

4.3　建筑防排烟系统装调操作安全

建筑防排烟系统装调是一个理论与实践相结合的操作过程，在教学过程中会使用到各种设备、电动工具，还会涉及通电试运行，所以存在一定的危险性。但是，只要遵守相关的安全操作规程、做好相关的防护措施，就可以将危险性降到最低。本节内容主要介绍高空作业安全、用电安全、实训室安全操作规程、实训守则和实训 9S 管理。

4.3.1　建筑防排烟系统装调安全概述

建筑防排烟系统装调过程中经常会用到各种用电设备、工具和材料，如脚手架、高空作业平台、冲击钻、手电钻等，在操作过程中要注意高空作业、用电设备的安全操作。

1. 高空作业安全

所谓的高空作业，是指在距基准面 2m 以上（含 2m）有可能坠落的高处进行作业。在作业过程中因坠落而造成的伤亡事故，称为高处坠落事故。

高空作业级别：高空作业高度在 2～5m 时，称一级高处作业；高空作业高度在 5～15m 时，称二级高处作业；高空作业高度在 15～30m 时，称三级高处作业；高度在 30m 以上，称特级高处作业。高空作业安全防范措施及安全注意事项如下：

（1）凡在离地面 2m 以上进行的作业，都属于高空作业。所有高空作业者，不论什么工种，及作业时间、地点，也不论专业或临时，均应采取相关的安全防范措施。

（2）从事高空作业的人员，必须进行身体检查。凡患有高血压、心脏病、癫痫症、恐高症及其他不适应高空作业的人，一律不准从事高空作业。

（3）高空作业使用的安全帽、脚手架、吊架、平台、脚手板、梯子、护栏、索具（钢丝绳、麻绳、化学纤维绳）等料具和安全带、安全网等安全防护用品的质量都必须符合国家规范的要求；高空作业前，应仔细检查安全用具，如有不符合要求的应立即改进或拒绝登高作业；高空作业人员必须正确佩戴安全帽，并系好安全带，且挂在牢固处（高挂低用，即将安全带绳端的钩子挂在高的地方，人在较低处进行作业）。

（4）如高空作业的安全技术设施在使用中发生损坏，必须及时处理，危及人身安全的，必须立即停止作业，排除险情或隐患后，方准作业。所有高空作业人员，不准穿硬底鞋，一律使用安全带。

（5）电焊工在 2m 以上高空进行焊接时，必须找适当位置挂好安全带，确保安全操作。

（6）进行高空焊割时必须先将下方的易燃、易爆物品移至安全地带，还要采取相应措施，确保割下的金属或火花不致伤人或引起火灾事故。

（7）电焊工所用焊条，应装在焊条桶内，随用随取；用剩的焊条头，应装在铁盒内或找适当的地方放好，待工作完毕后一同带下。

（8）高空作业人员不准从高空往地面抛掷物件，也不准从地面上往高空抛物件，应使用绳索、吊篮等传递物件。

（9）高空作业所用小型机具（如千斤顶等）应找适当位置放好，并用绳索、铁丝捆绑牢固。

（10）站在跳板上工作时，不应站在跳板的端头；同一跳板上站立作业人员不能超过2人。

（11）高空作业区的沿口、洞孔处，应设置护栏和标志，以防失足踏空。高空作业人员不准骑坐在脚手架的护栏、未安装牢固的管道、设备上和躺在平台、孔洞边缘上休息。在没有安全防护设施的条件下，严禁在木桁架、挑梁、砌体及构架上行走或作业。

（12）高空作业区的下方地面，严禁堆放脚手架、跳板或其他杂物，地面人员应禁止在高空作业区的正下方停留或通行。

（13）施工作业场所有可能坠落的物体，一律先行撤除或加以固定。高空作业中所用的物料，均应堆放平稳，不妨碍通行。

（14）高处作业人员应沿着斜道、梯子上下，严禁沿着绳索、立杆、井架或栏杆等攀登。

（15）工具用毕应随手放入工具袋内；作业中的走道、通道板和登高用具，应随时清扫干净；拆卸下的物件及余料和废料均应及时清理运走，不能任意乱扔或向下丢弃，禁止抛掷物件，小型工具、配件用工具包盛装或使用吊篮吊装。

（16）严禁在高空作业时嬉戏打闹。

2. 电的使用注意事项

（1）认识了解电源总开关，学会在紧急情况下关断总电源。

（2）用电设备使用完毕后应拔掉电源插头，插拔电源插头时不要用力拉拽电线，以防止电线的绝缘层受损造成触电，电线的绝缘皮剥落时要及时更换新线或者用绝缘胶布包好。

（3）发现有人触电要设法及时关断电源，或者用干燥的木棍等将触电者与带电的电器分开，不要用手直接救人，如触电者昏迷、停止呼吸，应立即施行人工呼吸，或马上送医院进行紧急抢救。

（4）不用手或导电物（如铁丝、钉子、别针等金属制品）去接触、探试电源插座内部；不触摸没有绝缘的线头；发现有裸露的线头要及时与电工联系。

（5）使用插座的地方要保持干燥，不用湿手触摸电器，不用湿布擦拭电器。发现电器周围漏水时，暂时停止使用，并且立即通知电工做绝缘处理，等漏水排除后，再恢复使用。要避免在潮湿的环境（如水池）下使用电器，更不能让电器淋湿、受潮或在水中浸泡，以免漏电，造成人身伤亡。

（6）不要在一个多口插座上同时使用多个电器，用电负荷不可超过电线、断路器允许的负荷能力，增设大型电器时，应经过专业人员检验同意，不得私自更换大断路器，以免起不到保护作用，引起火灾。

（7）不要将插座电线缠绕在金属管道上，电线延长线不可经由地毯或挂有易燃物的墙上，也不可搭在铁床上。

（8）电器插头务必插牢，紧密接触，不要松动，以免生热。

（9）使用电器过程中造成跳闸，一定首先要拔掉电源插头，然后联系电工查明跳闸原因，并检查电器故障问题，确定是否可以继续使用，以确保安全。

（10）遇到雷雨天气，要停止使用电器，防止遭受雷击。电器长期搁置不用，容易受潮、受腐蚀而损坏，重新使用前需要认真检查。购买电器产品时，要选择有质量认定的合格产品。要及时淘汰老化的电器，严禁电器超期服役。

（11）不要随意拆卸、安装电源线路、插座、插头等。

（12）不要破坏楼内安全指示灯等公用电器设备。

（13）如果看到有电线断落，千万不要靠近，要及时报告有关专业部门维修。当发现电气设备断电时，要及时通知维修人员抢修。

（14）当电器烧毁或电路超负载的时候，通常会有一些不正常的现象发生，比如冒烟、冒火花、发出奇怪的响声，或导线外表过热，甚至烧焦产生刺鼻的怪味，这时应马上切断电源，然后检查用电器和电路，并找到维修人员处理。

（15）当用电器或电路起火时，一定要保持头脑冷静，首先尽快切断电源，或者将室内的电路总闸关掉，然后用专用灭火器对准着火处喷射。如果身边没有专用灭火器，在断电的前提下，可用常规的方式将火扑灭；如果电源没有切断，切忌不能用水或者潮湿的东西去灭火，避免引发触电事故。

3. 电气安全"十不准"

（1）无证电工不准装接电气设备。

（2）任何人不准玩弄电气设备和开关。

（3）不准使用绝缘损坏的电气设备。

（4）不准利用电热设备和灯光取暖。

（5）任何人不准启动挂有警告牌和拔掉熔断器的电气设备。

（6）不准用水冲洗电气设备。

（7）熔丝熔断时不准调换容量不符的熔丝。

（8）不准在埋有电缆的地方未办理任何手续打桩动土。

（9）有人触电时应立即切断电源，在未脱离电源前不准直接接触触电者。

（10）雷电时不准接近避雷器和避雷针。

4.3.2 建筑防排烟系统实训室操作规程和实训守则

1. 建筑防排烟系统实训室操作规程

（1）进入实训室的一切人员，必须严格遵守实训室的各项规章制度。实训人员要树立"安全第一"的思想，严格遵守安全操作规程。

（2）一切无关人员，不得随意进入实训室和使用实训室仪器设备及工具。需在实训室进行的教学、科研等活动的，须事先提出申请，通过实训室管理员的统筹安排后方可进行，并做好相应的登记工作。

（3）实训前应仔细阅读实训教材和有关书籍，弄清实训目的、原理和实训所用的仪器设备，明确实训方法、操作步骤和注意事项。

（4）使用实训室的实训指导老师，需要认真填写场地交接班表。

（5）在实训室内要遵守纪律，保持卫生，不喧哗，不得进行无关的活动，不得随意走动，不得乱摸乱动有关电气设备。

（6）实训过程中要认真操作，思想要高度集中，操作内容必须符合教学内容，不准做任何与实训无关的事；仔细观察，如实、详细、完整地记录实训现象和原始数据。

（7）要按照操作规程使用实训仪器设备，在未了解使用方法之前，禁止乱动，出现问题，请示报告实训指导老师，不得随意处理。

（8）要爱护实训设备、工具、仪表、电气设备和公共财物，注意节约实训材料；仪器设备出现故障或损坏，应及时报告实训室管理员，由实训室管理员上报，按有关规定处理。

（9）实训结束后，搞好9S管理，关门、关窗、关电后方可离开实训室。

2. 建筑防排烟系统实训室守则

（1）学生按规定的时间进入实训室上课，未经允许，不得随意出入实训室。

（2）学生实训前必须穿好工作服，不得穿拖鞋进入实训室，不得携带食物、饮料等进入实训室；上课时要注意保持实训室内卫生，不许在实训室内吸烟、喝水、吃零食以及随地吐痰、乱扔纸屑杂物。

（3）学生须按实训指导老师指定的位置进行实训，不得随意调换工位，不得擅自使用其他工位，使用前认真检查设备情况，有异常及时报告老师，并认真做好交接班记录。

（4）在设备使用过程中，严格遵守仪器设备的操作规程，设备出现故障应立即切断电源并及时向实训老师报告，便于及时处理，对违章操作导致人身伤害、仪器设备损坏者，按相关管理条例进行处理。

（5）严禁带电进行线路的拆装；室内的任何电器设备，未经验电，一般视为有电，不准用手触及，任何接线、拆线都必须在切断电源后进行。

（6）实训过程中使用扳手紧固螺栓时，应检查扳手和螺栓有无裂纹或损坏，在紧固时，不能用力过猛或用手锤敲打扳手，大扳手需要套管加力时，应该特别注意安全。

（7）设备使用前要认真检查，如发现不安全情况，应停止使用并立即报告老师，以便及时采取措施；电器设备安装检修后，须经检验后方可使用。实训室内的机器设备由任课教师指导使用，未经允许不得随意动用别的机器设备。

（8）不得更改计算机内的各项配置。为保证教学的正常进行，严禁擅自使用 U 盘拷贝文件。不得随意开关电源及重启设备，发现异常时应及时与实训老师联系。

（9）禁止携带与教学活动无关的物品进入实训室，禁止进行与教学无关的其他活动。

（10）实训完毕，需清点器材并归还原处，若有丢失或损坏应及时报告。

（11）保持实训室整洁，并做好个人工位卫生工作，每次实训后要清理工作场所，搞好 9S 管理，关门、关窗、关电，做好设备清洁和日常维护工作，经老师同意后方可离开。

4.3.3　实训 9S 管理

1. 9S 管理的介绍

"9S 管理"来源于企业，是现代企业行之有效的现场管理理念和方法，通过规范现场、现物，营造一目了然的工作环境，培养师生良好的工作习惯，其最终目的是提升人的品质，养成良好的工作习惯。

9S 就是整理（Seiri）、整顿（Seiton）、清扫（Seiso）、清洁（Setketsu）、素养（Shitsuke）、安全（Safety）、节约（Save）、学习（Study）、服务（Service）九个项目，因其英语均以"S"开头，简称为 9S。其作用是：提高效率，保证质量，使工作环境整洁有序，预防为主，保证安全。

（1）整理

定义：区分要用和不要用的，留下必要的，其他都清除掉。

目的：把"空间"腾出来活用。

（2）整顿

定义：有必要留下的，依规定摆整齐，加以标识。

目的：不用浪费时间找东西。

（3）清扫

定义：工作场所全部清扫干净，并防止污染的发生。

目的：消除"脏污"，保持工作场所干干净净、明明亮亮。

（4）清洁

定义：将上面 3S 实施的做法制度化、规范化，保持成果。

目的：通过制度化来维持成果，并显现"异常"之所在。

（5）素养

定义：每位师生养成良好习惯，遵守规则，有美誉度。

目的：改变"人质"，养成讲究认真工作的习惯。

（6）安全

定义：①在管理上制定正确作业流程，配置适当的工作人员监督指示功能。

②对不合安全规定的因素及时举报消除。

③加强作业人员安全意识教育，一切工作均以安全为前提。

④签订安全责任书。

目的：预知危险，防患未然。

（7）节约

定义：减少企业的人力、成本、空间、时间、库存、物料等消耗，降低成本。

目的：养成降低成本习惯，加强作业人员减少浪费的意识。

（8）学习

定义：深入学习各项专业技术知识，从实践和书本中获取知识，同时不断地向同事及上级主管学习，从而达到完善自我，提升综合素质。

目的：使企业得到持续改善、培养学习性组织。

（9）服务

定义：站在客户（外部客户、内部客户）的立场思考问题，并努力满足客户要求，特别是不能忽视内部客户（后道工序）的服务。

目的：让每一个员工树立服务意识。

2. 9S 管理的目的

9S 管理是校企合一的体现，在企业现场管理的基础上，通过创建学习型组织不断提升企业文化的素养，消除安全隐患、节约成本和时间。实行 9S 管理的目的为：

（1）全面改善现场，创造明朗、有序的实训环境，建设具有示范效应的实训场所。

（2）全校上下初步形成改善与创新文化氛围。

（3）激发全体员工的向心力和归属感；改善员工精神面貌，使组织活力化。人人都变成有修养的员工，有尊严和成就感，对自己的工作尽心尽力，并带动改善意识，增加组织的活力。

（4）优化管理，减少浪费，降低成本，提高工作效率，塑造学校形象。

（5）形成校企合一的管理制度；建立持续改善的文化氛围。

（6）提高工作场所的安全性。储存明确，物归原位，工作场所宽敞明亮，通道畅通，地上不能随意摆放不该放置的物品。工作场所有条不紊，会减少意外的发生，当然安全就会有保障。

（7）9S 管理的根本目的是提高人的素质。

3. 9S 管理的意识

（1）9S 管理是校园文化、工匠精神的体现，是产教融合、工学一体教学的需要

职业院校是与生产紧密联系的学校，很多管理都与企业息息相关，校企合一，使学生具有企业职业素养是教学目标。

（2）工作再忙，也要进行 9S 管理

教学与 9S 管理并非对立，9S 管理是工作的一部分，是一种科学的管理方法，可以应用于生产工作的方方面面。其目的之一，就是提高工作效率，解决生产中的忙乱问题。

4. 9S 管理的流程

推行 9S 管理，所做的管理内容和所评估的业绩应当是在持续优化和规范生产现场的同时，达到不断提高生产效率和降低生产成本的目的。

9S 管理流程图如图 4-65 所示。

某学校老师设计的工具放置架如图 4-66 所示，9S 挂图如图 4-67 所示。

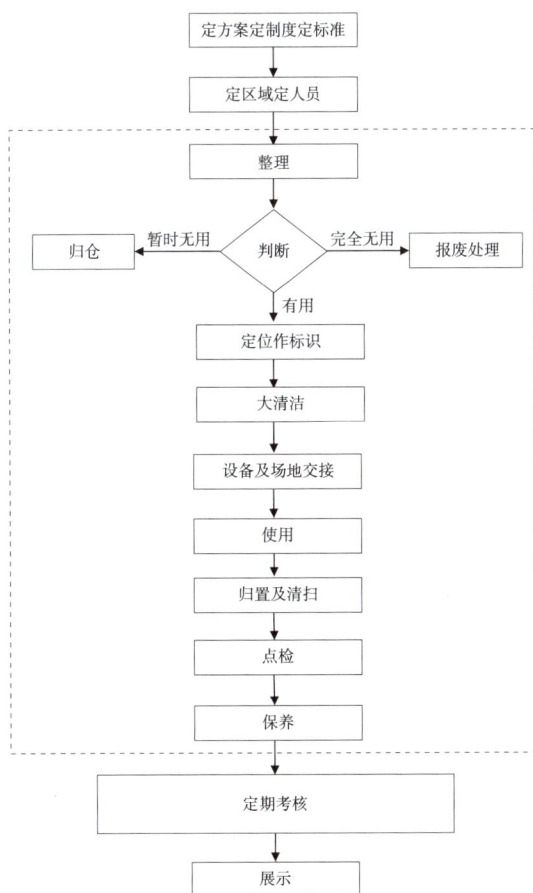

图 4-65　9S 管理流程图

（a）工具摆放

（b）工具架

图 4-66　工具放置架

图 4-67　9S 挂图

5. 9S 管理的效果

9S 管理呈现的效果如表 4-3 所示。

9S 管理呈现的效果　　　　　　　　　　　表 4-3

9S	对象	实施内容	呈现的成果
整理	物品空间	1. 区分要与不要的东西 2. 丢弃或处理不要的东西 3. 保管要的东西	1. 减少空间上的浪费 2. 提高物品架子、柜子的利用率 3. 降低材料、半成品、成品的库存成本
整顿	时间空间	1. 物有定位 2. 空间标识 3. 易于归位	1. 缩短寻找时间 2. 提高生产线的作业效率

续表

9S	对象	实施内容	呈现的成果
清扫	设备空间	1.扫除异常现象 2.实施设备自主保养	1.维持责任区的整洁 2.落实机器设备维修保养计划 3.降低机器设备故障率
清洁	环境	1.消除各种污染源 2.保持前 3S 的结果 3.消除浪费	1.提高产品品位、减少返工 2.提升人员的工作效能 3.提升公司形象
素养	人员	1.建立相关的规章制度 2.教育人员养成守纪律、守标准的习惯	1.消除管理上的突发状况 2.养成人员的自主管理 3.提升员工的素养、士气
安全	人员	1.通过现场整理整顿、现场作业 9S 实施，消除安全隐患 2.通过现场审核法，消除危险源	实现全面安全管理
节约	人员	1.减少成本、空间、时间、库存、物料消耗 2.内部挖潜，杜绝浪费	1.养成降低成本习惯 2.加强操作人员减少浪费的意识
学习	人员	1.学习各项专业技术知识 2.从实践和书本中获取知识	1.持续改善 2.培养学习性组织
服务	人员	1.满足客户要求 2.培养全局意识，我为人人，人人为我	人人时时树立服务意识

每位学生，实训前需进行安全教育，实训安全保证书参考如下：

通过学习有关实操制度以及相关安全知识。本人在建筑防排烟系统装调实训时，一定遵守各项规章制度，遵守各项安全操作规程，做到安全、文明实操。

1……

2……

3……

班级：

保证人姓名：

学号：

　　年　月　日

<h1 align="center">复习思考题</h1>

1.简述建筑防排烟系统施工中常用的工具及材料。

2.撰写一份实训安全保证书。

建筑防排烟系统装配工艺

第5章

学习目标

1. 了解建筑防排烟系统装配的基础知识；

2. 掌握风管、风机等装配工艺；

3. 能按照电路图及电箱装配工艺等相关要求，完成低压配电箱的安装。

5.1　建筑防排烟系统机械装配工艺

5.1.1　概述

机械装配在建筑防排烟系统的组装中占有比较大的比例，其装配方法是否科学，工艺是否合理，会影响到防排烟系统的性能和可靠性。这些安装工作，不仅要保证符合规范，还要保证有很好的可靠性和耐用性。

装配是指按照规定的技术要求，将若干零件结合成部件，或将若干零件和部件结合成产品的劳动过程。将若干零件结合成部件称为部件装配，将若干零件和部件结合成产品称为总装配。

建筑防排烟系统机械装配工艺是保证防排烟系统质量的重要环节，影响系统技术经济性能和防排烟系统的使用性能。防排烟系统相较于普通机械产品，零件数量相对较少，但装配步骤及要点基本相同。

建筑防排烟系统中通风设备包括：轴流式风机、离心式风机、混流式风机、排烟风机、柜式风机箱、风口、风阀、防火阀、通风管道（风管）、排烟口等。

1. 装配基准

基准是指确定结构件之间相对位置的一些点、线、面。装配中分为设计基准、工艺基准。

设计基准是用于确定零件外形或决定结构间相对位置的基准，在产品设计中建立，如无人机对称轴线、水平基准线、弦线等。

工艺基准是在工艺过程中使用，存在于零件、装配件上的实际具体的点、线或面，可以用来确定结构件的装配位置。工艺基准根据使用功能不同，又分为以下几种。

（1）定位基准：用来确定结构件在夹具上的相对位置。

（2）装配基准：用来确定结构件间的相互位置。

（3）测量基准：用来测量装配尺寸的起始位置。

在实际装配过程中应建立装配工艺基准，可用来确定结构件的装配位置，选择定位基准和装配基准应遵循以下 4 个原则。

1）装配定位基准与设计基准统一

结构件定位尽可能直接利用设计基准作为装配定位基准，不能利用的，应通过工艺装备间接地实现基准的统一。例如，风管的位置在图样上是用风管底部线确定的，定位风管时，应选择底线轴线面作为定位基准。

2）装配定位基准与零件加工基准统一

尽量做到装配定位基准与零件加工基准的统一，否则应进行协调。

3）装配基准与定位基准重合

当部件或分部件为叉耳对接或围框式对接时，这些接头或平面在部件（分部件）装配时是定位基准，在部件对接时选作装配基准，即装配基准与定位基准统一。

4）基准不变

在部件的整个装配过程中，每道工序及每一个装配阶段（装配单元）都用同一基准进行定位，即构件的二次定位应采用同一定位基准。

2. 装配定位

装配定位是指在装配过程中确定零件和组合件之间的相对位置。在定位后应夹紧固定，然后进行连接。

常用的定位方法有 4 种：

（1）画线定位法

画线定位法，是在选定的基体零件上，按图样尺寸，使用 B～4B 铅笔（或者墨线）画出待装零件的定位基准线。这种方法的定位准确度较低，一般用于刚度较大，位置准确度要求不高及无协调要求的部件。

用画线定位效率低，在批量生产中应尽量不用或少用这种方法，但由于画线定位通用性好，是一种常用的辅助定位方法。

防排烟系统设备的安装，常用激光水平仪来定位或者作为校准工具。

（2）基准工件定位法

基准工件定位法是机械制造中基本的装配定位方法，其定位准确度取决于工件的刚度和加工精度，一般适用于刚度较大的工件。

用作基准件的零件或结构件必须有较好的刚性，即在自重的作用下能保持自身的形状，对于低刚性零件可以通过工装或其他方法增强其刚性。基准件上用作定位基准的点、线、面的形状、尺寸、位置必须符合图样和协调要求，并满足待定位零件的位置要求。如果定位用的点、线、面是在装配过程中形成的，应该合理选择该零件上道工序的定位方法。

制定装配方案时应优先考虑基准工件定位法。随着零件制造准确度的提升和整体件的采用，这种定位方法的应用将越来越多。

（3）装配孔定位法

装配孔定位法是在装配时用预先在零件上制出的装配孔来定位。当用装配孔确定两个零件的相对位置时，装配孔的数量应不少于两个。装配孔的数量取决于零件的尺寸和刚度，对于尺寸大、刚度小的零件，装配孔数量应相应增多。

在成批生产中，在保证准确度前提下，应推广应用装配孔定位法，如平板、单曲度以及曲度变化不大的双曲度外形板件，都可采用装配孔进行定位。点焊及胶接结构板件，也可采用装配孔定位法，装配孔定位后送到点焊机点焊或在胶接设备内胶接。

装配孔定位可拓展为基准定位孔定位和坐标定位孔定位。

（4）装配型架定位法

装配型架定位法，是在零件、组合件及板件等工艺刚度小的情况下采用的装配方法。这种方法的定位准确度由装配型架准确度决定，首先应保证装配型架的准确度。

型架的功能主要包括：保证零件、组合件在空间具有相对准确位置；定位作用、校正零件形状、限制装配变形；提高劳动生产效率。

在定位可靠的前提下，对结构较简单的组合件或板材可采用装配孔定位的方法，对无协调要求及定位准确度要求不高的装配，可采用画线定位及基准工件定位法。定位方法的分类特点可参见表5-1。

定位方法的分类特点

表5-1

类别	方法	特点	选用
画线定位法	（1）通用量具和画线工具画线； （2）专用样板画线； （3）用明胶线晒相方法	（1）简便易行； （2）装配准确度较低； （3）工作效率低； （4）节省工艺装备费用	（1）新机研制时应尽可能采用； （2）成批生产时，用于简单的、易于测量的、准确度要求不高的零件定位； （3）作为其他定位方法的辅助定位

续表

类别	方法	特点	选用
基准工件定位法	以产品结构件上的某些点、线来确定待装件的位置	（1）简便易行，节省工艺装备，装配开敞，协调性好；（2）基准件必须具有较好的刚性和位置准确度	（1）有配合关系且尺寸或形状一致的零件之间的装配；（2）与其他定位方法混合使用；（3）刚性好的整体结构件装配
装配孔定位法	在相互连接的零件（组合件）上，按一定的协调路线分别制出孔，装配时以对应的定位孔来确定零件（组合件）的相互位置	（1）定位迅速、方便；（2）不用或仅用简易的工艺装备；（3）定位准确度比基准工件定位低，比画线定位高	（1）内部加强件的定位；（2）平面组合件的定位；（3）组合件与组合件之间的定位
装配型架定位法	利用型架定位确定结构件的装配位置或加工位置	（1）定位准确度高；（2）限制装配变形或使低刚性结构件符合工艺装备；（3）保证互换部件的协调；（4）生产准备周期长	应用广泛的定位方法，能保证各类结构件的装配准确度

5.1.2 装配工艺内容及规程

1. 装配工艺内容

根据风管及设备的大小、复杂程度不一，建筑防排烟系统装配难易程度不等，且装配的工作侧重点也有区别，其装配主要包括以下内容：

（1）合理的装配单元的划分

根据建筑的结构工艺特征，合理地利用结构的设计分离面和工艺分离面，进行工艺分解，将部件划分为装配单元。

（2）确定装配基准和装配定位的方法

装配工艺设计的任务是采用合理的工艺方法和工艺装备来保证装配基准的实现。

装配定位方法是指确定装配单元中各组成元素的相互位置。装配定位方法是在保证产品图样和技术条件要求的前提下，综合考虑了操作简便、定位可靠、质量稳定、开敞性好、工艺装备费用低和生产准备周期短等因素之后选定的。

（3）选择保证准确度、互换性和装配协调的工艺方法

为了保证部件的准确度和互换要求，必须制定合理的工艺方法和协调方法，其内容包括制定装配协调方案，确定协调路线，选择标准工艺装备，确定工艺装备之间的协调关系，利用设计补偿和工艺补偿的措施等。

（4）确定装配过程中的工序、工步组成和各构造元素的装配顺序

装配过程中的工序、工步组成包括装配前的准备工作，零件和组件的定位、夹紧、连接，系统和成品的安装与精加工，各种调整、试验、检查、清洗、称重和移交工作，工序检验和总检等。装配顺序是指装配单中各构造元素的先后安装次序。

（5）选定所需的工具、设备和工艺装备

其包括编制工具清单，选择设备型号、规格及数量，并对工艺装备的功用、结构、性能提出设计要求。

（6）零件、标准件、材料的配套

按工艺文件要求零件、标准件、材料进行配套及准备。

2. 装配工艺规程

装配工艺规程是指导工人对指定的装配过程进行实际操作的生产性工艺文件。装配内容是通过装配工艺规程来反映的，制定装配工艺规程应遵循以下基本原则。

（1）保证并力求提高产品质量，而且要有一定的精度储备，以延长机器或设备的使用寿命。

（2）合理安排装配工艺，尽量减少钳工装配工作量（锯、钻、刮、锉、研等），以提高装配效率，缩短装配周期。

（3）所占空间、生产面积尽可能小，以提高单位装配面积的生产率，适应建筑工地特殊环境。

制定装配工艺规程的步骤如下：

①研究产品的装配图及验收技术标准。

②确定产品或部件的装配方法。

③分解产品为装配单元，规定合理的装配顺序。

④确定装配工序内容、装配规范及工夹具。

⑤编制装配工艺系统图。装配工艺系统图是在装配单元系统图上加注必要的工艺说明（如焊接、配钻、攻丝、铰孔及检验等），较全面地反映装配单元的划分、装配顺序及方法。

⑥确定工序的时间定额。

⑦编制装配工艺卡片。

3. 装配工作的组织形式

（1）固定式装配

固定式装配是将产品或部件的全部装配工作安排在一个固定的工作地点进行。在装配过程中产品的位置不变，装配所需要的零件和部件都汇集在工作地附近，其主要应用于单件生产或小批量生产中。

单件生产时，产品的全部装配工作均在某一固定地点，由一个工人或一组工人去完成。这样的组织形式装配周期长、占地面积大，并要求工人具有综合的技能。

成批生产时，装配工作通常分为部件装配和总装配，每个部件由一个工人或一组工人来完成，然后进行总装配。

（2）移动式装配

移动式装配是工作对象在装配工程中，有顺序地由一个工人转移到另一个工人。站长转移可以是装配对象的移动，也可以是工人自身的移动。通常把站长装配组织形式称为流水装配法。移动装配时，利用传送带、滚道或轨道上行走的小车来运送装配对象。每个工作地点重复地完成固定的工作内容，并且广泛地使用专用设备和专用工具，因而装配质量好，生产效率高，生产成本降低，适用于大量生产。

5.1.3 风管装配工艺

1. 装配连接技术

建筑防排烟系统装配的连接技术，主要包括机械连接技术、焊接技术和胶接技术等。其中机械连接又分为铆接和螺纹连接。复合材料的连接主要应用胶接。

铆接，一般应用于铝合金薄壁结构上。

螺纹连接，一般应用于整体壁板和整体构件连接，重要承力部件及可拆卸连接。

胶接，一般应用于整体构件的铝合金夹层结构及复合材料上。

焊接，一般应用于薄壁结构的连接。焊接与胶接组成混合连接，称为胶焊。

其中机械连接是应用最广泛，也是最主要的装配手段。目前已发展为高效、高质量、高寿命、高可靠性的机械连接技术，包括先进高效的自动连接装配技术、高效高质量的自动制孔技术、先进多功能高寿命的连接紧固系统技术、长寿命的连接技术和数字化连接装配技术等。

2. 管道连接方式

当管道采用螺纹、法兰、承插等方式连接时，应符合下列要求。

（1）采用螺纹连接时，热浸镀锌钢管的管件宜采用现行国家标准《可锻铸铁管路连接件》GB/T 3287—2024 的有关规定，热浸镀锌无缝钢管的管件宜采用现行国家标准《锻制承插焊和螺纹管件》GB/T 14383—2021 的有关规定。

（2）螺纹连接时螺纹应符合现行国家标准《55°密封管螺纹 第 2 部分：圆锥内螺纹与圆锥外螺纹》GB/T 7306.2—2000 的有关规定，宜采用密封胶带作为螺纹接口的密封，密封带应在阳螺纹上施加。

（3）法兰连接时法兰的密封面形式和压力等级应与消防给水系统技术要求相符合；法兰类型宜根据连接形式采用平焊法兰、对焊法兰和螺纹法兰等，法兰选择应符合现行国家标准的有关规定。

（4）当热浸镀锌钢管采用法兰连接时应选用螺纹法兰，当必须焊接连接时，法兰焊接应符合现行国家标准《现场设备、工业管道焊接工程施工规范》GB 50236—2011

和《工业金属管道工程施工规范》GB 50235—2010 的有关规定。

（5）球墨铸铁管承插连接时，应符合现行国家标准《给水排水管道工程施工及验收规范》GB 50268—2008 的有关规定。

（6）钢丝网骨架塑料复合管施工安装时除应符合《消防给水及消火栓系统技术规范》GB 50974—2014 的有关规定外，还应符合现行行业标准《埋地塑料给水管道工程技术规程》CJJ 101—2016 的有关规定。管径大于 50mm 的管道不应使用螺纹活接头，在管道变径处应采用单体异径接头。

3. 金属防排烟风管的加工制作工艺

金属防排烟管道制作所使用的主要材料、设备、成品或半成品应有出厂合格证明书或质量鉴定文件。

（1）金属板材的剪切及风管成型。根据板材的厚度不同选择相应的工具，按板材上的画线剪切。剪切前必须对所画出的剪切线进行仔细复核。剪切时应对准画线，做到剪切位置准确，切口整齐，即直线平直，曲线圆滑。再将剪切后的板材通过折方机折方或利用卷圆机卷成圆形，将接口连接形成风管或部件。

（2）板材及管道的连接。金属板材的连接方法有咬口连接、铆接和焊接三种。钢板厚度 $\delta \leqslant 1.2mm$ 可采用咬口连接，钢板厚度超过 1.2mm 可采用焊接。镀锌钢板及各类含有复合保护层的钢板，应采用咬口连接或铆接，不得采用影响其保护层防腐性能的焊接连接方法。

金属板材的连接有拼接、闭合接和延长接三种情况。拼接是将两张钢板的板边相接以增大面积，闭合接是把板材卷制成防排烟风管时对口缝的连接，延长接是把一段段防排烟风管连接成管路系统。

咬口连接是把需要相互结合的两个板边折成能互相咬合的各种钩形，钩接后压紧折边金属薄板边缘，用于相互固定连接的构造，适用于厚度 $\delta \leqslant 1.2mm$ 的薄钢板。常见咬口的形式如图 5-1 所示，各种咬口的用途为：

①单平咬口。用于板材的拼接缝和圆风管纵向的闭合缝以及严密性要求不高的制品接缝。

②单立咬口。用于圆风管端头环向接缝，如圆形弯头、圆形来回弯各管节间的接缝。

③联合角咬口。也叫包角咬口，咬口缝处于矩形管角边上，用途同转角咬口，应用在有曲率的矩形弯管的角缝连接更为合适。

④转角咬口。用于矩形风管及配件的纵向接缝和矩形弯管、三通的转角缝连接。

⑤按扣式咬口。适用于矩形风管和弯头、三通、四通等配件的转角闭合缝。这种咬口的特点是咬合紧密，运行可靠。

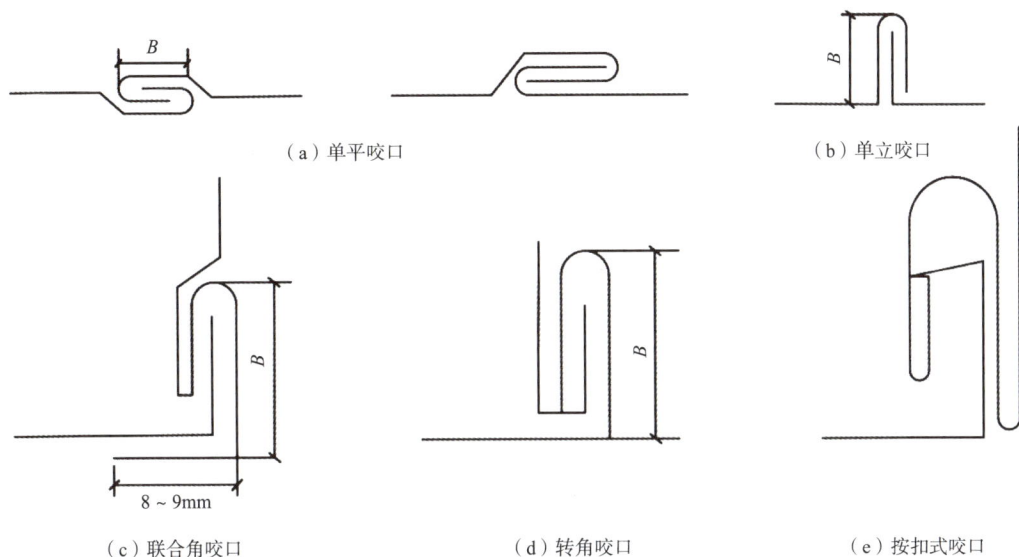

（a）单平咬口　　　　　　　　　　　　　　　　　　　　（b）单立咬口

（c）联合角咬口　　　　　　　　（d）转角咬口　　　　　　　　（e）按扣式咬口

图 5-1　常见咬口的形式

在画线时咬口留余量的大小与咬口宽度 B、重叠层数及使用的机械有关。单平咬口、单立咬口和转角咬口，在一块板上的咬口余量等于咬口宽度，与其咬合的另一块板咬口余量为 2 倍的咬口宽度；联合角咬口，一块板上的咬口余量为咬口宽度 B，另一块板上为 3 倍咬口宽度。咬口的宽度 B 如表 5-2 所示。

咬口的宽度（单位：mm）　　　　　　　　　　　　　　　表 5-2

钢板厚度	平咬口宽 B	角咬口宽 B
0.7 以下	6 ~ 8	6 ~ 7
0.7 ~ 0.8	8	7 ~ 8
0.9 ~ 1.2	10 ~ 12	8 ~ 10

咬口按其加工方式分为手工咬口和机械咬口。

手工咬口使用的工具主要有：硬木拍板，用来平整板料，拍打咬口，其尺寸为 45mm×35mm×450mm；硬质木锤，用来打紧打实咬口；钢制锤子，用来碾打圆形风管单立咬口或咬口合缝。在工作台上应设置固定槽钢，作为折方或拍打垫铁，垫铁必须平直，保持棱角锋利，角度准确；工作台上还应设置圆管用于卷圆和修整圆弧垫铁。

机械咬口常用直线多轮咬口机、圆形弯头联合咬口机、矩形弯头咬口机、合缝机、按扣式咬口机和咬口压实机等。目前施工中已有适用于各种咬口形式的圆形、矩形直管和矩形弯管、三通的咬口机。利用咬口机、压实机等机械加工的咬口，成形平整光滑。

当普通钢板厚度 $\delta > 1.2$mm 时，若仍采用咬口连接，则因板材较厚，机械强度高而难于加工，咬口质量也较差，这时应当采用焊接的方法。常用的焊接方法有气焊（氧气乙炔焊）、电焊或接触焊。常用的焊缝形式有对接缝、角缝、搭接缝、搭接角缝、扳边缝、扳边角缝等，各种焊缝的形式如图 5-2 所示。板材的拼接缝、横向缝或纵向闭合缝可采用对接焊缝；矩形风管和配件的转角采用角焊缝；矩形风管和配件及较薄板材拼接时，采用搭接焊缝、扳边角焊缝和扳边焊缝。

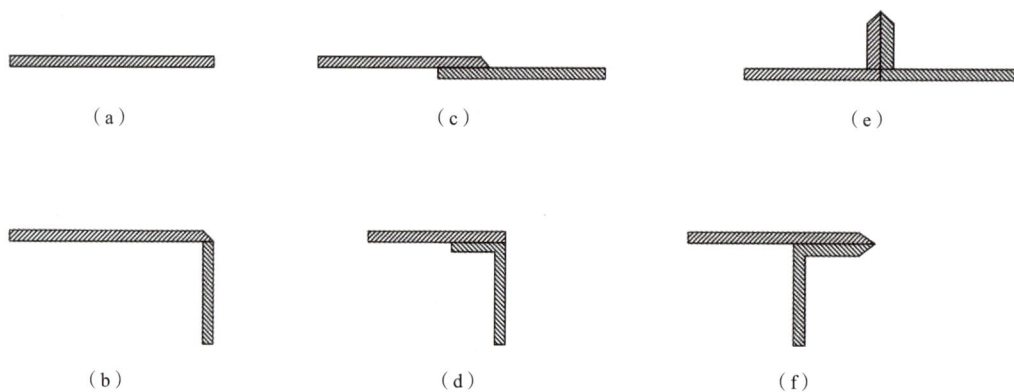

图 5-2　金属防排烟管道的焊缝形式

（a）对接缝；（b）搭接角缝；（c）角缝；（d）扳边缝；（e）搭接缝；（f）扳边角缝

焊缝形式应根据管道的构造和焊接方法而定。所有焊接的焊缝表面应平整均匀，不应有烧穿、裂缝、结瘤等缺陷，以符合焊接质量要求。

铆接主要用于风管、部件或配件与法兰的连接。

铆接是将要连接的板材翻边搭接，用铆钉穿连并铆合在一起的连接，如图 5-3 所示。铆接在管壁厚度 $d \leqslant 1.5$mm 时，常采用翻边铆接，为避免管外侧受力后产生脱落，铆接部位应在法兰外侧。铆钉直径应为板厚的 2 倍，但不小于 3mm，铆钉净长度采用式（5-1）计算得出。

铆钉之间的中心距一般为 40 ~ 100mm，铆钉孔中心到板边的距离应保持 $3d$ ~ $4d$。

$$L = 2\delta + (1.5 \sim 2)d \tag{5-1}$$

式中　d——铆钉直径（mm）；

　　　δ——连接钢板的厚度（mm）。

手工铆接时，先把板材与角钢画好线，以确定铆钉位置，再按铆钉直径用手电钻打铆钉孔，把铆钉自内向外穿过，垫好垫铁，用钢制方锤打敲钉尾，再用罩模罩上把钉尾打成半圆形的钉帽。这种方法工序较多，工效低，锤打噪声大，工人劳动强度大。手动拉铆枪，是施工中常用的一种铆接工具，其既可以减小劳动强度，又可以提高效率，配备专用的铆钉，如图 5-3 所示。铆接时，必须使铆钉中心线垂直于板面，铆钉头应把板材压紧，使板缝密合并且铆钉排列整齐、均匀。

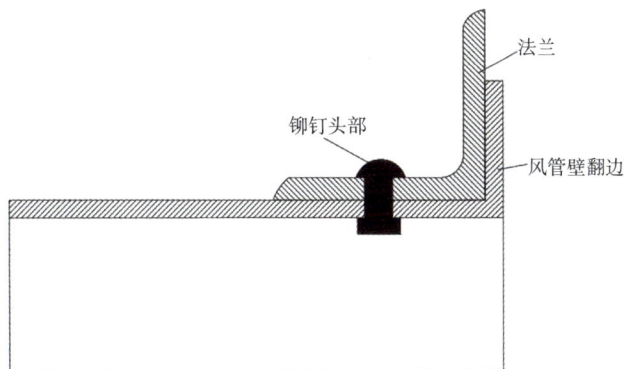

图 5-3 铆钉示意图

（3）防排烟风管的加工。圆形直风管在下料后经咬口加工、卷圆、咬口打实、正圆等操作过程加工制成。风管长度一般不宜超过 4m，即两张板长的拼接长度。

矩形直风管在下料后即可进行加工制作。当风管周边总长小于板材标准宽度，即用整张钢板宽度折边成形时，可只设一个角咬口；当板材宽度小于风管周长、大于周长的 1/2 时，可设两个角咬口；当风管周长很大时，可在风管四个角分别设咬口。风管的折边可用手动扳边机扳成直角，再将咬口咬合打实后即成矩形风管。

另外，镀锌钢板风管再加工时还应注意以下几个问题：

1）镀锌钢板在放样下料之前，必须用中性的清洁剂将其表面的油污和污物去除干净。

2）咬口加工时，除延展板边采用钢制锤子外，凡是折曲线或打实咬口等都应采用木锤（橡胶锤），以免造成明显印痕。

3）在防排烟风管咬口时，注意镀锌层面不受破损，以提高其防腐能力。

4）为减少防排烟管道的漏风，板材拼接的咬口缝应错开，不得有十字形拼接缝。

金属风管制作时易产生的质量问题及防治措施如表 5-3 所示。

金属风管制作易产生的质量问题及防治措施 表 5-3

序号	质量问题	防治措施
1	铆钉脱落	铆后检查，按工艺操作加长铆钉
2	风管法兰连接不方正	用方尺找正使法兰与直管棱垂直，管口四边翻边宽度一致
3	法兰翻边四角漏风	管片压口前要倒角、咬口重叠处翻边时铲平、四角不应出现豁口
4	管件连接孔洞	出现孔洞用焊锡或密封胶堵严
5	风管大边上下有不同程度下沉，两侧面小边稍向外凸出，有明显变形	按规范选用钢板厚度、咬口形式，应根据系统功能按规范进行加固
6	矩形风管扭曲、翘角	正确下料，板料咬口预留尺寸必须正确，保证咬口宽度一致
7	矩形弯头、圆形弯头角度不准确	正确展开下料
8	圆形风管不同心，圆形三通角度不准、咬口不严	正确展开下料

4. 管道的加固

（1）加固条件。为了增加防排烟风管的强度，保持风管截面形状在系统工作时不发生变化，减少由于管壁振动而产生的噪声，需对其进行加固。当圆形风管的直径大于等于 800mm，且其管段长度大于 1250mm 或总表面积大于 $4m^2$ 均应采取加固措施；矩形风管与圆形风管相比，自身强度低，因此，当矩形风管边长大于 630mm、保温风管边长大于 800mm、管段长度大于 1250mm 时，均应采取加固措施。

（2）加固方法。防排烟风管的加固可采用楞筋、立筋、角钢（内、外加固）、扁钢、加固筋和管内支撑等方法，如图 5-4 所示。

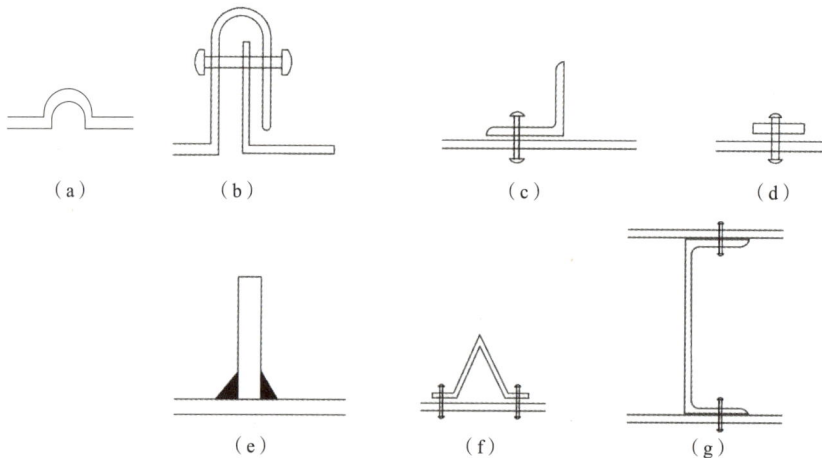

图 5-4　防排烟管道的加固方法

（a）楞筋加固；（b）立筋加固；（c）角钢加固；（d）扁钢平加固；（e）扁钢立加固；（f）加固筋；（g）管内支撑加固

金属防排烟风管常用的加固方法有如下三种：

①楞筋加固。楞筋加固是将钢板面加工成凸棱，大面上凸棱呈对角线交叉，不保温风道凸向风管外侧，保温风管凸向内侧。这种方法不需要加固用钢材，但只适用于矩形边长不大的风管。加固的楞筋线，排列应规则，间隔应均匀，板面不应有明显的变形。其形式如图 5-5 所示。

图 5-5　风管的楞筋加固

②加固筋加固。在风管内壁纵向设置加固筋，加固筋是用 1 ～ 1.5mm 的镀锌薄钢板条压成三角棱形长条，将其铆在风管内，这种加固方法不仅可节省钢材，而且美观。加固筋应排列整齐、均匀对称，与风管的铆接应牢固、间隔应均匀。

③角钢加固。采用角钢做加固框，加固强度较高，是较普遍的加固方法。矩形风管边长在 1000mm 以内的用 25mm×4mm 的角钢，边长大于 1000mm 的用 30mm×4mm 角钢，铆接在风管外侧。边长在 1500 ～ 2000mm 时，还应在外侧对角线铆接 30mm×4mm 的角钢加固条。铆钉直径为 4 ～ 5mm，铆钉间距为 150 ～ 200mm。角钢加固，应排列整齐、均匀对称，其高度应小于或等于风管的法兰宽度，角钢与风管的铆接应牢固、间隔应均匀，两相交处应连接成一体。其形式如图 5-6 所示。

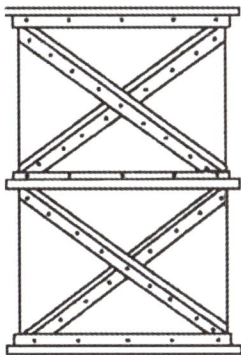

图 5-6　矩形防排烟风管角钢加固

5.金属风管的防腐

金属的腐蚀是金属体在所处环境中，因化学或电化学反应，引起金属表面耗损现象的总称。金属的防腐是人们针对金属在不同的环境中，防止各种介质腐蚀所采取的预防措施。

金属风管及部件，一般都用普通薄钢板制成，安装后暴露在大气中。由于空气中的灰尘、水分及其他酸性、碱性物质附在金属表面而产生锈蚀。为了保护和延长通风设备和风管的使用寿命，除在设计时根据不同情况正确选用金属或非金属材料外，还可在薄钢板制作的风管表面覆盖上"保护层"，使钢板表面与周围介质隔开，达到防腐的目的。最常用的方法是用油漆等涂料来做"保护层"。

涂料大部分是指有机涂料，俗称"油漆"，是一种有机高分子胶体的混合物溶液，通过一定的涂覆方法，将涂料涂在物体表面，经过固化而形成薄涂层，从而保护物体免受水分、氧气、腐蚀性气体以及酸碱等液体的腐蚀。

金属风管的防腐工作一般可分表面处理和刷油漆两个主要工序。

（1）金属风管的表面处理

薄钢板表面一般总会有油脂、铁锈、氧化皮等的杂物，如果这些杂物不清除干净，涂料将不能很好地和钢板表面黏结，不能起到防腐作用，所以在刷涂料前必须进行防腐工件的表面处理工作。

①人工除锈。一般用于处于大气环境中的风管。风管表面铁锈，可用钢丝刷、钢丝布或粗砂布擦拭，直到露出金属本色，再用棉纱或破布擦净。

②机械除锈。可采用手提砂轮机、手提电动钢丝刷进行打磨，但在除锈量大且集中的情况下，可采用喷砂除锈。喷砂除锈是利用 0.34 ~ 0.4MPa 的压缩空气带动粒度 1.5 ~ 2.5mm 的干燥砂粒，通过喷嘴喷到金属表面，除去铁锈等杂物的方法。它能去掉铁锈、氧化皮、油污和杂物，获得满意的除锈效果。喷砂除锈质量好、效率高，且经过喷砂处理的风管表面变得粗糙且均匀，能增加涂料的附着力，保证漆层的质量。但在操作时噪声大、灰尘大，操作人员应准备防护面罩或风镜和口罩。

③化学处理。可用酸洗的方法清除金属表面的锈层、氧化皮等。其一般在通风工程中较少使用。

（2）金属风管的刷油漆

①人工涂刷。用手拿毛刷在风管表面涂刷涂料，此方法简单，成本较低，但效率不高，用于工程量小或安装后不能进行喷涂的地方。涂刷时，为了获得均匀的保护层，应先斜后直、先左后右、先上后下、纵横施涂，要求涂层无漏涂、无起泡、无露底现象。

②空气喷涂。将压缩空气通过喷枪，将漆喷成雾状，散落于风管表面，以获得均匀的漆膜。这种方法效率高、质量好，但涂料损耗大，扩散在空气中的漆料溶剂对人

体有害。

③高压无空气喷涂。高压无空气喷涂是利用 0.4 ~ 0.6MPa 的压缩空气驱动高压泵。高压泵上部活塞的有效面积较下部活塞大，吸入的涂料可增压至 15 ~ 18MPa，当高压涂料通过喷嘴喷到大气中时，立即剧烈膨胀，雾化成极细小的漆粒附到风管表面上。这种方法生产效率高，每只喷枪每分钟可喷涂 3.5 ~ 5.5m。漆膜质量好，劳动条件好，稀释剂用量少。

高压无空气喷漆机有两种：一种为移动式，如图 5-7 所示，适用于大面积喷漆；另一种为轻便式，如图 5-8 所示，质量只有 14kg，携带方便，适用于现场流动使用。

图 5-7　移动式高压无空气喷漆机　　　图 5-8　轻便式高压无空气喷漆机

6. 金属风管防火包覆

当风管无法满足耐火极限要求时，可以进行金属风管防火包覆，以提高整个防排烟系统的防火等级。首先对金属风管进行安装，其次是保温隔热层、龙骨及防火材料等安装。进行金属风管防火包覆，可以在金属风管的外壁安装 U 型的轻钢龙骨，并将包覆防火材料固定于龙骨之上，下面介绍几种常用的包覆。

（1）使用防火涂料包覆

将金属风管表面涂刷防火涂料，可以起到一定的防火作用。但是这种包覆方法只适用于风道的内部防火，对于外部的火灾蔓延防护效果不佳。

（2）使用防火板包覆

用防火板对金属风管进行包覆，在包覆前需要对风管表面进行清洗，防止灰尘和污垢影响包覆效果。包覆时选择合适的绝热材料、尺寸和厚度的防火板，按照规范要求进行固定。

（3）使用玻璃棉铝箔包覆

采用该包覆方式的综合成本较低，但必须涂抹耐火高温胶，同时风管表面的铝箔易发生破损，有一定的后期维护成本。

（4）使用岩棉＋防火板包覆

在金属风管外表面填充岩棉（或其他合适的绝热材料），并采用防火板板材进行包覆处理。

（5）使用玻璃棉＋防火板包覆

采用该方式整体质量可控，常用于地下室等潮湿环境，且不易损坏，但相对综合成本较高。

（6）使用防火封闭带包覆

防火封闭带是一种专门用于防火的密封材料，应用于金属风管的包覆。在包覆之前，需要对铁皮风管进行修整，确保表面平整，防止在包覆过程中产生气泡或脱落。在封闭带的安装过程中，需要严格按照规范要求进行操作，并进行必要的检验和测试。

在进行金属风管防火包覆时，需要注意以下几个细节问题：

（1）选择符合规范要求的防火材料和产品。

（2）需要按照规范要求进行材料的固定和安装。

（3）包覆前应该将风管表面清洗干净，并确保表面平整。

（4）在安装防火封闭带时，需要进行必要的检验和测试，确保其防火效果达到要求。

（5）在整个包覆过程中，需要严格按照安全操作规范进行操作。

金属风管防火包覆是保障人身安全和财产安全的重要措施，通过合适的包覆方法和正确的施工技术，可以有效提高防火性能，降低火灾风险。

5.1.4 通风机装配工艺

1. 离心式风机的安装

离心式通风机种类繁多、规格型号复杂，但其机械原理、机体结构大同小异，故其安装方法除一些特殊用途的风机外，也都大同小异。任何风机，其传动方式有六种，如图5-9所示。一般小型通风机均采用直联结构，即通风机的叶轮直接固定在电机轴上，机壳直接固定在电动机的端头法兰盘上。安装这种风机不需要找中心。大中型风机的轴与电动机的轴是分开的，采用弹性联轴器或三角皮带传动，安装这类风机就必须找中心（如联轴器两端轴的中心、皮带轮之间的中心等），需要一定的技术和方法。

风机的旋转方向和风口位置是辨别风机的重要标志，旋转方向为"右"，表示从主轴槽轮或电动机位置看叶轮旋转方向为顺时针；旋转方向为"左"，则为逆时针。

（1）小型直联式离心式风机一般可固定安装在墙、柱的支架上，如图5-10所示；或安装在基础上，如图5-11所示。在钢支架上安装小型直联式离心式风机其方法同轴流式风机。根据设计对风机的风口位置及接管的不同要求，在钢支架上安装直联风机的形式如图 5-12 所示。

在基础上安装小型直联式离心式风机，应按图纸和已到货的风机，对基础进行核对。检查基础的标高、平面位置及地脚螺栓的孔洞深度、大小、位置是否符合要求，如不符合要求则需返工或修整。如符合要求则可把基础表面，特别是螺栓孔等清除干净，然后按图纸要求在基础上放出风机的纵横中心线。将风机放到基础上，穿上地脚螺栓，用垫铁把风机垫平后，用细石混凝土（强度等级应比基础高一级）将地脚栓孔灌满捣实，待混凝土强度达 70% 以上时，再调整垫铁位置，精平、找正，上紧地脚螺栓。最后将垫铁用电焊点牢，把电机下的间隙用细石混凝土填满，并把基础表面用水泥砂浆抹平。

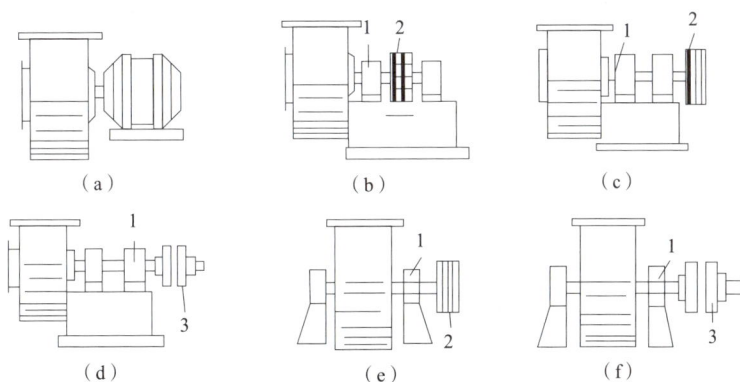

图 5-9　离心式通风机的传动方式

（a）电机直联型；（b）皮带传动型（皮带轮在两轴承中间，叶轮悬臂安装）；
（c）皮带传动型（皮带轮悬臂安装在轴的一端，叶轮悬臂安装在轴的另一端）；（d）联轴器传动型（叶轮悬臂安装）；
（e）皮带传动型（皮带轮悬臂安装，叶轮安装在两轴承之间）；（f）联轴器传动型（叶轮安装在两轴承之间）
1—轴承；2—皮带轮；3—联轴器

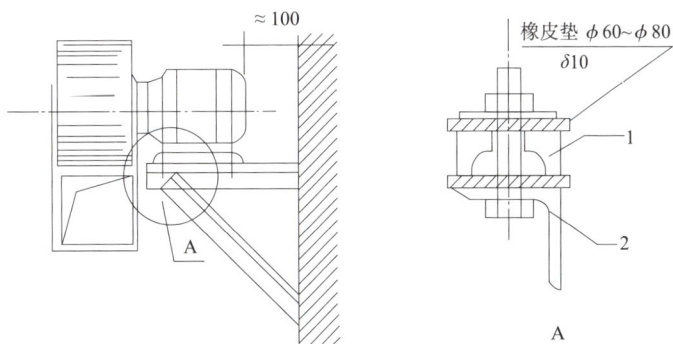

图 5-10　直联式离心式风机在墙、柱的支架上安装示意（单位：mm）

1—电机底座；2—支架

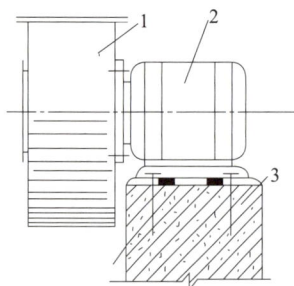

图 5-11　直联式离心式风机在基础上安装
1—风机；2—电机；3—基础图

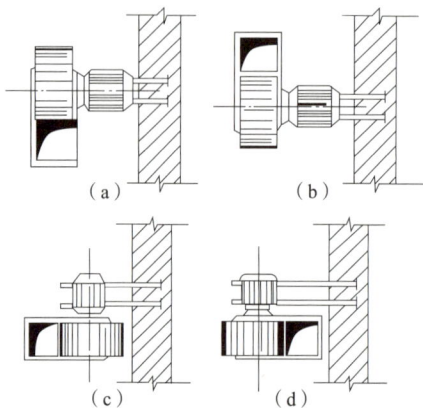

图 5-12　直联式离心式风机在钢支架上安装形式

（2）大中型风机一般均装在钢筋混凝土的基础上，如图 5-13 所示。根据风机的传动方式和风机类型的不同，基础的设计也不相同。这类离心式风机的安装，由于机体大、组合件多，除要做与基础上安装小型直联式离心式风机一样的工作外，还应做好以下主要工作。

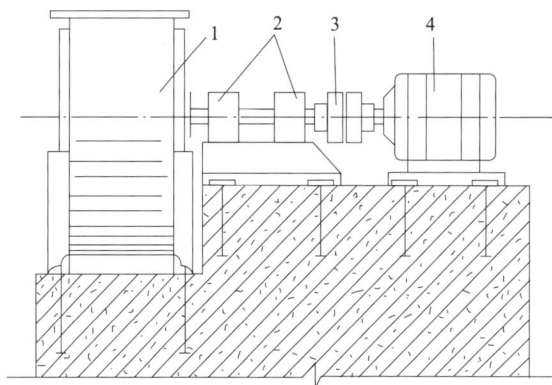

图 5-13　离心式风机在钢筋混凝土基础上安装
1—风机；2—轴承；3—联轴器；4—电机

①风机安装应结合拆卸、清洗和装配等工作一起进行，应将机壳和轴承箱拆开并将叶轮卸下清洗（直联风机不拆卸清洗），调节机构也应清洗及检查，并使其转动灵活。

②将机壳、叶轮、轴承箱和皮带轮组合件及电机等吊到基础上后，先进行轴承箱组合件的找正找平工作。根据中心线找正，用水平尺放在皮带轮上找平，转动轴允许差在 0.2/1000 以内。找正找平后的轴承箱组合件是机壳和电机找正找平的依据和标准，所以它的轴心不能低于机壳中心。找正找平后，可灌浆进行固定，防止位移。

③叶轮按联轴器组合件位置找正中心后，机壳即以叶轮为标准，用加垫铁和拨动机壳的方法进行找正、找平。

④当风机采用联轴节传动时，电机应按已装好的风机进行找正。找正是在联轴节上进行的，如图 5-14、图 5-15 所示，应在联轴节上、下、左、右四个位置进行检查。因为风机和电机两轴不同心，会造成风机振动、电机负荷增加和轴承过热等现象，因此联轴节的同心度径向位移应在 0.05mm 以内，轴向倾斜在 0.2/1000 以内。

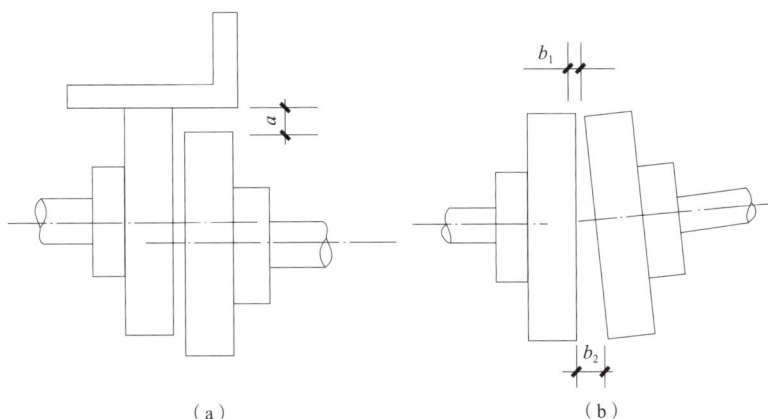

图 5-14 联轴节找正示意图

（a）径向偏差；（b）倾斜偏差
a—径向间隙；b_1、b_2—轴向间隙

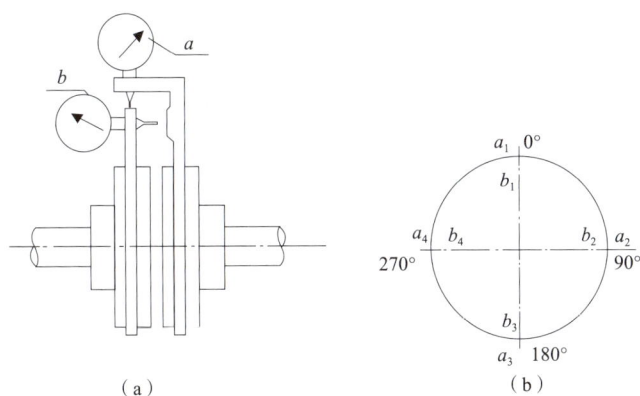

图 5-15 用百分表测量联轴节不同轴度

（a）专用工具测量；（b）记录形式
a—径向间隙；b—轴向间隙；a_1、a_2、a_3、a_4—联轴器在四个位置的径向间隙；b_1、b_2、b_3、b_4—联轴器在四个位置的轴向间隙

⑤当风机采用三角皮带传动时，电机可先用栓固定在电动机的两根滑轨上。滑轨的位置应能确保电机和风机两轴的中心线互相平行，并使两个皮带轮中心线重合，拉

紧三角皮带。皮带轮的位置偏移可用在端面拉线的方法检查，用拨动电机、移动滑轨的位置进行调整。每对皮带轮的位置偏差允许值如图 5-16 所示。

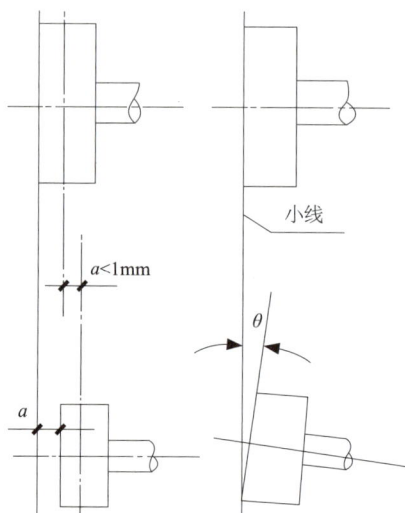

图 5-16　每对皮带轮的位置偏差

a—皮带轮轮宽中心平面偏移；θ—偏差

注：偏差 θ < 0.5/1000。

⑥以上组合件找正、找平后，即可将地脚螺栓孔灌浆，待混凝土强度达 70% 以上强度等级后，再调整垫铁位置，精平一次，同时上紧地脚螺栓。

⑦风机安好后，再装皮带安全罩、联轴节保护罩等。如输送空气湿度比较大的通风机，在机壳底部应装 ϕ 15mm 的放水阀或水封弯管。

2. 轴流式风机的安装

轴流式风机大多安装在风管中间或墙洞内。

（1）在风管中安装轴流式通风机，如图 5-17 所示时，风机是装在型钢制成的支架上的，待风机安装完毕，两端接上风管即可。风机支架可分别采用埋设、抱箍、焊接等方法固定在钢结构、砖墙、钢筋混凝土的柱或墙上。安装前，应复核支架上的螺孔是否与风机上的安装螺孔相符。待支架安装牢固后，再将风机吊装到支架上，支架上的每个螺孔上均应垫 ϕ 5mm、50mm × 50mm 的橡皮垫，穿上螺栓，找平、找正，最后上紧螺栓。安装时要注意气流方向和风机叶轮的转向，叶轮不可倒转。

（2）在墙洞内安装轴流式风机，如图 5-18 所示时，应配合土建预留孔洞，待土建主体完工，即可将风机吊装到墙洞内，找平、找正，用灌浆法加以固定。最后按照设计要求在外部装上 45° 防雨弯头，在内侧装百叶风门或铝丝网等。

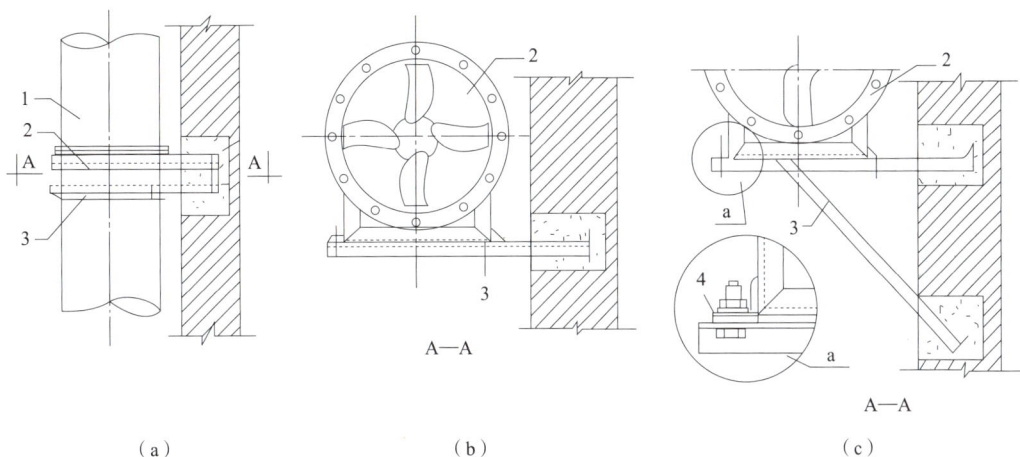

图 5-17　轴流式风机在风管中安装示意（A、B 式）

（a）弹簧减振器；（b）A 式；（c）B 式
1—风管；2—风机；3—支架；4—橡皮垫

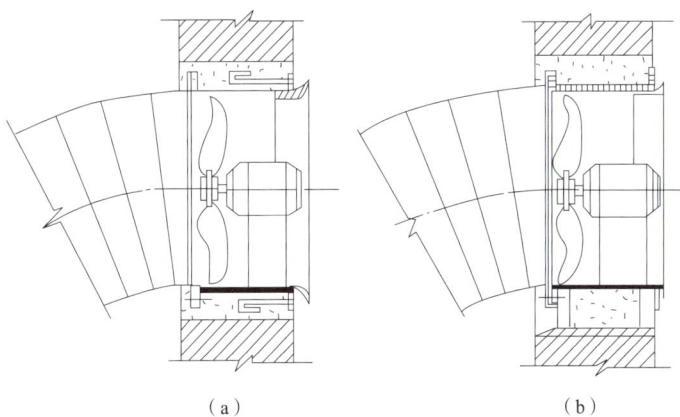

图 5-18　轴流式风机在墙洞内安装示意

（a）A 式；（b）B 式

3. 混流式风机的安装

在混流式风机安装前，需要先确定好安装位置。理想的位置通常位于房间中央或墙角，以确保空气能够充分循环，如图 5-19 所示。

（1）混流式风机安装时，安装支架的边缘需要与墙柱面垂直，并在安装支架上钻好螺栓孔。在安装混流式风机时，将风机本体置于减振器上，用螺栓固定。在减振垫与风机框架底座之间垫铜皮或钢片调整风机水平度，用水平仪在主轴上测定纵向水平度。调整好水平度，要使风机的叶轮旋转后，每次不停留在原来的位置上，并不得碰壳。吊装风机在吊杆安装后应在其下部安装槽钢横担，将风机与横担用螺栓固定。

（2）根据混流式风机的电源要求，选择电缆线和插座，确保连接器适合混流式风机接口。将电缆线连接到混流式风机的电源接口上，并连接电源插座到墙上插座上。

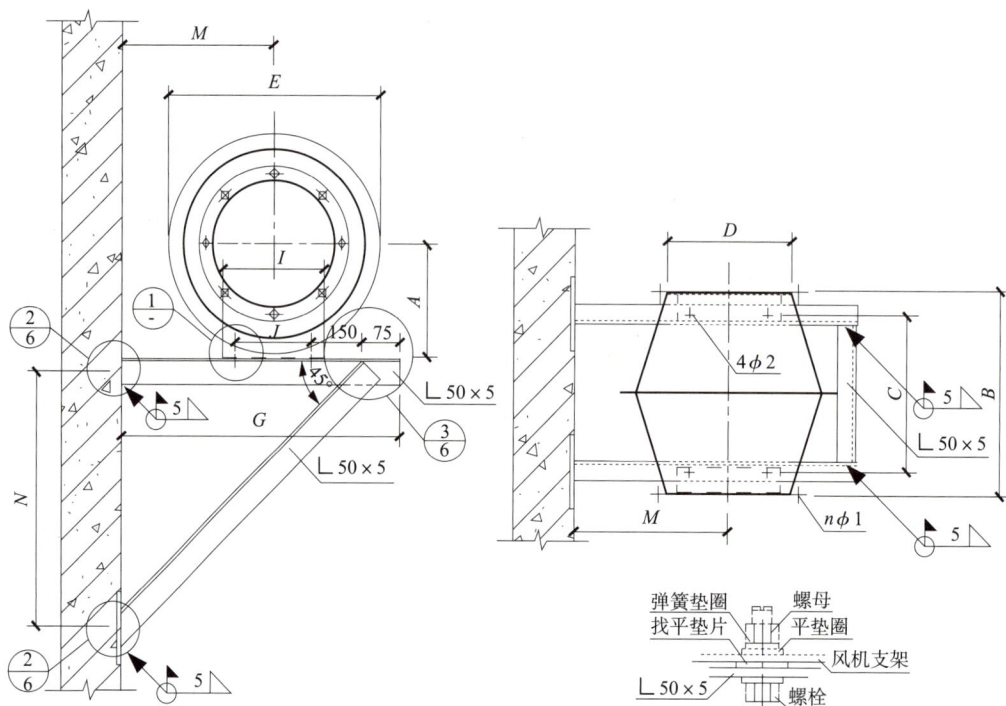

图 5-19　混流式风机在墙柱内安装示意（单位：mm）

5.1.5　膨胀螺栓及角钢支架的连接工艺

1. 膨胀螺栓的安装

常用的膨胀螺栓按材料和膨胀形式不同可分为塑料胀管式、沉头式、裙尾式、箭尾式等多种形式，如图 5-20 所示。

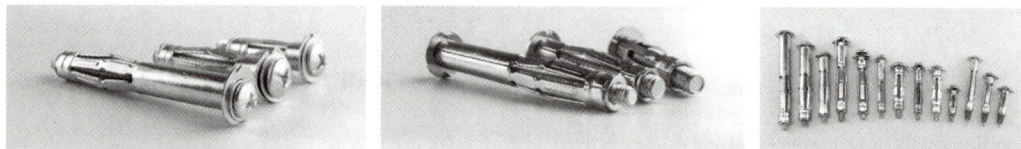

图 5-20　常用膨胀螺栓

安装过程中由于各种膨胀螺栓的形式不同安装方法也不一样。塑料胀管式膨胀螺栓和箭尾式膨胀螺栓安装较为简单，将胀管卡入墙孔然后用带垫圈的螺钉直接拧入胀管，将要安装的器材紧固在建筑物上即可。这两种螺栓是利用螺钉直接胀开胀管，使胀管卡紧在墙孔内。沉头式膨胀螺栓和裙尾式膨胀螺栓在塞入墙孔之前应先将沉头螺栓或金属螺母装进胀管内再装入墙孔，安装时利用螺母或螺钉拧入胀管而将器材紧固在建筑物上。

膨胀螺栓安装步骤如下：

（1）选择一个和膨胀螺栓外径规格相配的钻头，用冲击钻在固定体上钻出相应尺寸的孔，孔深钻至比膨胀管的长度深 5mm 左右。

（2）先将孔内清理干净，再将膨胀螺栓插入预先钻好的孔中，确保螺纹能够完全进入孔内。

（3）安装固定件、垫圈和螺母或螺钉，旋紧螺母或螺钉即可使螺杆、胀管、安装件与固定体之间胀紧成为一体。

（4）根据固定件实际情况进行最终调整，确保螺栓紧固后的结构稳固。

（5）检查螺栓安装是否达到要求，如有问题应及时调整。

2. 角钢支架、开脚螺栓和拉线耳的安装

要将绝缘子固定在建筑物上，多用角钢支架支承。由于绝缘子要承受电气线路的张力，故角钢支架必须安装牢固。

按功能不同，角钢支架有一字形和"n"形两类。其中，一字形多用于安装线路中间的绝缘子；"n"形多用于安装线路转角和终端的绝缘子。埋设前应对埋入建筑物内的部分先锯口扳岔，扳岔方向由角钢支架受力方向决定。终端角钢支架的扳岔方向如图 5-21 所示；中间角钢支架的扳岔方向如图 5-22 所示；转角角钢支架的扳岔方向如图 5-23 所示，角钢支架预埋孔的开凿如图 5-24 所示。

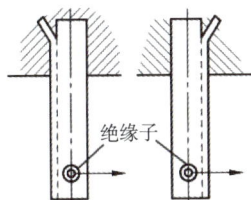

图 5-21 终端角钢支架的扳岔方向　　图 5-22 中间角钢支架的扳岔方向

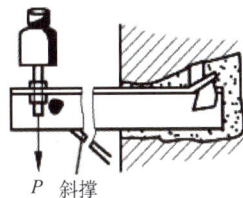

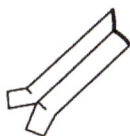

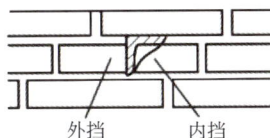

图 5-23 转角角钢支架的扳岔方向　　图 5-24 角钢支架预埋孔的开凿

在砖墙上开凿时，应尽量选择砖缝处，凿打时尽量不要伤及角钢外挡的砖块。埋设时，角钢脚与孔壁之间必须用水泥砂浆灌满，所用水泥强度等级不得低于 42.5。将水泥与淘净的粗砂以 1：2 或 1：3 的比例加水调匀，再加入淘净的硬度较大的青石子。灌浆时，先对墙孔进行清理并用水浸湿，然后用条形泥板将水泥砂浆灌入，再将角钢插入，灌满水泥砂浆和石子，调整好角钢支架角度，最后将水泥砂浆捣实，待养护期满后再加负荷。如果角钢支架较长、悬臂较大或安装的导线较粗，为了加强角钢支架的支撑力，对中间角钢支架可在支架的下方加一斜撑，对于终端和转角角钢支架，也可在受力方向的背面加装拉脚或撑脚，如图 5-25 所示。拉脚和撑脚可用圆钢、扁钢或角钢制成，一端固定在墙体的开脚螺栓上，另一端固定在角钢支架上。

在砖墙上埋设开脚螺栓和拉线耳时应尽量沿着砖缝凿孔，墙孔要开凿成长方形，长边略大于开脚螺栓或拉线耳尾部张开的最大宽度；短边口部要窄，内部掏宽，其宽度应使开脚能在孔内旋转为宜。埋设时，仍需要先清理墙孔并浸湿，加入少量水泥砂浆，将开脚螺栓或拉线耳尾部从墙孔的长边进入，再旋转 90°，如图 5-26 所示。开脚螺栓和拉线耳都要受到向外的拉力，为防止因外界拉力过大，使尾部张角闭合，埋设时在张角内应塞上石子，灌满水泥砂浆，其工艺要求与角钢支架的埋设相同。

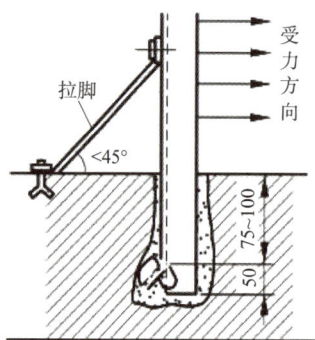

图 5-25　终端和转角角钢支架（单位：mm）　　图 5-26　开脚螺栓和拉线耳的安装

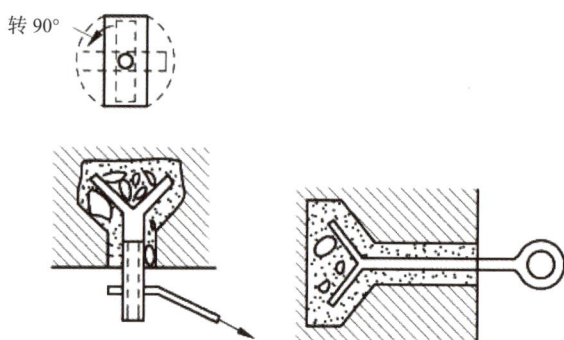

5.2　建筑防排烟系统电气装配工艺

5.2.1　概述

电气装配主要是对一系列电工元器件组成的各种电路的装配组合，建筑防排烟系统电气装配一般指电路总装，即将各电工零部件、插装件以及单元功能结构按照设计要求，进行装配连接，组成一个具备一定功能的完整电气产品。

建筑防排烟系统电气系统一般包括电源、配电系统、用电设备 3 个部分，电源和配电系统两者组合统称为供电系统。供电系统的功能是向防排烟系统各用电系统或设备提供满足预定设计要求的电能。

1. 电气装配一般要求

防排烟系统电气装配应遵循先轻后重、先铆后装、先里后外、先低后高、先小后大、先装后焊、先平后高、先装后连、上道工序不得影响下道工序的原则。

安装的基本要求如下：

（1）对电气安装所用的材料、元器件、零部件和整件均应有检验，合格后才准许使用，否则不得用于安装。

（2）安装应牢固可靠，避免碰坏机架及元器件的涂覆层，不破坏元器件的绝缘性能，安装件的方向、位置要正确。

（3）被焊件的引出线、导线的芯线与接头，在焊接前应根据整机工艺要求，采用插接、搭接或绕接等方式固定，且元器件引出线、裸导线不应有切痕或钳伤。

（4）应在引线上套上适当长度和大小的绝缘套管。多股导线的芯线加工后不应有断股现象。

（5）严格遵守装配的顺序要求，注意前后工序的衔接。

2. 组装级别

元件级组装，指电路元器件、集成电路的组装，是最低的组装级别，其特点是结构不可分割。

插件级组装，用于组装和互连电子元器件。

插箱板级组装，用于安装和互连的插件或印制电路板部件。

箱柜级组装，它主要通过电缆及连接器互连插件和插箱，并通过电源电缆送电构成独立的具有一定功能的电子仪器、设备和系统。

电气装配过程主要是指箱柜级装配，因此涉及的装配工艺主要是各类接插件、导线的选择以及连接的焊接工艺。

5.2.2　防排烟电气布线工艺

1. 电线电缆要求

防排烟设备传输线路和 50V 以下供电的控制线路，应采用电压等级不低于交流 300V/500V 的铜芯绝缘导线或铜芯电缆。交流 220V/380V 的供电和控制线路，应采用电压等级不低于交流 450V/750V 的铜芯绝缘导线或铜芯电缆，如图 5-27 所示。

传输线路的线芯截面选择，除应满足自动报警装置技术条件的要求外，还应满足机械强度的要求。铜芯绝缘导线和铜芯电缆线芯的最小截面面积，不应小于表 5-4 的规定。

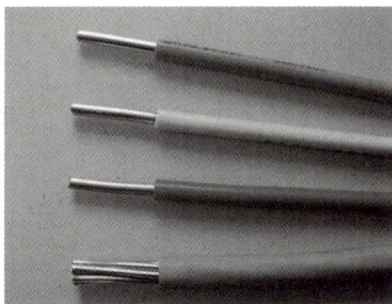

图 5-27　铜芯绝缘导线

铜芯绝缘导线和铜芯电缆线芯的最小截面面积　　　　　　　表 5-4

序号	类别	线芯的最小截面面积（mm²）
1	穿管敷设的绝缘导线	1.00
2	线槽内敷设的绝缘导线	0.75
3	多芯电缆	0.50

　　当防排烟设备的供电线路和传输线路设置在地（水）下隧道或湿度大于 90% 的场所时，线路及接线处应做防水处理。

2. 防排烟设备室内布线要求

（1）明敷

　　明敷布线指室内没有装饰顶棚板，线路沿墙和楼层顶表面敷设，或室内有装饰顶棚板，而线路沿墙身和顶棚板外表面敷设，能直接看到线路走向的敷设方法，如图 5-28 所示。

　　当防排烟设备的配电线路明敷时（包括敷设在吊顶内），应穿金属导管（图 5-29）或采用封闭式金属槽盒保护；当采用阻燃或耐火电缆并敷设在电缆井、沟内时，可不穿金属导管或采用封闭式金属槽盒保护；当采用矿物绝缘类不燃性电缆时，可直接明敷。

图 5-28　金属管明敷布线

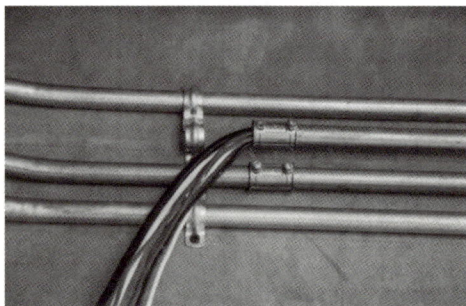

图 5-29　线穿金属导管图

（2）暗敷

线路沿地面内、墙体内、装饰吊顶内或楼层顶内敷设，不能直接看见线路走向，称为暗敷布线（图 5-30）。在建筑施工中，当线路管固定后，被浇筑在水泥板中，浇筑完毕后不可更改。线路需要穿过整个房间时，通常是在地面开槽走管线。也可以利用吊顶或屋顶阴角线走管线。

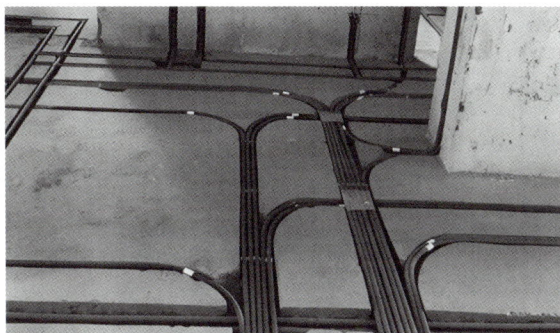

图 5-30　走地式暗敷

线路暗敷设时，应采用金属管、可挠（金属）电气导管或 B1 级以上的刚性塑料管保护，并应敷设在不燃烧体的结构层内，且保护层厚度不宜小于 30mm。因管线在混凝土内可以起到保护的作用，防止火灾发生时消防控制、通信和警报线路中断，使灭火工作无法进行，造成更大的经济损失。从目前的情况来看，主要的防火措施就是在金属管、金属线槽表面涂防火涂料。

（3）接线注意事项

①在管内或线槽内的布线，应在建筑抹灰及地面工程结束后进行，管内或线槽内不应有积水及杂物。

②各火灾联动设备应单独布线，系统内不同电压等级、不同电流类别的线路，不应布在同一管内或线槽的同一槽孔内。

③导线在管内或线槽内，不应有接头或扭结。导线的接头，应在接线盒内焊接或用端子连接。

④敷设在多尘或潮湿场所管路的管口和管子连接处，均应作密封处理。

⑤管路超过下列长度时，应在便于接线处装设金属槽盒（图 5-31）：

管子长度每超过 30m，无弯曲时；管子长度每超过 20m，有 1 个弯曲时；管子长度每超过 10m，有 2 个弯曲时；管子长度每超过 8m，有 3 个弯曲时。

⑥金属管子入盒，盒外侧应套锁母，内侧应装护口；在吊顶内敷设时，盒的内外侧均应套锁母（图 5-32）。管入盒应采取相应固定措施。

图 5-31　弯曲处使用金属槽盒

图 5-32　金属锁母与金属槽盒连接

⑦明敷设各类管路和线槽时，应采用单独的卡具吊装或支撑物固定。吊装线槽或管路的吊杆直径不应小于 6mm。

⑧线槽敷设时，应在下列部位设置吊点或支点：线槽始端、终端及接头处；距接线盒 0.2m 处；线槽转角或分支处；直线段不大于 3m 处。

⑨线槽接口应平直、严密，槽盖应齐全、平整、无翘角。并列安装时，槽盖应便于开启。管线经过建筑物的变形缝（包括沉降缝、伸缩缝、抗震缝等）处，应采取补偿措施，导线跨越变形缝的两侧应固定，并留有适当余量。

5.2.3　配电箱装配工艺

1. 低压配电箱的分类

低压配电箱分为照明配电箱和动力配电箱两类。低压配电箱主要用于电能的分配和控制。低压配电箱由盘面和箱体两大部分组成，盘面的制作以整齐、美观、安全及便于检修为原则，箱体的尺寸主要取决于盘面尺寸。由于盘面的方案较多，故箱体的大小也多种多样。

低压配电箱内部包含电源开关和熔断器等，依照电气接线的标准，把开关设施和辅助设施等组装到封闭或半封闭的金属柜子里面，如图 5-33 所示。

图 5-33　低压配电箱内部构造

低压配电箱按其制造方式又分为自制配电箱和成套配电箱两类，自制配电箱有明式和暗式两种。

成套配电箱是制造厂按一定的配电系统方案进行生产的，用户只能根据制造厂提供的方案进行选用。成套配电箱的品种较多，应用较广。如用户有特殊要求时，可向制造厂提出非标准设计方案。

配电箱应有名称、用途、分路标记及系统接线图，箱门应配锁，并应由专人负责，应定期检查、维修，检查、维修人员必须是专业电工，检查、维修时必须按规定穿绝缘鞋、戴绝缘手套，必须使用电工绝缘工具，并应做检查、维修工作记录。

2. 低压配电箱的安装工艺

（1）墙挂式动力配电箱的安装

这种配电箱可以直接安装在墙上，也可以安装在支架上。

1）安装在墙上的技术要求与工艺要点。

①安装高度除施工图上有特殊要求外，暗装时底口距地面为 1.4m，明装时底口距地面为 1.2m，但对明暗电能表的安装均为底口距地面 1.8m。

②安装配电箱、板所需木砖、金具等均需在土建砌墙时预埋入墙内。

③在 240mm 厚的墙内暗装配电箱时，其后壁需用 10mm 厚的石棉板及直径为 2mm、孔洞直径为 10mm 的钢丝网钉牢，再用 1:2 的水泥砂浆涂好，以防开裂。为了美观，应涂以与墙颜色相同的调和漆。

④配电箱外壁与墙有接触的部分均涂防护油，箱体内壁及盘面均涂灰色油漆两次。箱门油漆的颜色，除施工图中有特殊要求外，一般均与工程中门窗的颜色相同。铁制配电箱均需先涂红丹漆后再涂油漆。

⑤安装配电箱时，用水平尺放在箱顶上，测量和调整箱体的水平。然后在箱顶上放一木棒，沿箱面挂上一线锤，测量配电箱上、下端与吊线距离，调整配电箱呈垂直状态（如用水平仪测量则更方便、正确）。

⑥配电箱上装有计量仪表、互感器时，二次侧的导线使用截面不应小于 1.5mm²。

⑦配电箱后面的布线需排列整齐、绑扎成束，并用卡钉紧固在盘板上。盘后引出及引入的导线，其长度应留出适当的余量，以利于检修。

⑧配电箱上的闸刀、熔断器等设备，上端接电源，下端接负载。横装的插入式熔断器的接线，应面对配电箱的左侧接电源，右侧接负载；末端配电箱的零线系统应重复接地，重复接地应加在引入线处；零母线在配电箱上不得串接。零线端子板上分支路的排列需与相应的熔断器对应，面对配电箱从左到右编排 1、2、3 等。

2）安装在支架上的技术要求与工艺要点。

如果配电箱安装在支架上，应预先将支架装妥在墙上。配电箱装在支架上的技术要求与工艺要点和安装在墙上时相同。

（2）落地式动力配电箱的安装

这种配电箱一般为成套动力配电箱。安装可采用直接埋设法和预留槽埋设法，这两种方法均按配电箱的安装尺寸，埋好固定螺栓，装上配电箱进行调整。其技术要求与工艺要点和安装在墙上时相同。

对配电箱进行定期维修、检查时，必须将其前一级相应的电源开关分闸断电，并悬挂"禁止合闸、有人工作"停电标志牌，严禁带电作业。

5.2.4 电动机装配工艺

1. 电动机底座基础的建造

一般中小型电动机，可根据工作需要，用螺栓安装在墙上的角钢架上或地基的钢架上；也可紧固在埋入混凝土基础内的地脚螺栓上。

电动机底座的基础一般用混凝土浇筑或用砖砌成。若电动机质量超过 1t，还必须用钢筋以增加其强度，基础的形状如图 5-34 所示。

基础高出地面的尺寸 H 一般为 100 ~ 150mm；B 和 L 的尺寸，应按电动机机座安装尺寸决定，每边一般比电动机底座宽 100 ~ 150mm，以保证埋设的地脚螺栓有足够的强度。浇筑基础前，应先挖好基坑，并夯实坑底防止基础下沉，接着用石子铺平、夯实，用水淋透，然后把基础模板放在上面，并埋入地脚螺栓，基础浇筑模板如图 5-35 所示。

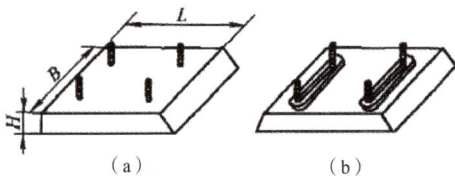

（a）	（b）

图 5-34　电动机基础的形状图　　　　图 5-35　基础浇筑模板

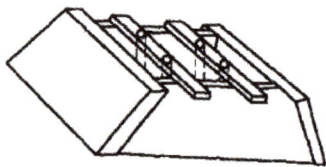

2. 地脚螺栓的埋设方法

为了保证地脚螺栓的牢固，埋入基础的螺栓一端，一定要呈人字形开口。埋入长度一般是螺栓直径的 10 倍左右，"人"字开口长度约是埋入长度的 1/2。

3. 电动机安装的基本要求

安装质量在 100kg 以下的小型电动机时，可用人力抬到基础上；对于比较笨重的电动机，应用起重机或滑轮来安装，为了防止振动，安装时应在电动机与基础之间衬垫一层质地坚韧的木板或硬橡胶等防振物；四个地脚螺栓上均要套用弹簧垫圈，拧紧螺母时要按对角交错次序拧紧。

5.2.5　风机控制柜装配工艺

风机控制柜是用于控制风机正常工作的设备，控制柜包括开关、继电器、熔断器、接线端子等，其外形如图 5-36 所示。在防排烟系统使用过程中，风机控制柜可以保护风机并实现风机的自动控制和其他相关控制功能：控制消防风机的启动和停止，能手动启停、远程自动控制、双电源自动切换、防火阀切断回路，可外接消防联动信号、反馈风机实时状态，具有过流、缺相、错相、短路、过载、失电、防雷等自动保护功能。

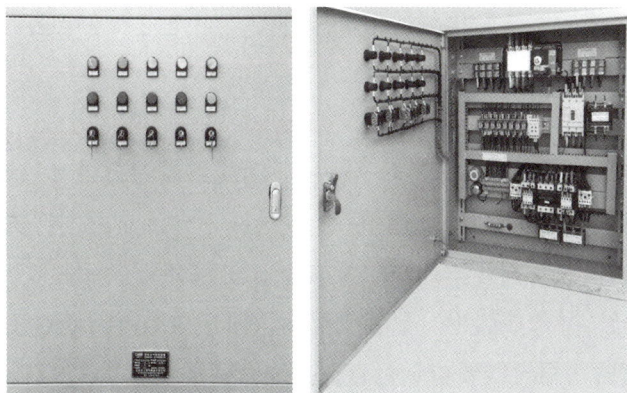

图 5-36　风机控制柜

1. 接线前的准备

（1）箱体的检查

箱体应该符合该型号产品结构的要求，产品应有固定的安装孔，门的转动角大于90°，门在转动过程中不应损坏漆膜，不应使电器元件受到冲击，门锁上后不应有明显的晃动。检验方法：手执门锁轻轻推拉，移动量不超过 2mm。箱体焊接应牢固，焊缝应光洁均匀，不应有焊穿、裂缝、咬边、溅渣、气孔等现象，焊渣应清除干净；箱体表面处理后，漆表面应丰满、色彩鲜明、色泽均匀、平整光滑，用肉眼看不到刷痕、皱痕、针孔、起泡、伤痕、斑痕、手印、修整痕迹及黏附的机械杂质等缺陷。

（2）元器件的检查

元器件的额定使用电压和电流必须与图纸要求的一致，元器件品牌应符合认证产品要求和订单的要求，在不影响产品内在质量要求的前提下征得设计人员或业主同意后可用其他品牌的元器件代用。

（3）元器件的安装

布局：首先根据图纸将各元器件、导轨和线槽在衬板上布局，然后使用铅笔画线并标记各个导轨和线槽的定位孔；使用打孔机打孔（$\phi 3.3$），然后使用丝锥攻 M4 的螺纹孔；将线槽和导轨按照之前布局摆好，然后使用螺钉全部固定。

安装：所有元器件应按照其规定的条件进行安装使用，其倾斜度不大于 5°，必须保证开关的电弧对操作者不产生危害，手动操作的元器件，操作机构应灵活，无卡阻现象；所有元器件均应牢固地固定在导轨或支架上，每个元器件应标注醒目的符号，使用的符号或代号必须与原理图或接线图一致；辅助电路导线的端头与元器件连接时，必须穿导线号码管，标号应正确清楚、完善牢固。

2. 接线

（1）接线顺序

待一切准备妥当后，开始接线，根据原理图，应先完成主电路的接线，然后依次接控制电路及信号线路等。

（2）放线

放线时必须根据实际需要长度来落料，活动线束应考虑最大极限位置需用长度，放线时尽量利用短、零线头，以免浪费；二次导线不允许有中间接头、强力拉伸导线及其绝缘被破坏的情况，导线排列应尽量减少弯曲和交叉，弯曲时其弯曲半径应不小于 3 倍的导线外径，并弯成弧形，导线交叉时，则应少数导线跨越多数导线，细导线跨越粗导线；布线时每根导线要拉勒挺直，行线做到平直整齐、式样美观；导线穿越金属板孔时，必须在金属板孔上套上合适的保护物，如橡皮护圈：导线束用阻燃缠绕管绕扎，为了达到导电时的散热要求，缠绕管每绕一周应有 3 ~ 10mm 空隙，同时也可分段缠绕，分段缠绕的间距为 150 ~ 180mm，缠绕长度为 100mm，分段缠绕的线束，分段也应整齐，不允许参差不齐，导线应在行线槽内行走。

（3）接线头的压制

电线通过接线头与接线端子及元器件连接，接线头应使用专用工具压制，压制一定要紧固，并且不能有裸露的导线，端子压线时其进线方向要与拧紧螺栓方向一致。

（4）导线标记

每根导线都必须穿有与图纸相对应的号码套管，号码套管连接后应同元器件安装平面平行，标号字迹的方向符合国家制图标准线性尺寸的数字注法，号码套管字迹应按国家机械制图规定标准字体用打字机打印，字迹内容同接线图一致，当导线连接后号码套管距接线端子距离为 1.0 ~ 2.0mm，当无外力处于垂直位置时应不存在滑动现象。

（5）接线端子

当接线端子为压接式端子时，独股线直接插入，导线绝缘外皮至端子压板距离为 1.0 ~ 2.0mm，多股线采用相应规格的冷压接头，导线绝缘外皮至接头管之间距离为 1.0 ~ 2.0mm；各类压接式端子必须用螺钉将插入导线压紧，不得有松动现象；当接线端子为螺栓连接时，多股导线必须采用相应规格的冷压接头，独股线弯曲成压接圈按顺时针方向弯曲，内径比端子接线螺栓外径大 0.5 ~ 1.0mm，羊眼圈导线不能重叠，连接后导线至绝缘层之间距离为 1.0 ~ 2.0mm。

（6）接地

电控箱体、箱门必须按要求接地，接地线使用标准的黄绿线，不能使用其他颜色的线代替，接地处必须要有接地符号。

（7）元器件及端子排标识

电控箱内元器件连接完毕后使用打印好的标识分别张贴，元器件张贴控制部位名称，端子排张贴序号。

（8）内部清洁

电控箱在接线完毕后，应清理多余的电缆、接线头等残留物，并用空压枪对其内部进行吹扫，保持电控箱内电器元件的清洁及整齐。

3. 测试

所有接线完毕后，应进行电路测试，首先应断开电控箱内所有断路器（开关），按原理图中的要求接好电源及外部元件，用万用表检查是否有短路、断路等；然后合上断路器，检查每一路是否正常工作，只有全部的线路工作正常后才可以转入下一道工序，测试完毕后，接线槽及接线端子盖板应及时复位盖上，电控箱内断路器及空气开关应保持在断开状态。

5.3　低压配电箱安装实训

5.3.1　实训概述

低压配电箱为防排烟系统中的送风机、排风机等关键设备提供稳定的电力供应，确保这些设备能够在紧急情况下正常运作。通过低压配电箱内的断路器和接触器，可以对防排烟系统的运行进行控制，如启动或停止风机等设备的运行。

本书以某种消防风机低压配电箱电路安装为例，完成低压配电箱电路及部件的安装。

5.3.2　物资清单

1. 实训元器件、材料、工具

低压配电箱安装元器件、材料清单如表 5-5 所示；实物图如图 5-37 所示。

低压配电箱安装元器件、材料清单　　　　　表 5-5

名称	型号/材料参数	数量	备注
低压配电箱	400mm×500mm×250mm 二级配电箱	1个	
空气开关	NXBLE-63-3P-C63-30mA-6kA	1个	三相
熔断器	CHNT 圆筒形熔断器 RT28-63	4个	带熔断器座
交流接触器	CJX2-8011220V 交流接触器	1个	
接线端子	ST-2.5 弹簧端子排	若干	带短接插脚
电线电缆	2.5mm², 1.5mm²	若干	
线槽	PVC 齿形线槽 35mm×35mm	若干	
导轨	0.8mm 厚	若干	
开关按钮	LAY39B（LA38）-11BN	2个	红、绿各一个
急停按钮	NP2-BS545	1个	
指示灯	ND16-22DS/4	2个	红、绿各一个
风机（电动机）	三相异步电动机	1个	

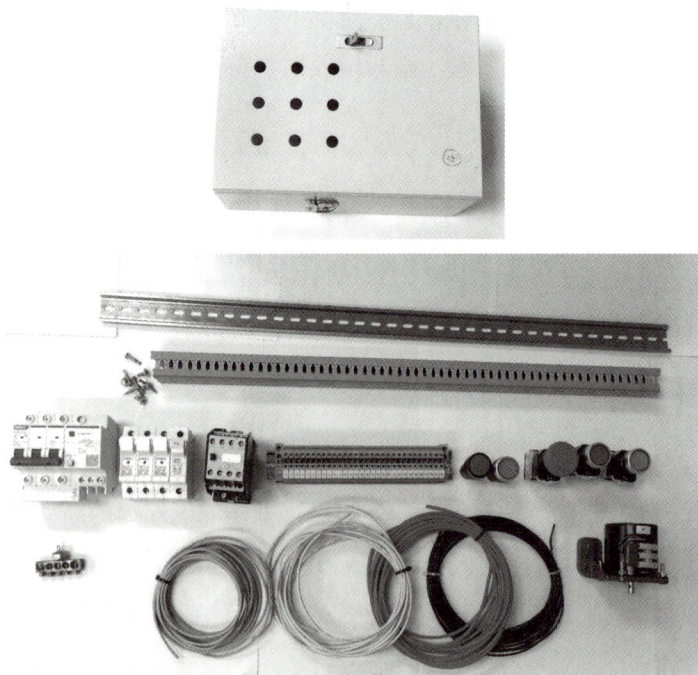

图 5-37　低压配电箱安装元器件、材料实物图

低压配电箱安装工具清单，如表 5-6 所示；其实物图如图 5-38 所示。

低压配电箱安装工具清单　　　　　　表 5-6

名称	型号 / 参数	数量	备注
线槽剪	WBC-10	1 把	
导轨剪	手动 DC35	1 把	
电工钳	戴绝缘尖嘴钳	1 把	
螺丝刀	一字 / 十字	若干	
剥线钳	0.6 ~ 2.6mm	1 把	
万用表	MF47 型指针式	1 个	
试电笔	100 ~ 500V	1 把	

图 5-38　低压电箱安装工具实物图

2. 接线电路图

低压配电箱安装电路图如图 5-39 所示。

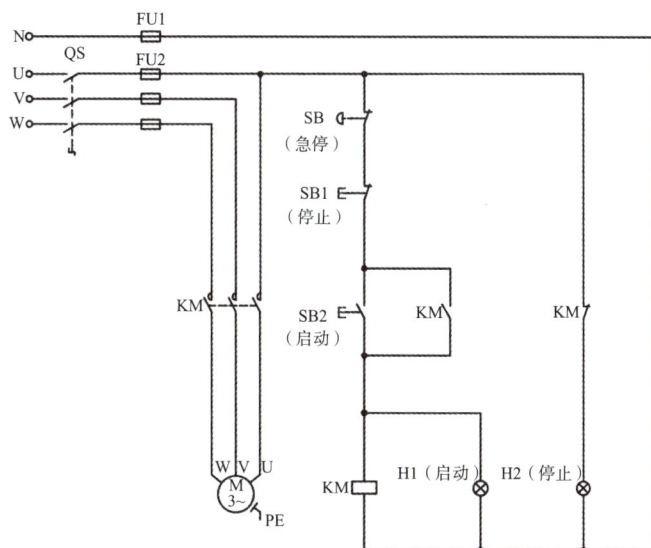

图 5-39　低压配电箱安装电路图

本实训所用元器件包括低压配电箱、空气开关、线槽、导轨、交流接触器、熔断器、急停按钮、指示灯、风机（电动机）等。主电源输入后与熔断器 FU2 连接，通过连接导线接入到交流接触器 KM 上，再连接到风机 M 上；绿色指示灯 H1 为风机 M 运行指示灯，指示灯电路与交流接触器线圈并联；红色指示灯 H2 为风机 M 停止运行指示灯，指示灯与交流接触器常闭触头串联。

启动风机（电动机）:合上空气开关 QS →按下启动按钮 SB2 →交流接触器 KM 的线圈

得电→ $\begin{cases} \text{交流接触器 KM 的主触点闭合} \\ \text{交流接触器 KM 的常开辅助触点闭合} \end{cases}$ → 电动机 M 工作，指示灯 H1 得电

停止风机（电动机）:按下停止按钮 SB1（或急停按钮 SB）→交流接触器 KM 的线圈失电

→ $\begin{cases} \text{交流接触器 KM 的主触点松开} \\ \text{交流接触器 KM 的常开辅助触点松开} \end{cases}$ → 电动机 M 停止工作，指示灯 H2 得电

5.3.3　实施过程

依照电气接线的标准，安装前，需要检查元器件是否符合要求、是否有质量问题等。低压配电箱安装过程如表 5-7 所示。

低压配电箱安装过程　　　　　　　　　　　表 5-7

序号	步骤	内容（含图）	注意事项 / 说明
1	剪切导轨及布置		根据导轨需要的长度，剪切导轨并布置好，用螺栓固定导轨
2	剪切线槽及布置		根据线槽需要的长度，剪切线槽并布置好，用螺栓固定线槽

序号	步骤	内容（含图）	注意事项 / 说明
3	元器件固定		1.确定元器件安装位置,将元器件放置到导轨上,按照规范摆放,确保位置正确、水平、垂直。 2.将元器件固定,确保元器件牢固、无松动现象
4	导线的加工及连接		1.根据导线需要的长度剪切导线。 2.根据导线接口需要的长度,使用剥线钳将导线接口的绝缘层剥离。 3.根据电路图,连接主电源线路,连接空气开关、熔断器、交流接触器（主触头）、端子板、电动机等。 4.根据电路图,连接控制线路,连接按钮、指示灯、交流接触器（辅助触头）等
5	线路检测		用万用表对电路进行检查,确保无缺线、多线、错线、正负反接等,接线牢固,无短路、断路现象,各项连接符合国家相关标准和规范要求,通电测试
6	工艺处理		通电测试通过后,按照规范对电箱进行工艺处理,导线绑扎、盖上线槽盖等

注：安装参照《低压配电设计规范》GB 50054—2011。

按 9S 管理要求，整理场地工位、整理工具材料、打扫卫生。

5.3.4 考核评价

对应学习目标，采用过程性评价和终结性评价相结合的方式。

过程性评价主要是根据课程实际情况，老师组织各小组进行自评、互评和师评。终结性评价，主要对各小组的完成结果进行考核、测试和评价，终结性评价由老师组织各小组质检员组成质检小组，对每小组的完成结果进行评价打分。低压配电箱安装的终结性评价如表 5-8 所示。

低压配电箱安装终结性评价表   表 5-8

序号	评价项目	评价要求	评价明细	评分标准	得分
1	安装前后（10分）	劳保用品穿戴	是否符合要求	0～5	
		检查元器件工具材料	是否检查	0～5	
2	安装工艺（20分）	剥线钳、螺丝刀、万用表等使用是否正确	每错1次扣1分	0～5	
		线槽剪、导轨剪使用是否正确	每错1次扣1分	0～5	
		元器件位置及安装是否符合规范	每错1处扣1分	0～5	
		导轨、线槽位置是否合适，是否过长、过短	每错1处扣1分	0～5	
3	安装完成度（10分）	是否在规定的时间内完成安装	每超时1分钟扣1分	0～10	
4	安装质量（50分）	是否有缺线、多线、错线	每错1处扣5分	0～10	
		导线是否交叉、缠绕	每错1处扣5分	0～10	
		是否接线松动、露铜	每错1处扣5分	0～10	
		是否有重大缺陷	是否断路、短路，与电路图不相符等	0～20	
5	9S管理（10分）	职业素养	是否符合9S要求，每错1处扣2分	0～10	
	合计			100	

复习思考题

1. 简述建筑防排烟系统中常见的机械装配部件，并简述它们各自的作用和在系统中的重要性。

2. 简述在防排烟系统布线过程中，如何选择合适的电缆类型和规格，以确保系统的安全性和可靠性。

建筑防排烟系统联动控制

第6章

学习目标

1. 了解建筑防排烟系统的联动控制原理；
2. 掌握建筑防排烟系统的联动控制方法；
3. 掌握防排烟设备联动控制系统的安装方法。

建筑防排烟系统的联动控制通过自动控制或人工手动控制的方式，确保了防排烟系统能够在紧急情况下迅速有效地工作，为人员疏散提供宝贵时间，同时帮助消防人员更好地进行灭火救援工作。

6.1　建筑防排烟系统的联动控制原理

建筑防排烟系统包括正压送风机、正压送风阀、排烟风机、排烟阀、防火阀、防排烟控制柜等设备。其由控制电路完成开启或运行功能，一般情况下可通过火灾报警与联动系统进行自动控制，也可在紧急情况下人工手动控制。

6.1.1　建筑防排烟设备联动控制方式

根据《火灾自动报警系统设计规范》CB 50116—2013 的要求，联动控制对建筑防烟、排烟设施应有下列控制、显示功能：停止有关部位的空调送风，关闭电动防火阀，并接收其反馈信号；启动有关部位的防烟、排烟风机、排烟阀等，并接收其反馈信号；控制挡烟垂壁等防排烟设施。

1. 防排烟设备联动控制方式

为了达到规范的要求，防排烟系统联动控制的设计，是在选定自然排烟、机械排烟以及机械加压送风方式之后进行的。防排烟设备联动控制一般有中心控制和模块控制两种方式，如图 6-1 和图 6-2 所示。

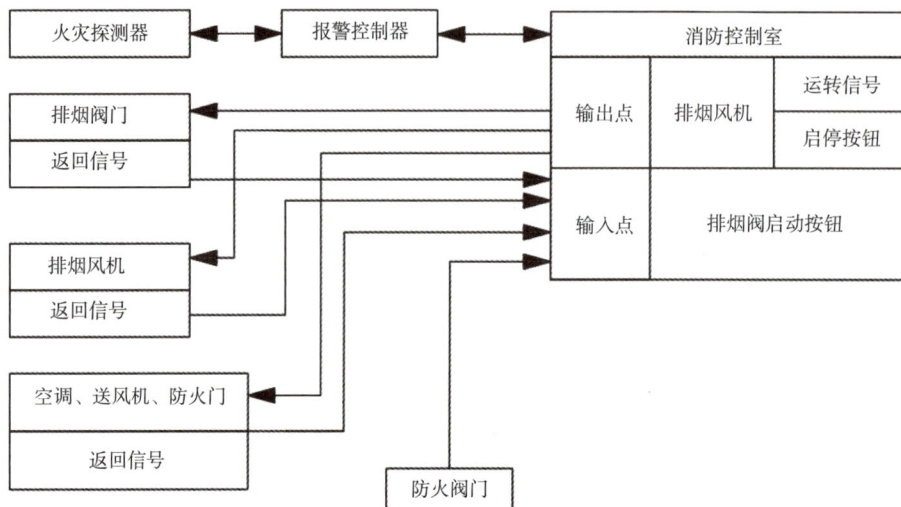

图 6-1　中心控制方式

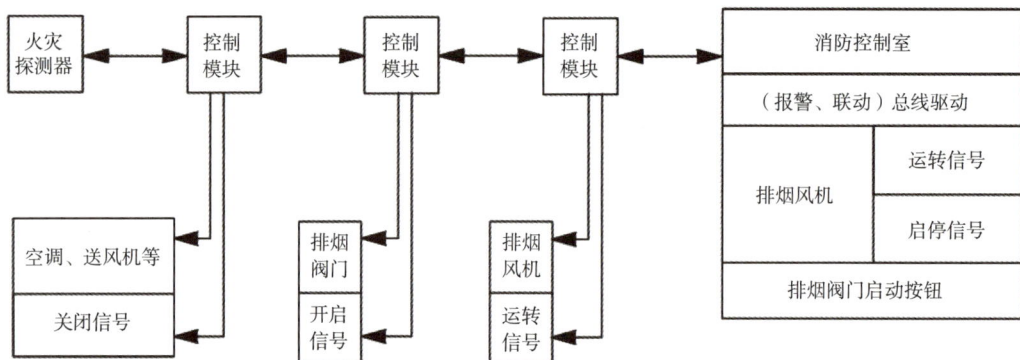

图 6-2　模块控制方式

中心控制方式：消防控制室接到火警信号后，直接产生信号控制排烟阀门开启、排烟风机启动，空调、送风机、常开式防火门等关闭，并接收各设备的反馈信号和防火阀门动作信号，监测各设备的运行状况。

模块控制方式：消防控制室接收到火警信号后，产生排烟风机和排烟阀门等动作信号，经总线和控制模块驱动各设备动作并接收其反馈信号，监测其运行状态。

机械加压送风控制的原理与动作过程与排烟控制相似，只是控制对象由排烟风机和相关阀门变成正压送风机和正压送风阀门。

2. 建筑防排烟联动控制要求

（1）消防中心控制室应能对排烟风机和正压送风机进行应急控制，即能在多线制控制盘上手动远程启动应急按钮。

（2）排烟阀宜由本排烟分区内设置的感烟探测器组成的控制电路在现场控制开启；排烟阀动作后应启动相关的排烟风机和正压送风机，同时停止相关区域的空调风机及其他送风、排风机；同一排烟分区内的多个排烟阀，若需同时动作时，可采用接力控制方式开启，并由最后动作的排烟阀发送动作信号。

（3）设在排烟风机入口处的防火阀动作后应联动停止排烟风机。排烟风机入口处的排烟防火阀，是指安装在排烟主管道总出口处的防火阀（一般在280℃时动作）。

（4）设于空调通风管道上的防排烟阀，宜采用定温保护装置直接关闭阀门；只有必须要求在消防中心控制室远程关闭时，才采取远程控制。风管穿越防火分区处应设置防火阀（70℃熔断关闭），用于火灾时阻断火势和烟气通过风管蔓延。这些阀是为防止火焰经风管串通而设置的。关闭信号要反馈至消防中心控制室，并停止有关部位风机。

6.1.2 正压风机控制原理

排烟机、送风机一般由三相异步电动机控制，其电气控制应按防排烟系统的要求进行设计，通常由消防控制中心、排烟口、送风口及现场控制组成。高层建筑中的送风机一般装在下部设备层或2～3层，排烟机均装在顶层或上技术层。

正压风机控制如图6-3所示，当发生火灾时，K_x闭合，接触器KM线圈通电，直接开启相应分区楼梯间或消防电梯前室的正压风机，对各层前室都送风，使前室中的风压为正压，周围的烟雾进不了前室，以保证垂直疏散通道的安全。由于它不是送风设备，高温烟雾不会进入风管，也不会危及风机，所以风机出口不设防火阀。除火警

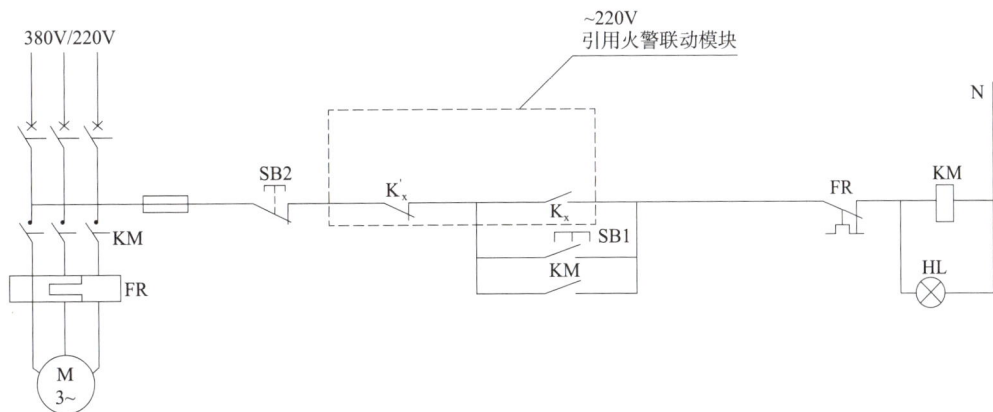

图6-3 正压风机控制示意图

信号联动外，还可以通过联动模块在消防控制中心进行联动控制；另外设置现场启停控制按钮，以供调试及维修使用，这些控制组合在一起，不分自控和手控，以免误放手控位置而导致火警失控。火警撤销时，由火警联动模块送出 K'_x 停机信号，使正压风机停止。

6.1.3　排烟风机控制原理

排烟风机的风管上设排烟阀，排烟阀可以伸入几个防火分区。火警发生时，与排烟阀相对应的火灾探测器探测到火灾信号，由消防控制中心确认后，排烟阀开启信号传到相应排烟阀的火警联动模块，由它开启排烟阀，排烟阀的电源是直流 24V。消防控制中心收到排烟阀动作信号，就发指令给装在排烟风机附近的火警联动模块，启动排烟风机，由排烟风机的接触器 KM 常开辅助接点送出运行信号至排烟风机附近的火警联动模块。取消火警时，由消防控制中心通过火警联动模块停止排烟风机并关闭排烟阀。

排烟风机会吸取高温烟雾，当烟温达到 280℃时，按照防火规范应停止排烟风机，所以在风机进口处设置防火阀，若烟温达到 280℃，防火阀自动关闭，可通过触头开关（串入风机启、停回路）直接停止风机，但收不到防火阀关闭的信号；也可在防火阀附近设置火警联动模块，将防火阀关闭的信号反馈到消防控制中心，消防控制中心收到信号后，再送出指令到排烟风机火警联动模块后停止风机，这样消防控制中心不但能收到停止排烟风机的信号，而且也能收到防火阀的动作信号。

排烟系统如图 6-4 所示，排烟风机控制图如图 6-5 所示，现场控制风机启停与火警控制启停是合在一起的，排烟阀直接由火警联动模块控制，每个火警联动模块控制

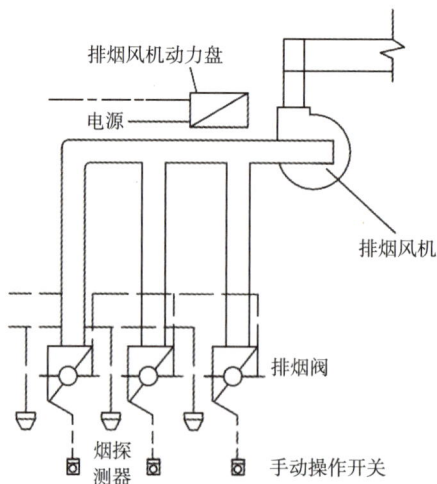

图 6-4　排烟系统示意

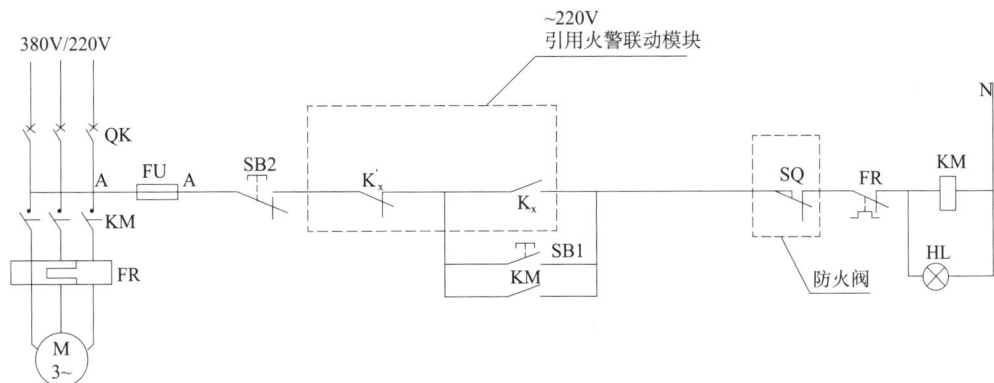

图 6-5　排烟风机控制图

一个排烟阀。发生火警时，消防控制中心收到排烟阀动作信号，即发出指令 K_x 闭合使 KM 线圈通电自锁。火警撤销时，另送出 K_x' 闭合指令停止风机。当烟温达到 280℃时，防火阀关闭后，KM 线圈断电，使风机停止运行。

6.1.4　排风与排烟共用风机控制原理

这种风机大部分用在地下室、大型商场等场所，平时用于排风，火警发生时用于排烟。安装在风道上的阀门有两种形式：一种是空调排风用的风阀与排烟阀是分开的，平时排风的风阀是常开式，排烟阀是常闭式，每天由 BA 系统（楼宇自动控制系统）按时启停风机进行排风，但风阀不动，发生火警时，依据消防联动指令关闭全部风阀，根据着火部位开启相应的排烟阀，再开启风机，进行排烟，火警撤销时，停止风机，由人工到现场手动开启排风阀，手动关闭排烟阀，恢复到可以由 BA 系统指令进行排风或再次接受火警信号的控制；另一种是空调排风用的风阀与排烟阀是合一的，平时是常开的，可由 BA 系统按指令启停风机，作为排风使用。火警时，由消防控制中心指令将阀门全关，再由各个阀门前的感烟探测器送出火警信号，开启相应的阀门，同时指令开启风机，进行排烟，火警撤销时，由消防控制中心发出指令停止风机。同时开启所有风阀，由于风阀的启停及信号全部集中在消防控制中心，因此将阀门全开的信号送入控制回路，以防开启风机后，部分阀门未开，达不到排风的要求。

排风、排烟风机的进口也应设置防火阀，280℃自熔关闭，关阀信号送达消防控制中心，再由消防控制中心发出指令停止风机。防排烟系统控制如图 6-6 所示，加压风机控制原理如图 6-7 所示。

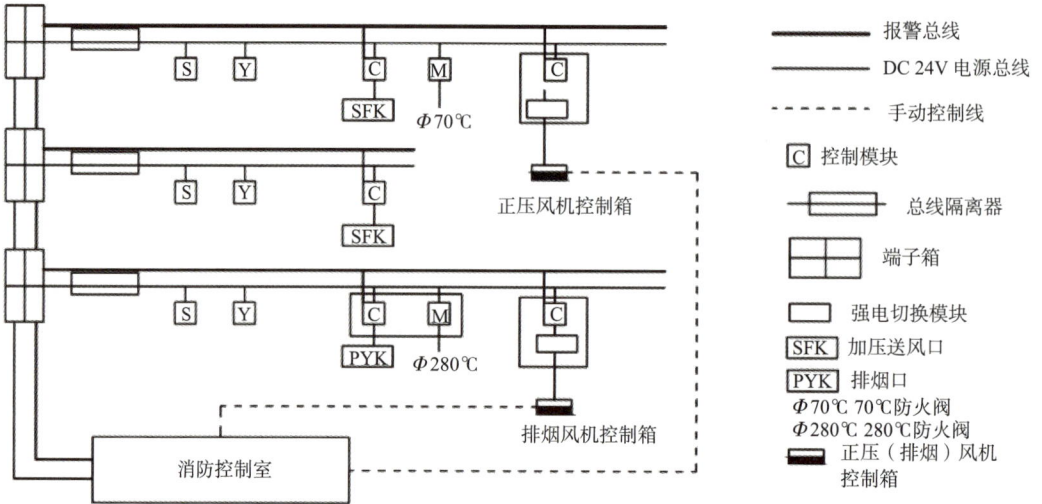

图 6-6　防排烟系统控制图

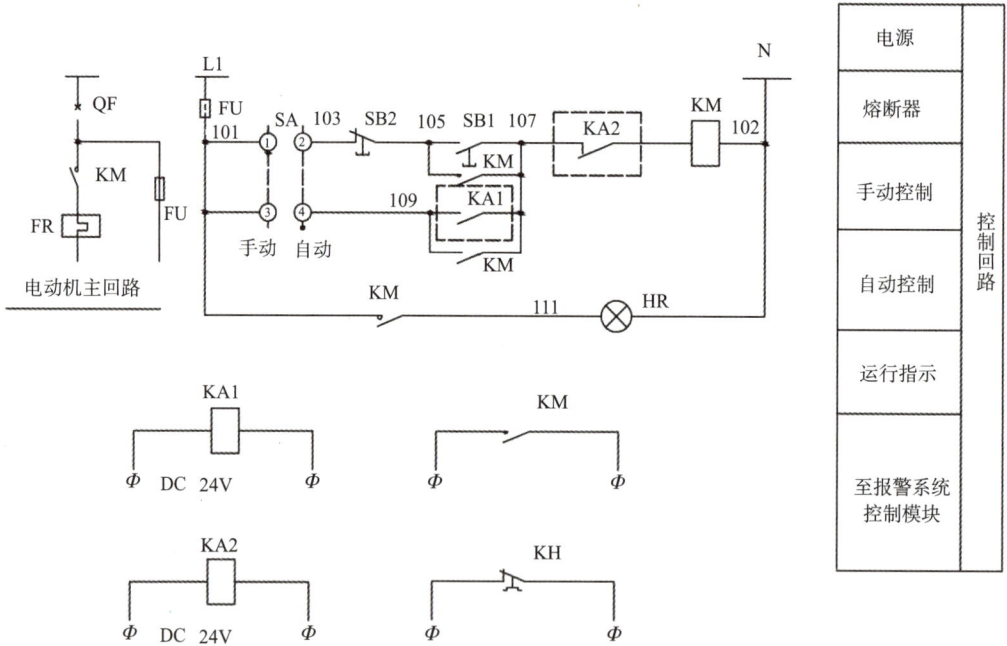

图 6-7　加压风机控制原理图（注：自动直接控制环节）

6.1.5 防排烟风机的电气控制线路

1.排烟风机的电气控制线路

排烟风机电气控制线路如图 6-8 所示。

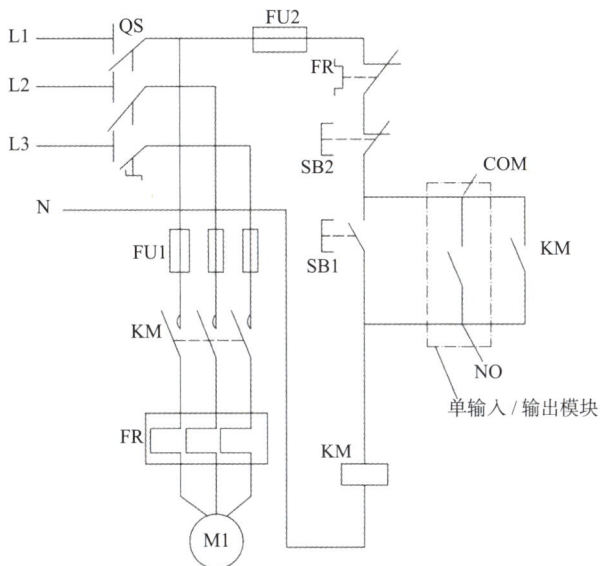

图 6-8 排烟风机电气控制线路

（1）电路介绍

元器件：电动机、交流接触器、热继电器、单输入/输出模块、熔断器及按钮等。

其工作形式有手动启动及自动启动。

其中，手动启动由按钮 SB1 来实现，主要用于有人在消防区域内发现火灾的情况（而此时火灾报警控制器并没有报火警）。

自动启动由火灾报警控制器来实现，它先由报警探测器感受到火灾信号，再经过火灾报警控制器的对比、分析、判断，最后将警报信号传送给控制柜里的单输入/输出模块，由单输入/输出模块启动排烟风机（COM、NO 分别是单输入/输出模块的公共输出端、常开输出端）。

（2）工作原理

①手动启动排烟风机

合上转换开关 QS →按下按钮 SB1 →交流接触器 KM 的线圈得电→

$$\left\{ \begin{array}{l} \text{交流接触器 KM 的主触点闭合} \\ \text{交流接触器 KM 的常开辅助触点闭合} \end{array} \right\} \rightarrow \text{排烟风机 M1 工作}$$

②自动启动排烟风机

合上转换开关 QS →感烟探测器探测到火灾发生→火灾报警控制器对比、判断→控制柜中的单输入 / 输出模块的常开触点闭合→交流接触器 KM 的线圈得电→

$$\left\{\begin{array}{l} \text{交流接触器 KM 的主触点闭合} \\ \text{交流接触器 KM 的常开辅助触点闭合} \end{array}\right\} \rightarrow \text{排烟风机 M1 工作}$$

2. 正压风机的电气控制线路

正压风机的电气控制线路图如图 6-9 所示。

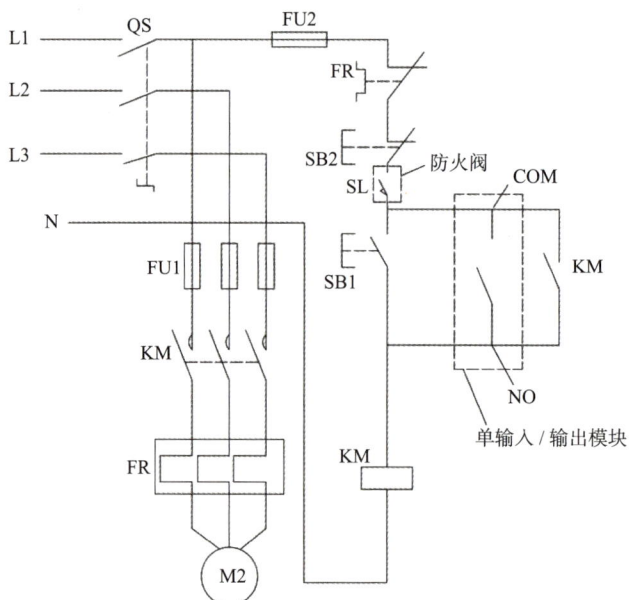

图 6-9　正压风机电气控制线路

（1）电路介绍

元器件：电动机、交流接触器、热继电器、单输入 / 输出模块、防火阀触点、熔断器及按钮等。

其工作方式有手动启动和自动启动。

其中，手动启动由按钮 SB1 来实现，主要用于有人在防火区域内发现火灾的情况下（而此时火灾报警控制器并没有报火警）。

自动启动由火灾报警控制器来实现，它先由报警探测器感受到火灾信号，再经过火灾报警控制器的对比、分析、判断，最后将警报信号传送给控制柜里的单输入 / 输出模块，由单输入 / 输出模块启动正压风机（COM、NO 分别是单输入 / 输出模块的公共输出端、常开输出端）。当烟雾温度达到 280℃时，防火阀触点断开，正压风机停转。

（2）工作原理

①手动启动正压风机

烟雾产生时首先是防火阀触点 SL 闭合，然后合上转换开关 QS →按下按钮 SB1 →交流接触器 KM 的线圈得电→

$$\left.\begin{array}{l}\text{交流接触器 KM 的主触点闭合}\\\text{交流接触器 KM 的常开辅助触点闭合}\end{array}\right\} \to \text{正压风机 M2 工作}$$

②自动启动正压风机

有烟雾产生时首先是防火阀触点 SL 闭合，然后合上转换开关 QS →感烟探测器探测到火灾发生→火灾报警控制器对比、判断→控制控制柜中的单输入 / 输出模块的常开触点闭合→交流接触器 KM 的线圈得电→

$$\left.\begin{array}{l}\text{交流接触器 KM 的主触点闭合}\\\text{交流接触器 KM 的常开辅助触点闭合}\end{array}\right\} \to \text{正压风机 M2 工作}\to$$

当烟雾温度达到 280℃时→防火阀触点 SL 断开→交流接触器 KM 线圈失电→

$$\left.\begin{array}{l}\text{交流接触器 KM 的主触点断开}\\\text{交流接触器 KM 的常开辅助触点断开}\end{array}\right\} \to \text{正压风机 M2 停止工作}$$

6.2　建筑防排烟系统报警联动控制

6.2.1　建筑防烟系统报警联动控制

建筑防烟系统报警联动控制，是指机械防烟系统的报警联动控制。自然通风系统可通过手动控制，不需要报警联动。

根据设置部位的不同，机械加压送风系统可分为楼梯间和前室机械加压送风系统、避难层（间）机械加压送风系统和避难走道机械加压送风系统。

1. 楼梯间和前室机械加压送风系统的报警联动控制

楼梯间和前室机械加压送风系统的报警联动控制应以防火分区为单位划分，包括自动、手动、连锁启动多种控制方式，如图 6-10 和图 6-11 所示。

（1）机械加压送风系统的自动控制

在自动控制方式下，同一防火分区内两只独立的火灾探测器报警，或一只火灾探测器与一只手动报警按钮报警，应在 15s 内联动开启常闭加压送风口和加压送风机，并应符合下列规定：

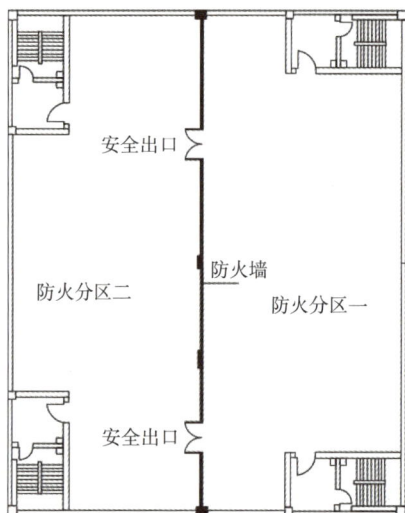

图 6-10　防火分区

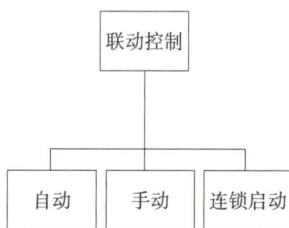

图 6-11　联动控制方式

①应开启该防火分区楼梯间的全部加压送风机。

②应开启该防火分区内着火层及其相邻上下层前室及合用前室的常闭送风口，同时开启加压送风机。

（2）机械加压送风系统的手动控制

加压送风口应能在消防控制室内的消防联动控制器上手动控制开启。机械加压送风系统的手动控制方式应能在消防控制室内的消防联动控制器上手动控制送风口开启，以及加压送风机等设备的启动或停止；加压送风机的启动、停止按钮，应采用专用线路直接连接至设置在消防控制室内的消防联动控制器的手动控制盘（加压送风机现场启动柜），并应直接手动控制防烟风机的启动、停止，如图 6-12 所示。

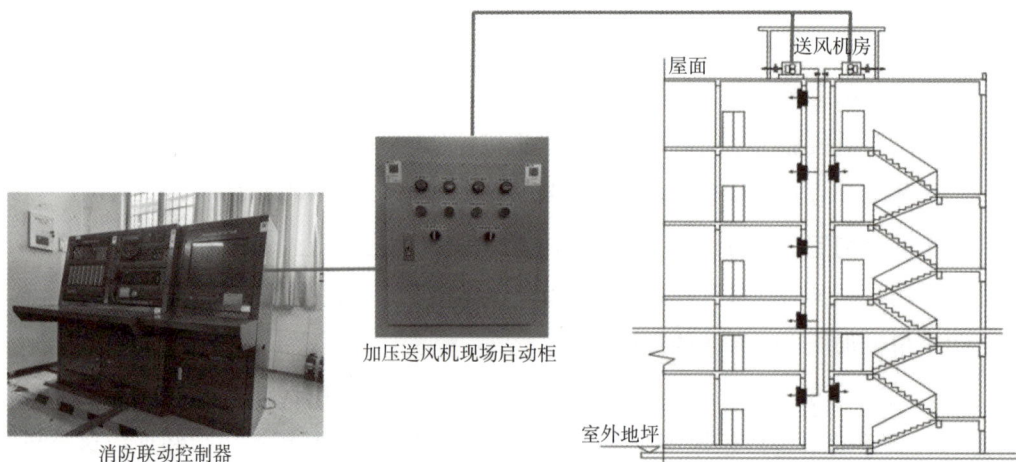

消防联动控制器

加压送风机现场启动柜

图 6-12　手动控制方式

同一防火分区可能存在多个加压送风口，可以在消防联动控制器上设置分区控制，一键远程启动同一防火分区的所有加压送风口，如图 6-13 所示。

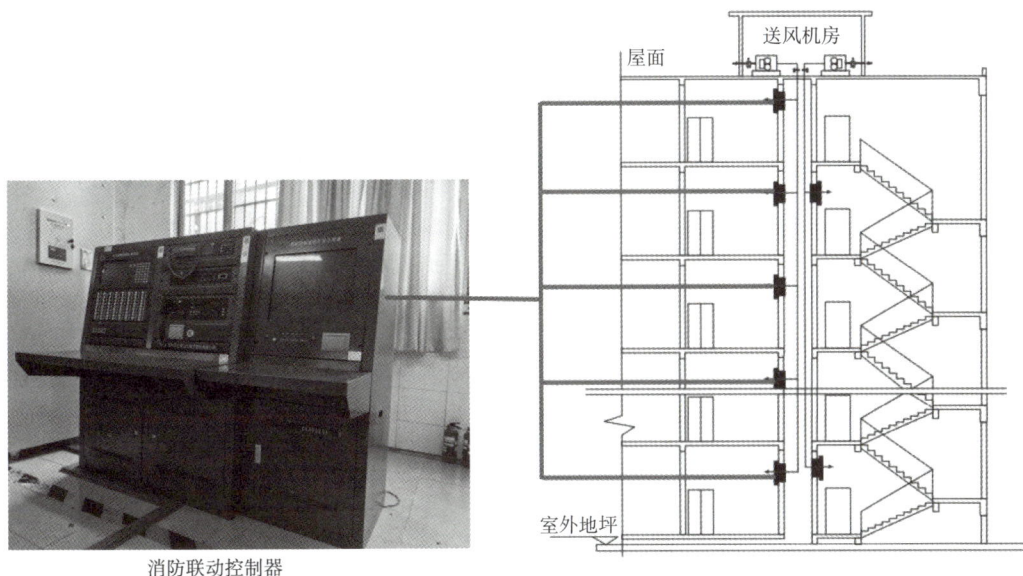

图 6-13　远程启动所有加压送风口

常闭加压送风口、加压送风机等，均应具备现场手动启动功能。对于设置位置较高，不方便操作的加压送风口，应设置远距离操作开关，确保手动操作方便可靠。

（3）机械加压送风系统的连锁启动

连锁启动是一种直接多线启动的方式，不应受火灾自动报警系统故障因素的影响。系统中任一常闭加压送风口开启时加压风机应能自动启动，连锁开启加压送风机。当手动开启加压送风口时，连锁开启加压送风机。

（4）机械防烟系统的信号反馈

送风口开启和关闭的动作信号，加压送风机启动和停止的动作信号，均应反馈至消防联动控制器。消防控制设备应显示防烟系统的送风机、阀门等设施启闭状态。

（5）机械加压送风系统宜设有测压装置

机械加压送风系统设置测压装置，既可作为系统运作的信息掌控，又可作为超压后启动余压阀、风压调节措施的动作信号。

2. 避难层（间）机械加压送风系统的报警联动控制

在自动控制方式下，避难层（间）内或避难层（间）所服务的楼层，同一区域内两只独立的火灾探测器报警或一只火灾探测器与一只手动报警按钮报警，应在 15s 内联动开启避难层（间）的常闭加压送风口和加压送风机。

3. 避难走道机械加压送风系统的报警联动控制

在自动控制方式下，避难走道或与避难走道相连通的防火分区内，两只独立的火灾探测器报警，或一只火灾探测器与一只手动报警按钮报警，应在15s内联动开启避难走道的常闭加压送风口和加压送风机。

6.2.2 建筑排烟系统报警联动控制

建筑（机械）排烟系统的联动控制，包括自动、手动、连锁启动等多种控制方式。

1. 建筑机械排烟系统的自动控制

在自动控制方式下，同一防烟分区内两只独立的火灾探测器报警或一只火灾探测器与一只手动报警按钮报警，火灾自动报警系统应在15s内联动开启相应防烟分区的全部排烟阀、排烟口、排烟风机、挡烟垂壁和补风设施，并应在30s内自动关闭与排烟无关的通风、空调系统，60s以内挡烟垂壁应开启到位。当火灾确认后，担负两个及以上防烟分区的排烟系统应仅打开着火防烟分区的排烟阀或排烟口，其他防烟分区的排烟阀或排烟口应呈关闭状态。

2. 建筑机械排烟系统的手动控制

建筑机械排烟系统的手动控制方式，应能在消防控制室内的消防联动控制器上手动控制挡烟垂壁、排烟口、排烟阀的开启或关闭，及排烟风机、送风机等设备的启动或停止。同一防烟分区可能存在多个排烟口（或排烟阀）。可以在联动控制器上设置分区控制，一键启动同一防烟分区的所有排烟口。常闭排烟阀（排烟口）、排烟风机、补风机，均应具备现场手动启动功能。

对于设置位置较高，不方便操作的排烟口或排烟阀，应设置远距离操作开关，确保手动操作方便可靠。

3. 建筑机械排烟系统的连锁启动

连锁启动是一种直接多线启动的方式，不应受火灾自动报警系统故障因素的影响。在机械排烟系统中任一排烟阀或排烟口开启时，排烟风机、补风机自动启动排烟风机入口处的排烟防火阀，各排烟支管的排烟防火阀应在280℃时应自行关闭，并应连锁关闭排烟风机和补风机。常闭排烟口（或排烟阀）的开启信号，应作为排烟风机、送风机启动的联动触发信号，连锁开启排烟风机和送风机；并应向消防控制主机发出报警信号，联动开启同一防烟分区的其他常闭排烟口（或排烟阀），当手动开启常闭排烟口（或排烟阀）时，连锁开启排烟风机和送风机。

4. 建筑机械排烟系统的信号反馈

排烟口、排烟阀、排烟防火阀开启和关闭的动作信号，排烟风机、送风机的启动和停止信号，电动防火阀关闭的动作信号，以及挡烟垂壁上升到位（上限位）和下降到位（下限位）的信号，均应反馈至消防联动控制器。消防控制设备应显示排烟系统的排烟风机、补风机、阀门等设施启闭状态。

6.3 各种防排烟设备与配件的联动控制

6.3.1 排烟防火阀的联动控制

排烟防火阀用在单独设置的排烟系统时，其平时关闭，火灾时自动开启。当联动的感烟（温）探测器将火灾信号输送到消防控制中心的控制盘上后，由控制盘再将火灾信号输入到自动开启装置。接受火灾信号后，电磁铁线圈通电，动铁芯吸合，使动铁芯挂钩与阀门叶片旋转轴挂钩脱开，阀门叶片受弹簧力作用迅速开启，同时微动开关动作，切断电磁铁电源，并接通阀门，关闭显示线触点，将阀门开启信号返回控制盘，联动通风、空调停止运行，排烟风机启动。

温度熔断器安装在阀体的一侧，当管道内烟气温度上升到280℃时，温度熔断片受高温而熔断，阀门叶片受弹力作用而迅速关闭，同时微动开关动作，显示线同样发出关闭信号反馈至消防控制室，同时联动关闭排烟风机。

6.3.2 送风口和排烟口的联动控制

送风口和排烟口的控制基本相同，以常用的板式排烟口、多叶排烟口的联动控制为例进行介绍。

1. 板式排烟口

板式排烟口平时处于关闭状态，火灾发生时自动开启。火灾时，自动开启装置接到感烟（温）探测器，通过控制盘或远距离操纵系统输入电信号（DC 24V）后，电磁铁线圈通电，动铁芯吸合，通过杠杆作用释放了卷绕在滚筒上的钢丝绳，叶片被打开，同时微动开关动作，切断电磁铁电源，并将阀门开启，动作显示线触点接通，将信号反馈到消防联动控制盘并联动启动风机。

2. 多叶排烟口

多叶排烟口平时关闭，火灾发生时自动开启排烟口。多叶排烟口接收到感烟（温）探测器信号后，通过联动控制盘或远距离操控系统输入电信号（DC 24V）后，电磁铁线圈通电，多叶排烟口打开，现场手动拉绳开启阀门。阀门打开后，其联动开关接通信号回路，可向消防控制室反馈阀门已开启的信号或联动开启排烟风机。在执行机构的电路中，当烟气温度达280℃时，熔断器动作，排烟口立即关闭。温度熔断器更换后，阀门可手动复位。

6.3.3 活动式挡烟垂壁的联动控制

由电磁线圈及弹簧锁等组成翻板式挡烟垂壁锁，准工作状态时用它将防烟垂壁锁在吊顶中。火灾时可通过自动控制或手柄操作使垂壁降下。火灾时从感烟探测器或联动控制盘发来电信号（DC 24V），电磁线圈通电，把弹锁的销子拉进去，开锁后挡烟垂壁由于重力的作用，靠滚珠的滑动而落下，下垂90°角至挡烟工作位置。另外，当系统断电时，挡烟垂壁能自动下降至挡烟工作位置。手动控制时，操作手动杆也可使弹簧锁的销子拉回开锁，挡烟垂壁落下。把挡烟垂壁升回原来的位置即可复原。

活动式挡烟垂壁应具备自动控制和手动控制功能。

1. 自动控制

在自动控制方式下，同一防烟分区内两只独立的火灾探测器报警，或一只火灾探测器与一只手动报警按钮报警，联动启动该防烟分区的挡烟垂壁降落，如图6-14所示。

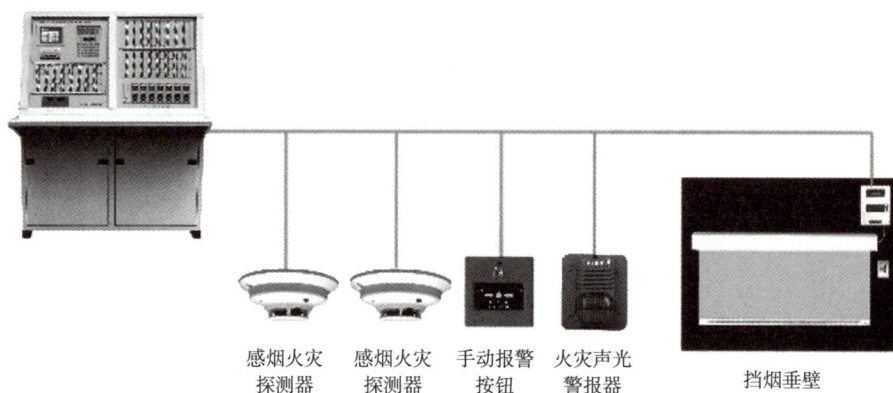

图6-14 自动控制挡烟垂壁示意图

2. 手动控制

活动式挡烟垂壁的手动控制，包括现场手动控制和消防控制室远程手动控制。活动式挡烟垂壁应设置现场控制按钮盒，通过按钮盒控制活动式挡烟垂壁的升降，如图6-15所示。活动式挡烟垂壁应能在消防控制室内的消防联动控制器上远程手动控制，如图6-16所示。

图 6-15 现场手动控制挡烟垂壁示意图   图 6-16 消防控制室远程手动控制挡烟垂壁示意图

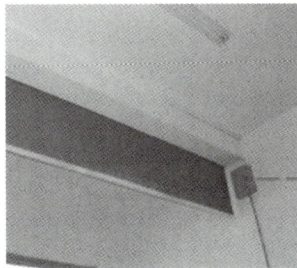

6.3.4 排烟窗的联动控制

排烟窗平时关闭，并用排烟密锁（或插销）锁住。当发生火灾时可自动或手动将排烟窗打开。自动控制：火灾时，感烟探测器或联动控制盘发来的指令信号将电磁线圈接通，弹簧锁的锁头偏移，利用排烟窗的重力打开排烟窗。手动控制：火灾时，将操作手柄扳倒，弹簧锁的锁头偏移而打开排烟窗。

6.4 建筑防排烟系统的联动控制实训

6.4.1 实训概述

本实训流程图如图 6-17 所示，在安装好防排烟设备后，将有关设备纳入联动控制系统中。当探测器报警或手动按钮按下时，能打开排烟阀、排烟口和送风口，同时启动排烟风机和送风风机。

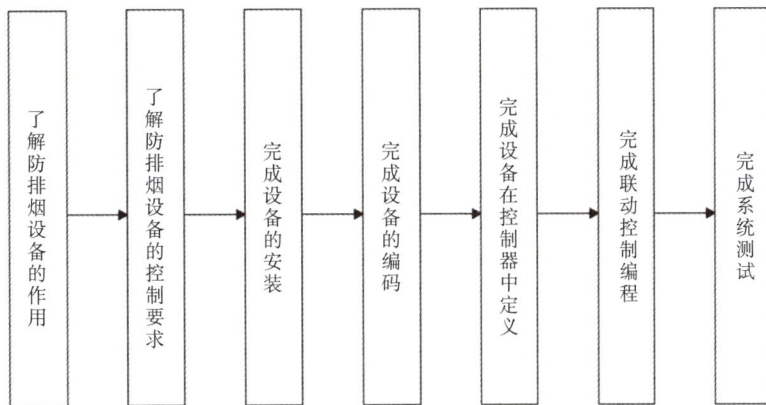

了解防排烟设备的作用 → 了解防排烟设备的控制要求 → 完成设备的安装 → 完成设备的编码 → 完成设备在控制器中定义 → 完成联动控制编程 → 完成系统测试

图 6-17 实训流程图

6.4.2 物资清单

1. 实训设备

本次实训设备（表6-1）包括：1套由排烟风机、排烟口、排烟阀和排烟道组成的排烟设备，1套由送风风机、送风口、送风道和排烟阀组成的防烟设备，如图6-18所示；1套HA-XF-PY机械排烟及加压送风系统教学实训装置，如图6-19所示。

图 6-18　防排烟风机实训装置

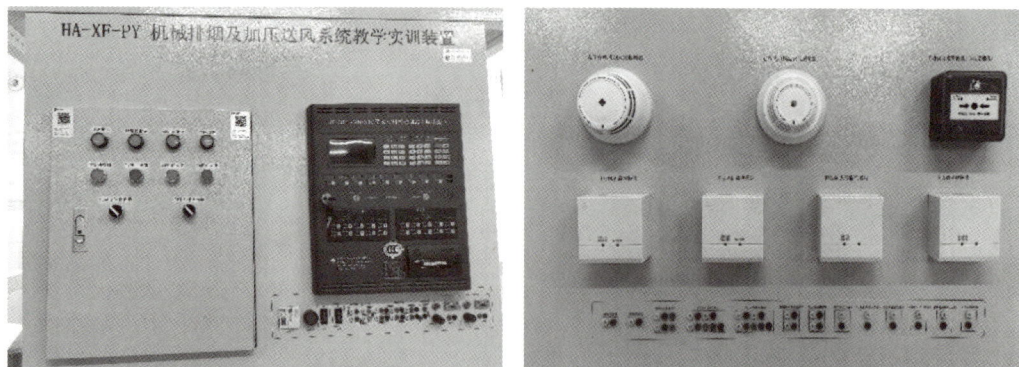

图 6-19　HA-XF-PY 机械排烟及加压送风系统教学实训装置

2. 实训元器件、材料、工具

本次实训所需的元器件、材料、工具（表6-1）包括：1台编码器、2个输入（输出）模块、1个点型光电感烟探测器、1个点型光电感温探测器、1个手动报警按钮、1台火灾报警控制器（联动型）、导线及常用安装工具等。

实训设备、元器件、材料、工具清单　　　　表 6-1

名称	型号 / 材料 / 工具参数	数量	备注
排烟设备	含排烟风机、排烟口、排烟阀和排烟道	1 套	
防烟设备	含送风风机、送风口、送风道和排烟阀	1 套	
机械排烟及加压送风系统教学实训装置	HA-XF-PY	1 套	
编码器	CODER-F900B	1 台	
输出模块	KZJ-956	2 个	
输入模块	JS-951	2 个	
点型光电感烟探测器	JTY-GD-930	1 个	
点型光电感温探测器	JTY-GD-920	1 个	
手动报警按钮	J-SAP-M-962	1 个	
火灾报警控制器（联动型）	JB-QBL-MN/310	1 台	
万用表	MF47 型指针式	1 个	
试电笔	100 ～ 500V	1 把	
电线电缆	2.5mm^2（或实训用带插口专用导线）	若干	

本次实训所需的材料、工具实物图如图 6-20 所示。

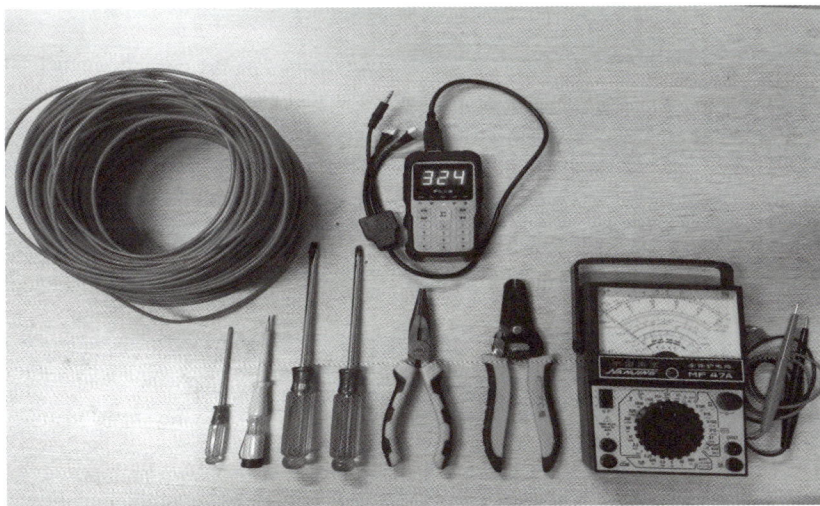

图 6-20　实训所需的材料、工具实物图

6.4.3　实施过程

当探测器报警或手动按钮按下时，能联动启动排烟风机和送风风机，联动控制实训过程如表 6-2 所示。

建筑防排烟系统的联动控制实训过程（采用总线制控制）　　表 6-2

序号	步骤	内容	注意事项 / 说明
1	根据接线电路图进行接线		根据接线电路图，运用带插口专用导线将各种元器件进行连接
2	录入设备的编码地址序号		根据地下车库防排烟的设计图，在火灾报警控制器（联动型）的系统录入输入 / 输出模块的地址序号，用编码器按照对应的地址序号分别对感烟探测器、感温探测器、输出 / 输入模块进行录入
3	完成设备在控制器中的定义		将地下车库中正压风机、排烟风机的信号地址导入火灾报警控制器（联动型）
4	完成联动控制编程		进入火灾报警控制器（联动型）菜单，打开联动设置，进入复合联动设置，将模块列表里的正压风机、排烟风机设置为联动输出，设置完毕后保存
5	手动打开报警按钮联动启动正压风机、排烟风机		将火灾报警控制器（联动型）、排烟风机控制柜设置为自动状态，按下火灾报警按钮，火灾报警控制器（联动型）接收到报警信号联动启动正压风机、排烟风机

按 9S 管理要求，整理场地工位、整理工具材料、打扫卫生。

6.4.4　考核评价

建筑防排烟系统的联动控制终结性评价如表 6-3 所示。

建筑防排烟系统的联动控制终结性评价表　　表 6-3

序号	评价项目	评价要求	评价明细	评分标准	得分
1	安装前后（10分）	劳保用品穿戴	是否符合要求	0 ~ 5	
		检查元器件、配件、工具材料	是否检查	0 ~ 5	

序号	评价项目	评价要求	评价明细	评分标准	得分
2	安装工艺（10 分）	万用表使用是否正确	每错 1 次扣 1 分	0 ~ 5	
		配件、元器件位置及安装是否符合规范	每错 1 处扣 1 分	0 ~ 5	
3	安装完成度（10 分）	是否在规定的时间内完成安装	每超时 2 分钟扣 1 分	0 ~ 10	
4	安装质量（60 分）	设备编码正确	每错 1 处扣 5 分	0 ~ 10	
		联动编程正确	每错 1 处扣 5 分	0 ~ 10	
		联动控制中设备定义正确	每错 1 处扣 5 分	0 ~ 10	
		接线正确，没有松动、露铜等	每错 1 处扣 2 分	0 ~ 10	
		重大缺陷	系统是否能够正常运行	0 ~ 20	
5	9S 管理（10 分）	职业素养	是否符合 9S 要求，每错 1 处扣 2 分	0 ~ 10	
合计				100	

复习思考题

1. 绘制排烟模块控制方式示意图。

2. 简述排烟风机的控制原理。

建筑防排烟系统安装、调试及验收

第7章

学习目标

1. 了解建筑防排烟系统安装的总体要求；
2. 能使用相关调试软件和工具、量具、仪器、仪表，完成建筑防排烟系统的调试；
3. 能对建筑防排烟系统进行调试及验收，并填写调试及验收记录。

建筑防排烟系统的安装、调试及验收是一项重要的工作任务，需要消防专业人员具备机械安装与电气安装等综合知识和技能。建筑防排烟系统的安装、调试和验收必须严格遵循相关规范和标准，确保系统的稳定性和可靠性。

7.1 建筑防排烟系统安装

7.1.1 建筑防排烟系统安装的总体要求

建筑防排烟系统不仅设计应严格满足现行的规范要求，而且安装过程的控制和施工质量也非常重要，可参考《建筑防烟排烟系统技术标准》GB 51251—2017、《防排烟系统设备及部件选用与安装》22K311—5等规范、标准。

防排烟工程应满足以下几点要求：

（1）系统施工单位应当具备相应的资质等级。

（2）经批准的施工图、设计说明书等设计文件应齐全。

（3）设计单位应向施工、建设、监理单位进行技术交底。

（4）系统主要材料、部件、设备的品种、型号规格符合设计要求，并能保证正常施工。主要设备应具有国家法定检测机构的检测报告和产品出厂合格证，施工前应对主要设备、设施进行外观检查和数量核查。

（5）施工现场及施工中的给水、供电、供气等条件满足连续施工作业要求。

（6）系统的隐蔽工程要严格要求，所需的预埋件、预留孔洞等施工前期条件符合设计要求，需要经常检查的防火阀、排烟防火阀等阀门设备的隐蔽部位要预留检查口，便于日后的检测与维护。

（7）严格按照国家现行规范规定的施工工艺进行施工，符合施工质量要求，风机、风口等设备、设施应安装正确并牢固可靠。

（8）防排烟系统施工应遵循图 7-1 的工艺流程。

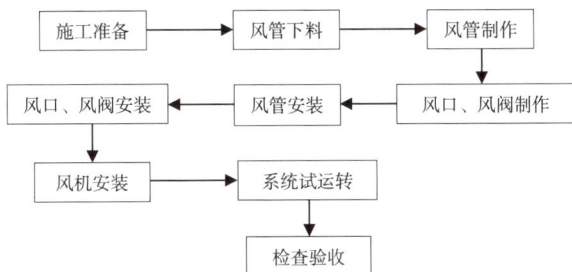

图 7-1　防排烟系统施工的工艺流程

7.1.2　设备进场检验

设备进场检验能确保防排烟设备和风管材料的质量和安全性，避免因为设备质量问题造成的后期风险和损失，统一材料设备进场的标准和程序，提高工作效率，节约时间；明确各相关角色的责任和职责，减少沟通和认知上的不确定性；提供后续跟踪和管理的依据，为项目的进一步实施提供支持。设备进场检验具体步骤如下。

1. 风管检验的规定

（1）风管的材料品种、规格、厚度

风管的材料品种、规格、厚度等应符合设计要求和现行国家标准的规定。当采用金属风管且设计无要求时，钢板或镀锌钢板的厚度应符合《建筑防烟排烟系统技术标准》GB 51251—2017 的规定，见表 7-1。

钢板风管板材厚度　　　　　　　　　　　　　　　表 7-1

风管直径 D 或长边尺寸 B（mm）	送风系统（mm）		排烟系统（mm）
	圆形风管	矩形风管	
$D（B）\leqslant 320$	0.50	0.50	0.75
$320 < D（B）\leqslant 450$	0.60	0.60	0.75
$450 < D（B）\leqslant 630$	0.75	0.75	1.00

续表

风管直径 D 或长边尺寸 B（mm）	送风系统（mm）		排烟系统（mm）
	圆形风管	矩形风管	
$630 < D（B）\leqslant 1000$	0.75	0.75	1.00
$1000 < D（B）\leqslant 1500$	1.00	1.00	1.20
$1500 < D（B）\leqslant 2000$	1.20	1.20	1.50
$2000 < D（B）\leqslant 4000$	按设计	1.20	按设计

注：1. 螺旋风管的钢板厚度可适当减少 10% ~ 15%。
　　2. 不适用于防火隔墙的预埋管。

检查数量：按风管、材料加工批的数量抽查 10%，且不得少于 5 件。

检查方法：尺量检查、直观检查，查验风管、材料质量合格证明文件、性能检验报告。

（2）材料品种、规格、厚度及耐火极限

有耐火极限要求的风管的本体、框架与固定材料、密封垫料等必须为不燃材料，材料品种、规格、厚度及耐火极限等应符合设计要求和国家现行标准的规定。

检查数量：按风管、材料加工批的数量抽查 10%，且不应少于 5 件。

检查方法：尺量检查、直观检查与点燃试验，查验材料质量合格证明文件。

2. 防烟、排烟系统中各类阀（口）应符合的规定

（1）型号、规格、数量

排烟防火阀、送风口、排烟阀或排烟口等必须符合有关消防产品标准的规定，其型号、规格、数量应符合设计要求，手动开启灵活、关闭可靠严密。

检查数量：按种类、批抽查 10%，且不得少于 2 个。

检查方法：测试、直观检查，查验产品的质量合格证明文件、符合国家市场准入要求的文件。

（2）驱动装置

防火阀、送风口和排烟阀或排烟口等的驱动装置，动作应可靠，在最大工作压力下工作正常。

检查数量：按批抽查 10%，且不得少于 1 件。

检查方法：测试、直观检查，查验产品的质量合格证明文件、符合国家市场准入要求的文件。

（3）系统柔性短管

防烟、排烟系统柔性短管的制作材料必须为不燃材料。

检查数量：全数检查。

检查方法：直观检查与点燃试验，查验产品的质量合格证明文件、符合国家市场准入要求的文件。

3. 风机应符合产品标准和有关消防产品标准的规定

风机应符合产品标准和有关消防产品标准的规定，其型号、规格、数量应符合设计要求，出口方向应正确。

检查数量：全数检查。

检查方法：核对、直观检查，查验产品的质量合格证明文件、符合国家市场准入要求的文件。

4. 感烟探测器检验

核对产品资质：确保感烟探测器符合国家或行业的标准规范，并且拥有相应的质量认证，例如 CCC 认证等。

检查外观及技术参数：检查感烟探测器外观是否有损坏，以及其技术参数是否与所需的环境条件相匹配，包括感烟、感温特性和适用的场所类型。

自检功能测试：大多数现代感烟探测器都具备自检功能。可以通过按下自检按钮来激活感烟探测器的自检模式，观察指示灯和听报警声音是否正常工作。

输出信号检查：如果感烟探测器具有无源触点输出，应检查其触点的容量是否符合设计要求，通常为 24V/2A。同时检查在自检模式下是否会有继电器信号输出。

5. 活动挡烟垂壁及其电动驱动装置和控制装置

活动挡烟垂壁及其电动驱动装置和控制装置应符合有关消防产品标准的规定，其型号、规格、数量应符合设计要求，动作可靠。

检查数量：按批抽查 10%，且不得少于 1 件。

检查方法：测试、直观检查，查验产品的质量合格证明文件、符合国家市场准入要求的文件。

6. 自动排烟窗的驱动装置和控制装置

自动排烟窗的驱动装置和控制装置应符合设计要求，动作可靠。

检查数量：抽查 10%，且不得少于 1 件。

检查方法：测试、直观检查，查验产品的质量合格证明文件、符合国家市场准入要求的文件。

7. 填写防烟、排烟系统工程进场检验记录

防烟、排烟系统工程进场检验记录见表 7-2。

防烟、排烟系统工程进场检验检查记录　　　　　　　　　　　表 7-2

工程名称			
施工单位		监理单位	
施工执行标准名称及编号		《建筑防烟排烟系统技术标准》GB 51251—2017	

续表

项目		质量规定对应 GB 51251 章节条款	施工单位 检查记录	监理单位 检查记录
进场检验	风管	6.2.1		
	排烟防火阀、送风口、排烟阀或排烟口以及驱动装置	6.2.2		
	风机	6.2.3		
	活动挡烟垂壁及其驱动装置	6.2.4		
	排烟窗驱动装置	6.2.5		
施工单位项目负责人：（签章） 年　月　日			监理工程师：（签章） 年　月　日	

注：对应条款请查看《建筑防烟排烟系统技术标准》GB 51251—2017。

要关注风管部件、风机、活动挡烟垂壁、自动排烟窗进场应检验的内容。部件动作性能、驱动装置和活动挡烟垂壁、自动排烟窗的驱动装置应着重检验其可靠性。各进场部件、设备的质量、技术资料应齐全，其生产厂家、产品名称、系列型号应与国家市场准入要求的文件一致，以消除质量隐患。相关标准以满足系统的功能需要为前提，从保证风管质量的角度出发，对常用的钢板风管的最低厚度进行了规定。在一些场所需要采用特殊要求的风管，则应根据设计的要求选择达到相应耐火极限。风管的材质、厚度、耐火性能等应与国家市场准入要求的文件内容一致。

7.1.3　风管加工制作与安装

1. 金属防排烟风管的加工制作

根据设计要求和所需尺寸，加工制作金属防排烟风管。选择合适的风管材料（如镀锌钢板、不锈钢等），并进行剪切或等离子切割、折弯和连接等加工步骤，确保风管的质量和密封性能。

由于金属风管占用空间较大，成套的风管运输非常不方便，通常金属防排烟风管是在金属制品厂或五金制品厂等专业风管生产厂家通过专业机械设备生产加工成 L 形风管半成品，如图 7-2 所示，堆叠打包后运送到施工现场进行组装。

风管制作以机械加工为主，手工制作为辅，采取场内预制，预制前先复核现场尺寸和设计尺寸，预制后先预装编号，再开风口，按地下室、首层至各层，逐层而上的顺序进行制作。风管法兰预制可用共板法兰风管角码在组装平台上定位组焊或者折弯压实，以保证其互换性。

图 7-2　L 形风管半成品

按照设计图纸和安装计划，将风管逐段安装。连接风管时，使用合适的连接件（如法兰、密封胶带等），确保连接紧固和密封性。

2. 防排烟管支架、吊架的形式及安装

风管常沿墙、柱、楼板或屋架敷设，安装固定于支架、吊架上。支架、吊架安装是风管安装的第一道工序。风管吊架、支架的安装应按现行国家标准《通风与空调工程施工质量验收规范》GB 50243—2016 的有关规定执行。

支架、吊架应按国标图集与规范选用强度和刚度相适应的形式和规格。对于直径或边长大于 2500mm 的超宽、超重等特殊风管的支架、吊架，应按设计规定并结合工程的具体情况选择，可用圆钢、扁钢、角钢等制作，大型风管支架也可以用槽钢制成，应做到既要节约钢材，保证支架的强度，防止变形，同时也须符合设计图或国家标准图集的要求。

（1）风管支架在柱上安装

风管托架横梁采用预埋钢板或预埋螺栓的方法固定，或采用圆钢、角钢等型钢作抱柱式安装，均可使风管安装牢固。柱面预埋有铁件时，可将支架型钢焊接在铁件上。如果是预埋螺栓，可将支架型钢紧固在上面，也可以用抱箍将支架夹在柱子上。柱上支架的安装如图 7-3 所示。

（2）风管吊架

当风管需安装在楼板、屋面、梁的下面，且距墙、柱较远，不能采用托架安装时，可用吊架安装。圆形风管的吊架由吊杆和抱箍组成，矩形风管吊架由吊杆和托梁组成，如图 7-4 ～图 7-6 所示。

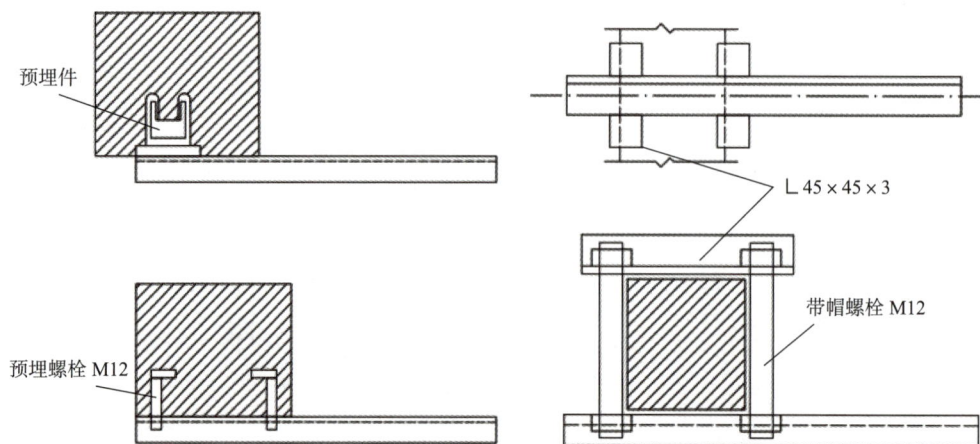

图 7-3 柱上支架的安装（单位：mm）

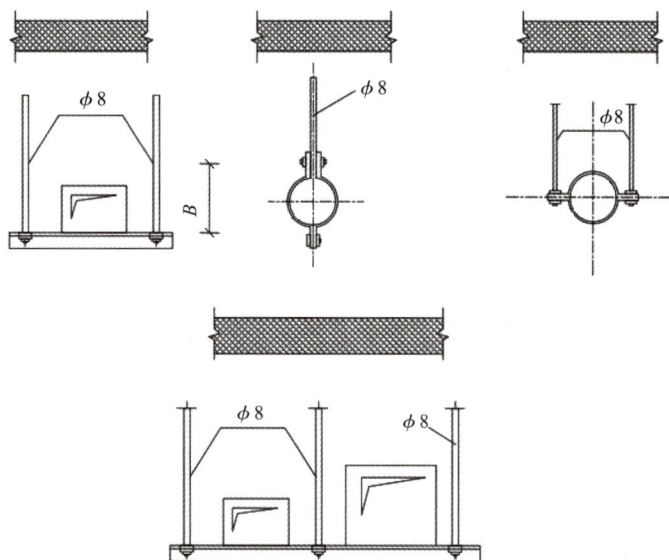

图 7-4 风管吊架的形式（单位：mm）

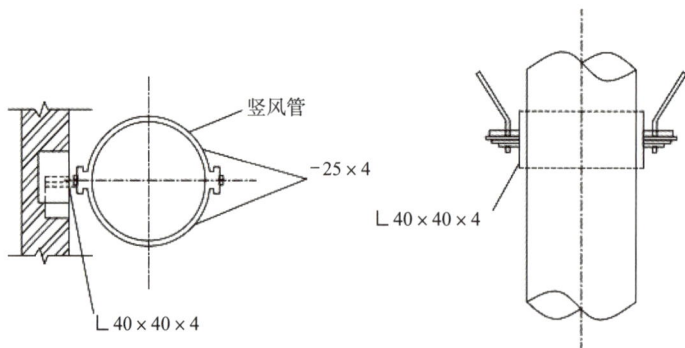

图 7-5 竖向风管的吊架（单位：mm）

图 7-6　防排烟风管吊装

　　圆形风管的抱箍可按风管直径用扁钢制成，为了安装方便，抱箍做成两个半边，用螺栓卡接风管。圆形风管在用单吊杆时，为防止风管晃动，应每隔两个单吊杆设一个双吊杆。矩形风管的托梁一般用角钢制成，风管较重时也可以采用槽钢。矩形风管采用双吊杆，两矩形风管并行时，采用多吊杆安装。托梁上穿吊杆的螺孔距离，应比风管宽 60mm（每边 30mm），如果是保温风管时为 200mm（每边 100mm），一般都使用双吊杆固定。吊杆由圆钢制成，端部应加工 50 ~ 60mm 长的螺纹，通过调整螺帽的高度来调整风管的标高。

　　根据建筑物的实际情况，吊杆上部可用膨胀螺栓、抱箍或电焊固定在建筑物结构上。吊杆固定的方式如图 7-7 所示。除了图示的固定方式以外，吊杆在楼板和梁上安装时均可采用膨胀螺栓。安装时，需根据风管的中心线找出吊杆的位置，单吊杆就在风管的中心线上，双吊杆可按托梁的螺孔位置或依据风管中心线通过计算对称安装。

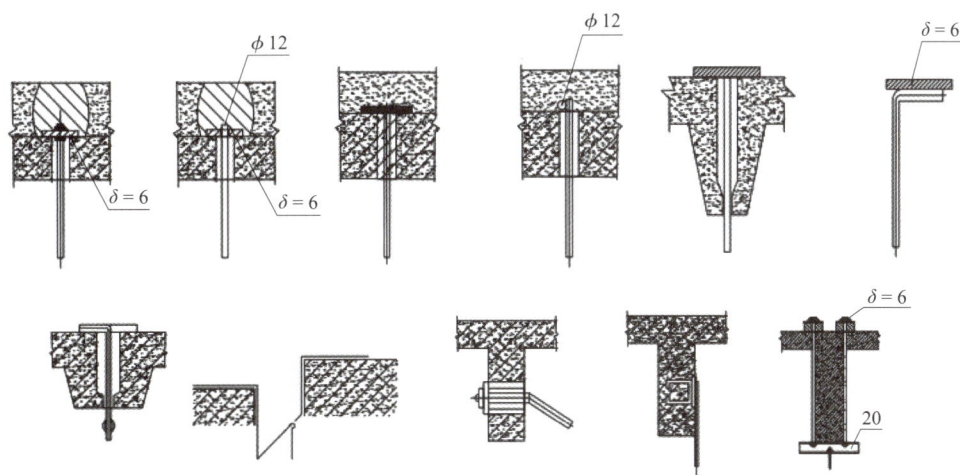

图 7-7　吊杆的固定（单位：mm）

（3）支架、吊架的制作、安装要求

①支架、吊架在制作前，首先要对型钢进行校正，以保证其平直，矫正的方法分冷矫正和热矫正两种。

②钢材切断应采用切割机，钻孔采用电钻，不得使用氧气乙炔切割。

③支架的焊缝必须饱满，以保证其具有足够的承载能力。

④吊杆圆钢应根据风管安装标高适当截取，吊杆应平直，螺纹完整、光洁。

⑤风管支架、吊架制作完毕后，应进行除锈，刷防锈漆。

⑥支架、吊托架间：不作隔热处理的水平安装风管的直径或长边小于 400mm，其间距不超过 4m；大于或等于 400mm 的，其间距不超过 3m。垂直安装的风管支架间距为 4m，并在每根立管上设置不少于 2 个固定件。

⑦相同管道的支架、吊架、托架应等距离排列，但不能将支架、吊架、托架设置在加压送风、排烟口、各种阀门、检查门等部位处，否则将影响系统的使用效果，应适当错开一定的距离。

⑧矩形隔热风管不能直接与支架、吊架、托架接触，应垫上坚固的隔热材料，其厚度与隔热层相同。

⑨支架、吊架、托架的预埋件或膨胀螺栓的位置应正确并牢固可靠，支架埋入砌体或混凝土中应去掉油污，以保证结合牢固。

⑩当水平悬吊的主、干管长度超过 20m 时，应设置防止摆动的固定点，每个系统不应少于 1 个。

3. 风管安装

（1）风管的吊装

风管吊装前应检查各支架安装位置、标高是否正确、牢固，应清除内外杂物，并做好清洁和保护工作。根据施工方案确定的吊装方法（整体吊装或分节吊装，一般情况下风管的安装多采用现场地面组装再分段吊装的方法），按照先干管后支管的安装程序进行吊装。吊装可用升降平台，也可以用滑轮、麻绳起吊，滑轮一般挂在梁、柱的节点上，或挂在屋架上。

根据现场的具体情况，挂好滑轮，穿上麻绳，风管绑扎牢固后即可起吊。当风管离地 200 ～ 300mm 时，停止起吊，检查滑轮的受力点和所绑扎的麻绳、绳扣是否牢固，风管的重心是否正确。当检查没问题后，再继续起吊到安装高度，把风管放在支架、吊架上，并加以稳固后方可解开绳扣。

水平管段吊装就位后，用托架的衬垫、吊架的吊杆螺栓找平，然后用拉线、水平尺和吊线的方法来检查风管是否满足水平和垂直的要求，符合要求后即可固定牢固，然后进行分支管或立管的安装。

（2）风管的安装要求

①风管（道）的规格、安装位置、标高、走向应符合设计要求，现场安装风管时，不得缩小接口的有效截面积。

②风管接口的连接应严密、牢固，垫片厚度不应小于 3mm，不应凸入管内和法兰外；排烟风管法兰垫片应为不燃材料，薄钢板法兰风管应采用螺栓连接。

③风管吊架、支架的安装应按现行国家标准《通风与空调工程施工质量验收规范》GB 50243—2016 的有关规定执行。

④风管与风机的连接宜采用法兰连接，或采用不燃材料的柔性短管连接。当风机仅用于防烟、排烟时，不宜采用柔性连接。

⑤风管与风机连接若有转弯处宜加装导流叶片，保证气流顺畅。

⑥当风管穿越隔墙或楼板时，风管与隔墙之间的空隙，应采用水泥砂浆等不燃材料严密填塞。

⑦吊顶内的排烟管道应采用不燃材料隔热，并应与可燃物保持不小于 150mm 的距离。

7.1.4 防排烟风机安装

1. 防排烟风机安装前的准备工作

（1）设备的开箱检查

设备应运至基础附近再进行开箱检查。设备开箱应按以下内容进行检查，并认真做好设备开箱记录。

①箱号、箱板及包装情况。

②设备型号、规格和名称。

③设备有无缺件、损件，表面有无损坏和锈蚀等情况。

④备件、专用工具等。

⑤合格证、安装说明书等。

开箱过程中要注意安全，对不能受振动的设备，要特别注意设备开箱应有设备供应单位代表和安装单位人员共同参加，检查完后，双方应在开箱记录签字，然后交付安装。

安装前，对设备基础或钢支架进行检查和验收，检查其尺寸、标高、地脚螺栓孔位置等是否与设计要求相符。

（2）就位和找正

就位，是利用先安装好的桥吊或其他吊装设备来吊装需安装的通风设备。设备就位通常应由起重工来配合进行，施工方法等不做赘述。设备就位后的安装顺序如图 7-8 所示。

找正，是将设备不偏不倚地正好放在规定的位置上，使设备的纵横轴线和基础上事先弹好的中心线重合。找正时，设备基座下应设置适量的垫铁，同时将地脚螺栓穿上并插入预留孔内。

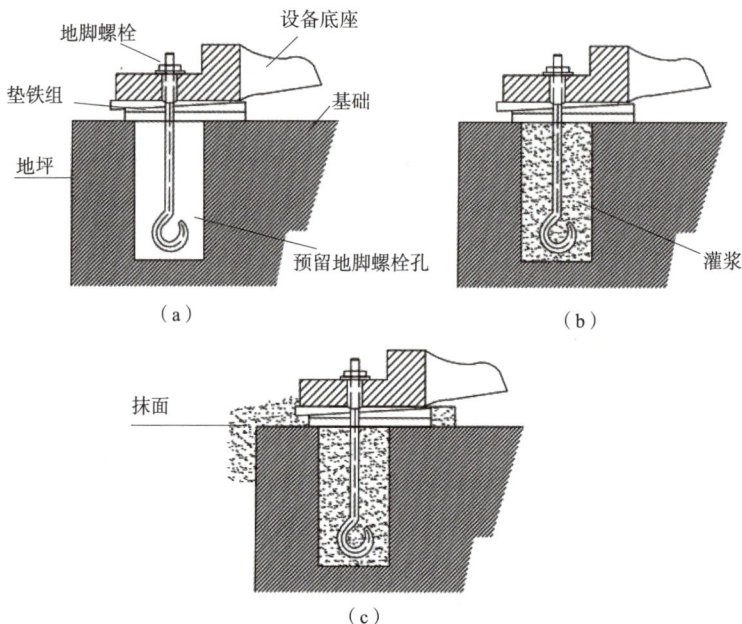

图 7-8　设备就位后的安装顺序

（a）设备就位、找平、初平；（b）灌浆后清洗、精平；（c）精平后二次灌浆、抹面

（3）初平及地脚螺栓灌浆

初平就是在设备就位找正之后（不再移动设备），初步将设备的水平度大体调整到接近要求的程度，待地脚螺栓灌浆后再进行一次精平。不能一次调好的原因之一是地脚螺栓尚未灌浆，找平后不能固定；另一个原因是初平时，设备尚未清洗，用来找平的工作面也未全面清洗，所以测量结果不会很精确。

①每一个地脚螺栓近旁至少应有一组垫铁。

②垫铁组在能放稳及不影响灌浆的情况下，应尽量靠近地脚螺栓。一般在初平时，为不影响灌浆，垫铁组暂时安设在地脚螺栓预留孔的两侧，如图 7-9 所示。

③相邻两垫铁组间的距离一般应为 500 ~ 1000mm。

④承受主要负荷的垫铁组应使用成对斜垫铁，精平后应将垫铁组用电焊点焊牢固。

⑤每组垫铁应尽量减少垫铁的块数，一般不多于 3 块，并应少用薄垫铁。放置平垫铁时，最厚的应放在下面，最薄的放在中间，并应将各垫铁相互焊牢。

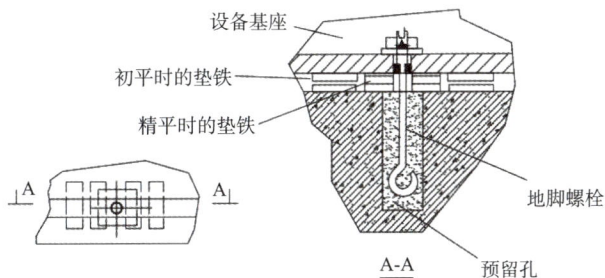

图 7-9　初平、精平时的垫铁位置

⑥每组垫铁应放置整齐平稳，接触良好。设备找正找平后每组垫铁均应被压紧，并用 0.25kg 手锤逐组轻击听音检查。

⑦设备找平后，垫铁应露出设备底座底面外缘，平垫铁应露出 10 ~ 30mm，斜垫铁应露出 10 ~ 50mm。垫铁组伸入设备底座底面的长度应超过设备地脚螺栓孔。

斜垫铁和平垫铁的示意和规格，如图 7-10 和表 7-3 所示。螺旋调整垫铁示意及实物图，如图 7-11 所示。钩头成对斜垫铁、开口垫铁、开孔垫铁如图 7-12 所示。

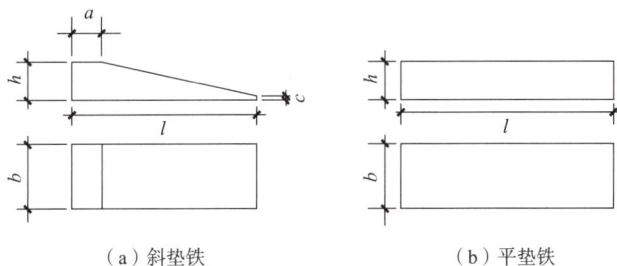

（a）斜垫铁　　　　　　　　（b）平垫铁

图 7-10　斜垫铁、平垫铁示意

a—斜垫铁加工面剩余宽度；b—垫铁宽度；h—垫铁厚度；l—垫铁长度

斜垫铁和平垫铁的规格（mm）　　　　　　　　　表 7-3

斜垫铁						平垫铁			
代号	l	b	c	a	材料	代号	l	b	材料
斜 1	100	50	3	4	普通碳素钢	平 1	90	60	铸铁或普通碳素钢
斜 2	120	60	4	6		平 2	110	70	
斜 3	140	70	4	8		平 3	125	85	

注：1. 厚度 h 可按实际需要和材料情况决定；斜垫铁斜度宜为 1/20 ~ 1/10；铸铁平垫铁厚度最小为 20mm。

2. 斜垫铁应与相同代号平垫铁配合使用：即"斜 1"配"平 1"，"斜 2"配"平 2"，"斜 3"配"平 3"。

3. 如有特殊要求，可采用其他加工精度和规格的垫铁。

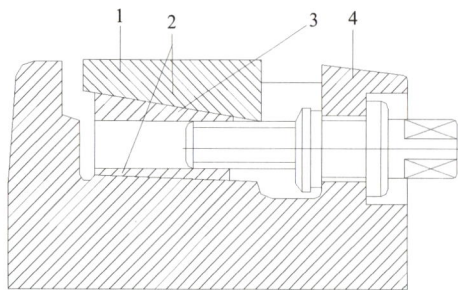

1—升降块；2—调整块滑动面；3—调整块；4—垫座

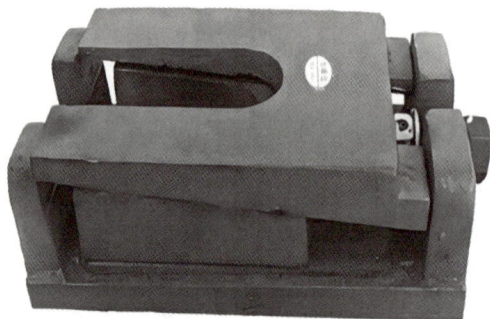

图 7-11 螺旋调整垫铁示意及实物图

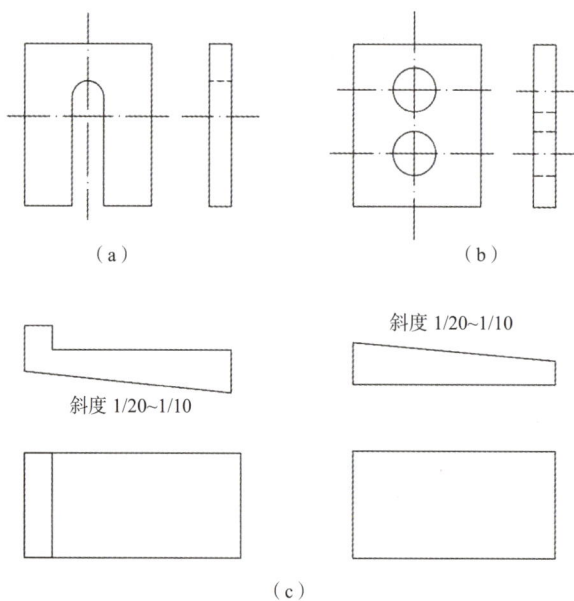

（a）

（b）

斜度 1/20~1/10

斜度 1/20~1/10

（c）

图 7-12 其他垫铁
（a）开口垫铁；（b）开孔垫铁；（c）钩头成对斜垫铁

设备就位后，将地脚螺栓穿到设备底座上的螺栓孔内，加上垫圈，旋上螺母外露 2～3 扣，初平后将地脚螺栓灌浆固定。

①地脚螺栓的不铅垂度不应超过 1/100。

②地脚螺栓离孔壁的距离应超过 15mm。

③地脚螺栓底端不应碰孔底。

④地脚螺栓上的油脂和污垢应清除干净。

⑤应在混凝土达到规定强度的 75% 后拧紧地脚螺栓。

灌浆一般用细石混凝土，其强度等级至少应比基础提高一级。灌浆前应将孔内的油污、积水及时清除干净，灌浆不能中断，要一次灌完，分层捣实，灌完后要洒水养护，养护时间的长短与气温有关，一般不应少于 7 天。

（4）清洗

设备出厂时为避免锈蚀，在各部件的加工表面上，一般涂有一层薄薄的干油或其他防锈剂。在运输和存放过程中，不可避免地会积存灰尘、污物。设备各转动部件的润滑油脂也会因时间过长而变质。因此，在安装时必须对设备进行清洗。

在清洗设备时要注意以下事项：

①设备上原已密封的、铅封的或设备技术文件中规定不得拆卸的机件，均不得拆卸清洗。当需要拆卸清洗时，必须经有关部门同意。

②未经清洗的滑动部件，不得使其滑动。

③对加工面上的油污，不得使用金属硬刮具，一定要用软质（如木质）刮具，防止刮坏加工面，也不得使用火焰直接加热被清洗部分。

④如需拆卸设备进行清洗时，应测量被拆卸件必要的装配间隙和有关零部件的相对位置，并做好记录和标记。

⑤设备表面的防锈油脂，如用热煤油清洗时，灯用煤油的温度不应高于 40℃，溶剂煤油的温度不应超过 65℃，并不得用火焰直接对盛煤油的容器加热；如用热的机油、汽轮机油或变压器油清洗，温度不应超过 120℃。

⑥重要工作面应用四边缝好的白绸布清洗，不得用棉纱。

（5）精平、基础抹面

精平就是在初平的基础上对设备的水平度做进一步的调整，使它完全达到合格的程度。当地脚螺栓灌浆的混凝土强度达到 70% 以上时，即可开始精平工作，如图 7-8（b）所示。设备的精平通常用方水平尺放在一定的工作面上测量调整水平度，纵横方向及各测点应反复测量、反复调整，直到合格为止。水平度找好后，应采用对称的分几次拧紧的方法，均匀地紧固地脚螺栓，拧紧顺序如图 7-13 所示，然后复查设备的水平度。精平应严格按国家颁发的有关施工技术验收规范，或安装说明书上的有关规定及要求进行。

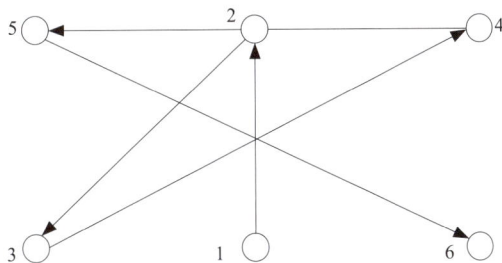

图 7-13　地脚螺栓拧紧顺序

　　设备精平后，要将设备底座和基础表面间的空隙，用细石混凝土填满，并将垫铁埋入混凝土内（可调垫铁除外）。它可以固定垫铁，还可承受设备负荷。

　　基础抹面前应使设备底座、底面及基础表面保持清洁，泥土、油污等杂物必须清除干净。要灌浆、抹面的基础表面应凿成麻面，被油沾污的混凝土应凿除，并用水全面刷洗洁净，凹穴处不得留有积水。设备外缘的抹面灌浆层应平整美观，高度略高于设备底座底面，并略有坡度（向外），以防油、水流向设备基座，如图 7-8（c）所示。

2. 防排烟风机的安装

　　复测风机安装的中心偏差、水平度和联轴器的偏差、径向偏差等是否满足要求。

　　当二次灌浆的混凝土强度达到设计强度的 75% 时，再次复测通风机的水平度、中心偏差等，确认没有问题后，将垫铁点焊在一起。

　　（1）固定风机

　　拧紧螺栓固定好风机，并用水泥砂浆抹平基础表面。分体式风机，应在通风机机座上穿入螺栓，并把通风机机座吊装到基础上，调整通风机的中心位置，使通风机和基础的纵、横中心线相吻合，将通风机叶轮安装在它的轴上，吊装电动机和轴承架到基础上并调整位置，用水平尺检查风机安装的水平度。采用带式传动，安装传动带时应使电动机轴和风机轴的中心线平行，带的拉紧程度应适当，一般可用手敲打已装好的传送带中间，以稍有弹跳为宜。

　　（2）不同形式的防排烟风机的安装

　　在工程中防排烟风机主要有在屋顶的钢筋混凝土基础上安装、屋顶钢支架上安装和在楼板下吊装三种形式，如图 7-14 ～ 图 7-18 所示。

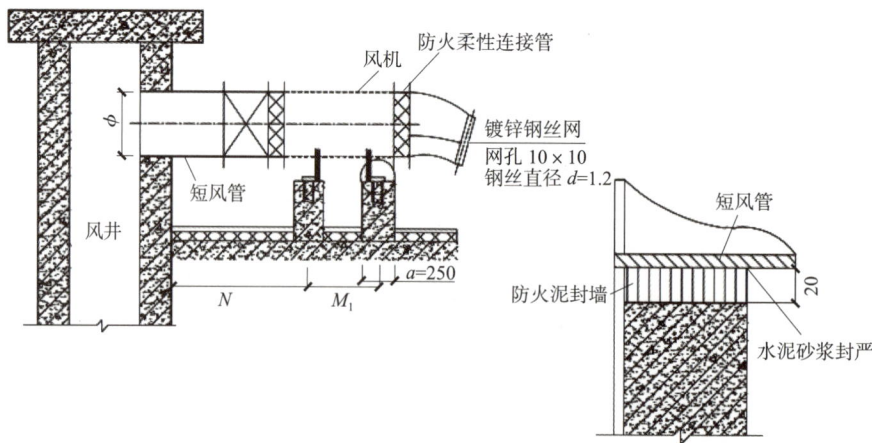

图 7-14　防排烟机在屋顶钢筋混凝土基础安装（单位：mm）

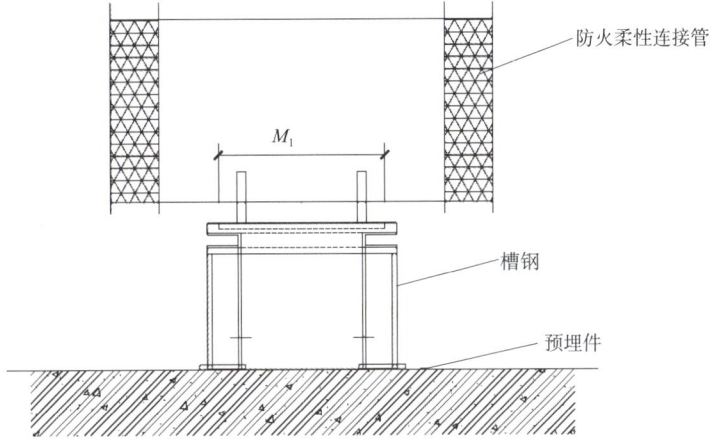

图 7-15　防排烟机在屋顶钢支架上安装

防火柔性连接管

槽钢

预埋件

M_1

图 7-16　屋顶防排烟风机

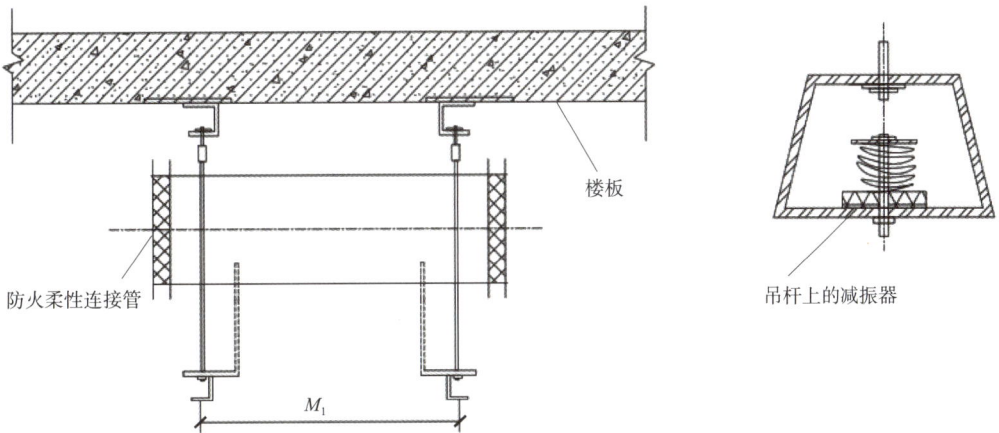

楼板

防火柔性连接管

M_1

吊杆上的减振器

图 7-17　防排烟风机在楼板下吊装

图 7-18　排烟机在楼板下吊装

3. 防排烟风机安装的要求

（1）防排烟风机的安装允许误差应满足表 7-4 的要求。

（2）安装风机的钢支、吊架，其结构形式和外形尺寸应符合设计或设备技术文件的规定，焊接应牢固，焊缝应饱满、均匀，支架制作安装完毕后不得有扭曲现象。

防排烟风机安装的允许误差　　　　　　　　　　　　表 7-4

项次	项目		允许偏差	检验方法
1	中心线的平面位移		10mm	经纬仪或拉线和尺量检查
2	标高		±10mm	水准仪或水平仪、直尺、拉线和尺量检查
3	带轮轮宽中心平面偏移		1mm	在主、从动带轮端面拉线和尺量检查
4	传动轴水平度		纵向 0.2/1000 横向 0.3/1000	在轴向或带轮 0° 和 180° 的两个位置上，用水平仪检查
5	联轴器	两轴芯径向位移	0.05mm	在联轴器互相垂直的四个位置上，用百分表检查
		两轴线倾斜	0.2/1000	

（3）风机进出口应采用柔性短管与风管相连。柔性短管必须采用不燃材料制作。柔性短管长度一般为 150 ~ 250m，应留有 20 ~ 25mm 的搭接量，如图 7-19 所示。

图 7-19　排烟风机的柔性短管接头

（4）离心式风机出口应顺叶轮旋转方向接出弯管。如果受现场条件限制达不到要求，应在弯管内设导流叶片。

（5）单独设置的防排烟系统风机，在混凝土或钢架基础上安装时可不设减振装置；若排烟系统与通风空调系统共用时需要设置减振装置。

（6）风机与电动机的传动装置外露部分应安装防护罩。风机的吸入口、排出口直通大气时，应加装保护网或其他安全装置。

（7）风机外壳至墙壁或其他设备的距离不应小于 600mm。

（8）排烟风机宜设在该系统最高排烟口之上，且与正压送风系统的吸气口边缘的水平距离不应少于 10m，或吸气口必须低于排烟口 3m。不允许将排烟风机设在封闭的吊顶内。

（9）排烟风机宜设置机房，机房与相邻部位应采用耐火极限不低于 2h 的隔墙、1h 的楼板和甲级防火门隔开。

（10）设置在屋顶的送风机、排烟风机、阀门不能日晒雨淋，应装设防护罩。

（11）固定防排烟系统风机的地脚螺栓应拧紧，并有防松动措施。

7.1.5　阀门和风口的安装

1. 防火阀、排烟防火阀的安装

防火阀要保证在火灾时能起到关闭和停机的作用。防火阀有水平安装、垂直安装和左式、右式安装之分，安装时不能弄错，否则将造成不应有的损失。为防止防火阀易熔件脱落，易熔件应在系统安装后再装。易熔件应严格按照所要求的方向安装，以使阀板的开启方向为逆气流方向，易熔件处于来流一侧。外壳的厚度不小于 2mm，以防止火灾时变形导致防火阀失效。转动部件转动灵活，并且应采用耐腐蚀材料制作，如黄铜、青铜、不锈钢等金属材料。防火阀应有单独的支架、吊架，不能让风管承受防火阀的重量。防火阀门在吊顶和墙内侧安装时要留出检查开闭状态和进行手动复位的操作空间，阀门的操作机构一侧应有 200mm 的净空间。防火阀安装完毕后，应能通过阀体标识判断阀门的开闭状态。

风管垂直或水平穿越防火分区以及穿越变形缝时，都应安装防火阀，其形式如图 7-20 ～图 7-22 所示。风管穿过墙体或楼板时，先用防火泥封堵，再用水泥砂浆抹面，以达到密封的作用。

排烟防火阀是用来在烟气温度达到 280℃时切断排烟并连锁关闭排烟风机的，它安装在排烟风机的进口处。排烟防火阀与防火阀只是功能和安装位置不同，安装的方式基本相同。

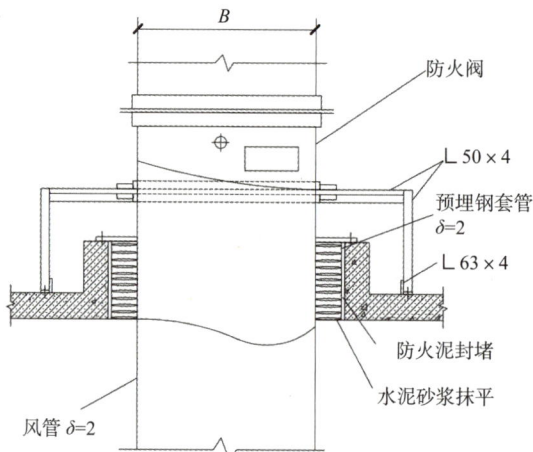

图 7-20　楼板防火阀的安装（单位：mm）

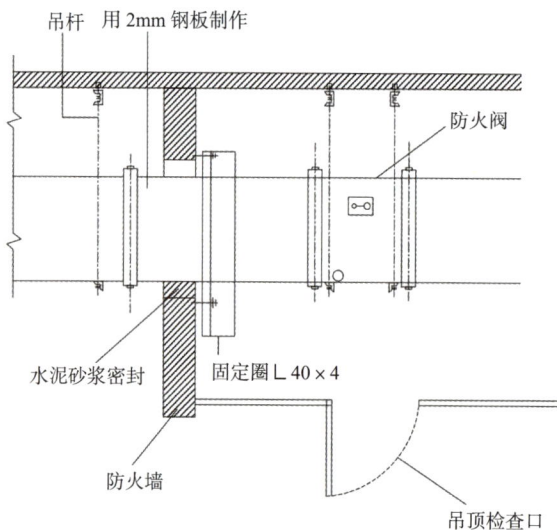

图 7-21　穿防火墙处防火阀的安装（单位：mm）

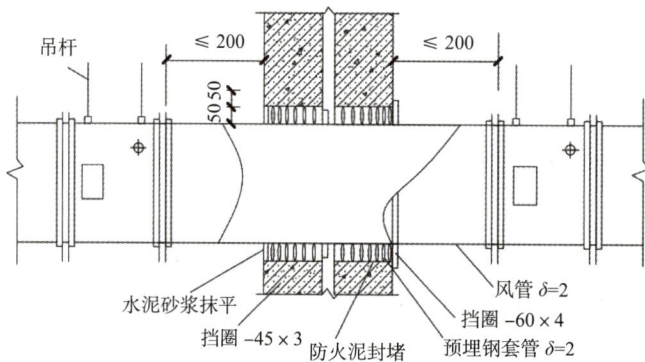

图 7-22　变形缝处防火阀的安装（单位：mm）

排烟防火阀的安装要求为：

（1）其型号、规格及安装的方向、位置应符合设计要求。

（2）阀门应顺气流方向关闭，防火分区隔墙两侧的排烟防火阀，距墙端面不应大于 200mm。

（3）手动和电动装置应灵活、可靠，阀门关闭严密。

（4）防火阀直径或长边尺寸大于或等于 630mm 时，应设独立的支架、吊架，当风管采用不燃材料防火隔热时，阀门安装处应有明显标识。

2. 排烟风口的安装

排烟风口分为多叶排烟口和板式排烟口，它们既可以直接安装在排烟管道上，也可以安装在墙壁上，与排烟竖井相连。

多叶排烟口的铝合金百叶风口可以拆卸，安装在风管上时，先取下百叶风口，用螺栓、自攻螺钉将阀体固定在连接法兰上，然后将百叶风口安装到位。多叶排烟口在排烟风管侧安装，如图 7-23 所示。

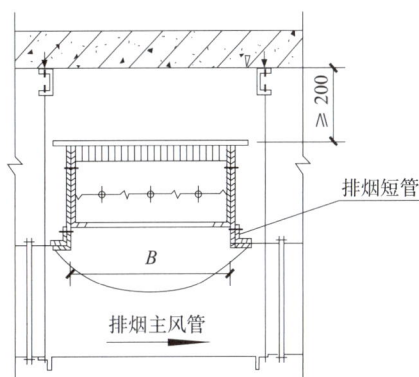

图 7-23　多叶排烟口在排烟风管侧的安装（单位：mm）

多叶排烟口安装在排烟井壁上时，先取下百叶风口，用自攻螺钉将阀体固定在预埋在墙体内的安装框上，然后装上百叶风口。多叶排烟口在砖墙上水平安装、混凝土墙上水平安装，如图 7-24 所示。

板式排烟口在吊顶安装时，排烟管道安装底标高距吊顶面大于 250mm。排烟口安装时，首先将排烟口的内法兰安装在短管内。定好位后用铆钉固定，然后将排烟口装入短管内，用螺栓和螺母固定，也可以用自攻螺钉把排烟口外框固定在短管上，如图 7-25 所示。

板式排烟口安装在排烟井壁上时，也是用自攻螺钉将阀体固定在预埋在墙体内的安装框上，如图 7-26 所示。

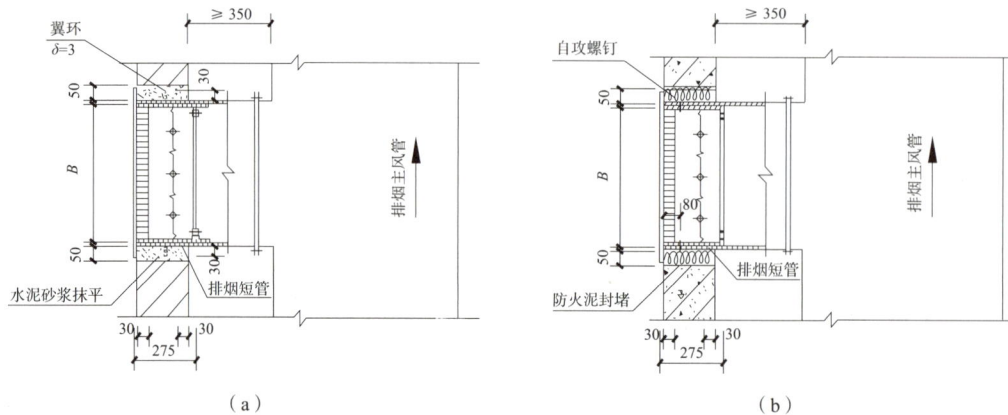

图 7-24　多叶排烟口在排烟井壁上的安装（单位：mm）

（a）砖墙上水平安装；（b）混凝土墙上水平安装

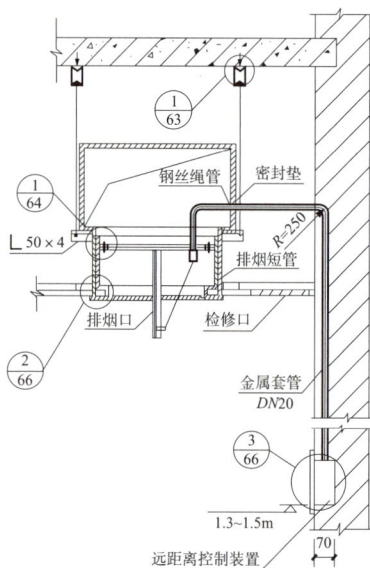

图 7-25　板式排烟口在吊顶上的安装（单位：mm）

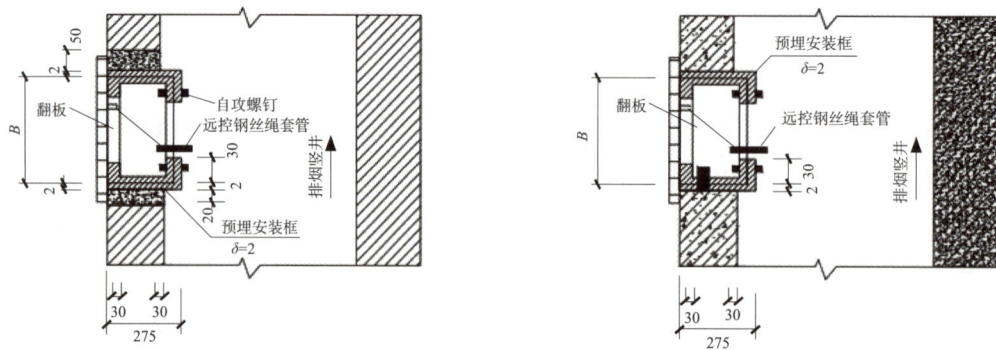

图 7-26　板式排烟口在排烟井壁上的安装（单位：mm）

排烟口安装应注意以下事项：

（1）排烟口及手控装置（包括预埋导管）的位置应符合设计要求。

（2）排烟口安装后应进行动作试验，手动、电动操作应灵活、可靠，阀板关闭时应严密。

（3）排烟口的安装位置应符合设计要求，并应固定牢靠，表面平整、不变形、调节灵活。

（4）排烟口距可燃物或可燃构件的距离不应小于1.5m。

（5）排烟口的手动驱动装置应设在明显可见且便于操作的位置。距地面1.3～1.5m，并应明显可见。预埋管不应有死弯瘪陷，手动驱动装置操作应灵活。

（6）排烟口与管道的连接应严密、牢固，与装饰面相紧贴；表面平整、不变形。同一厅室、房间内的相同排烟口的安装高度应一致，排列应整齐。

3. 加压送风口的安装

加压送风口用于建筑物的防烟前室，安装在墙上，平时处于常闭状态。火灾发生时，加压送风口所在防火分区内两只独立的感烟火灾探测器报警，或一只感烟火灾探测器与一只手动火灾报警按钮的报警信号触发联动控制，消防联动控制器在15s内自动开启该防火分区楼梯间全部加压送风机及着火层、相邻上下层前室的常闭送风口；同时，手动操作（如消防控制室总线控制盘或现场执行机构）也可直接启动送风口及风机，为防烟前室持续送风。用于楼梯间的加压送风口，一般采用常开的形式，采用普通百叶风口或自垂式百叶风口。

加压前室安装的多叶加压送风口，安装在加压送风井壁上，安装方式与多叶排烟口相同。前室若采用常闭的加压送风口，其中都有一个执行装置。楼梯间安装的自垂式加压送风口，是用自攻螺钉将风口固定在预埋在墙体内的安装框上的，如图7-27所示。楼梯间的普通百叶风口安装方式与自垂式加压送风口的安装方式相同。

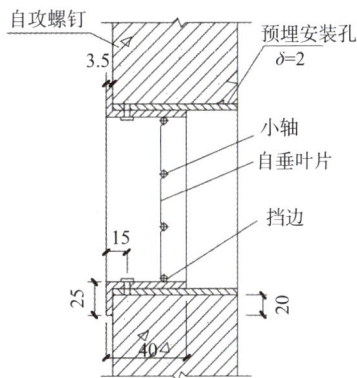

图 7-27 自垂式加压送风口（单位：mm）

送风口的安装位置应符合设计要求，并应固定牢靠，表面平整、不变形，调节灵活。常闭送风口的手动驱动装置应设在便于操作的位置，预埋套管不得有死弯及瘪陷，手动驱动装置操作应灵活。手动驱动装置应固定安装在明显可见、距楼地面1.3～1.5m便于操作的位置。

7.1.6 其他设备的安装

1. 挡烟垂壁的安装

挡烟垂壁，用不燃烧材料制成，从顶棚下垂不小于500mm的固定或活动的挡烟设施。如图7-28所示为防火玻璃挡烟垂壁。

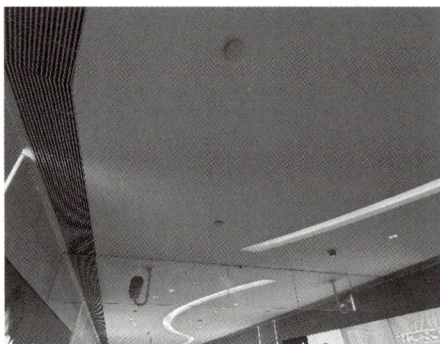

图7-28 防火玻璃挡烟垂壁

挡烟垂壁按安装方式分为：固定式挡烟垂壁，代号D；活动式挡烟垂壁，代号H。挡烟垂壁按挡烟部件材料的刚度性能分为：柔性挡烟垂壁，代号R；刚性挡烟垂壁，代号G。

挡烟垂壁安装应满足下列要求：

（1）其型号、规格、下垂的长度和安装位置应符合设计要求。

（2）活动挡烟垂壁与建筑结构（柱或墙）面的缝隙不应于大60mm，两块或两块以上的挡烟垂帘组成的连续性挡烟垂壁，各块之间不应有缝隙，搭接宽度不应小于100mm。

（3）活动挡烟垂壁的手动作装置应固定安装在距楼地面1.3～1.5m处，且便于操作、明显可见。

2. 排烟窗的安装

排烟窗的安装应满足下列要求：

（1）其型号、规格和安装位置应符合设计要求。

（2）安装应牢固、可靠，符合有关门窗施工验收规范要求，并应开启、关闭灵活。

（3）手动开启机构或按钮应固定安装在距楼地面 1.3 ～ 1.5m 处，并应便于操作、明显可见。

（4）自动排烟窗驱动装置的安装应符合设计和产品技术文件要求，并应灵活、可靠。

3. 感烟探测器的安装

感烟探测器常用类型有点型感烟火灾探测器、线型光束感烟火灾探测器等。

（1）点型感烟火灾探测器的安装，应符合下列规定：

①探测器至墙壁、梁边的水平距离不应小于 0.5m。

②探测器周围水平距离 0.5m 内不应有遮挡物。

③探测器至空调送风口最近边的水平距离不应小于 1.5m，至多孔送风顶棚孔口的水平距离不应小于 0.5m。

④在宽度小于 3m 的内走道顶棚上安装探测器时宜居中安装，点型感温火灾探测器的安装间距不应超过 10m，点型感烟火灾探测器的安装间距不应超过 15m，探测器至端墙的距离不应大于安装间距的一半。

⑤探测器宜水平安装，当确需倾斜安装时，倾斜角不应大于 45°。

（2）线型光束感烟火灾探测器的安装应符合下列规定：

①探测器光束轴线至顶棚的垂直距离宜为 0.3 ～ 1.0m，高度大于 12m 的空间场所增设的探测器的安装高度应符合设计文件和现行国家标准《火灾自动报警系统设计规范》GB 50116 的规定。

②发射器和接收器（反射式探测器的探测器和反射板）之间的距离不宜超过 100m。

③相邻两组探测器光束轴线的水平距离不应大于 14m，探测器光束轴线至侧墙水平距离不应大于 7m，且不应小于 0.5m。

④发射器和接收器（反射式探测器的探测器和反射板）应安装在固定结构上，且应安装牢固，确需安装在钢架等容易发生位移形变的结构上时，结构的位移不应影响探测器的正常运行。

⑤发射器和接收器（反射式探测器的探测器和反射板）之间的光路上应无遮挡物。

⑥应保证接收器（反射式探测器的探测器）避开日光和人工光源直接照射。

（3）探测器底座的安装应符合下列规定：

①应安装牢固，与导线连接应可靠压接或焊接，当采用焊接时，不应使用带腐蚀性的助焊剂。

②连接导线应留有不小于 150mm 的余量，且在其端部应设置明显的永久性标识。

③穿线孔宜封堵，安装完毕的探测器底座应采取保护措施。

7.2 建筑防排烟系统调试

建筑防排烟系统调试应在系统施工完成及与工程有关的火灾自动报警系统及联动控制设备调试合格后进行。建筑防排烟系统的联合试运行的调试可分为系统功能测试和系统联动控制分析。

1. 系统功能测试

设备检查：首先对防排烟系统中的所有设备进行全面检查，确保设备完好无损，且符合设计和规范要求。

手动操作测试：手动打开板式排烟口，观察防排烟风机是否能够立即启动，并检查其他板式排烟口是否能够全部开启。

性能测试：进行排烟风机的性能测试，包括风量、风压等参数，确保其满足设计要求。

余压测试：在防烟楼梯间及前室进行余压测试，以评估系统的密封性和防烟能力。

2. 系统联动控制分析

逻辑验证：检查控制系统的逻辑是否符合设计要求，确保在火灾等紧急情况下，系统能够按照预定的逻辑进行响应。

响应时间：分析系统从接收到信号到执行动作的响应时间，确保在规定时间内完成相应的动作。

联动试验：进行实际的联动试验，模拟火灾等紧急情况，验证系统各部分是否能够协同工作，有效进行排烟和防烟。

7.2.1 建筑防排烟系统的调试要求

建筑防排烟系统调试要求如下：

（1）系统调试所使用的测试仪器和仪表，性能应稳定可靠，其精度等级及最小分度值应能满足测定的要求，并应符合国家有关计量法规及检定规程的规定。

（2）系统调试应由施工单位负责、监理单位监督，设计单位与建设单位参与和配合。

（3）系统调试前，施工单位应编制调试方案，报送专业监理工程师审核批准，调试结束后，必须提供完整的调试资料和报告。

系统调试应包括设备单机调试和系统联动调试，并按标准填写调试记录。

7.2.2 强度和严密性检验

1. 检验要求

防排烟风管（道）系统安装完毕后，应对排烟系统和加压送风系统进行强度和严密性检验。检验应以主、干管道为主。其强度和严密性要求应符合设计要求或下列规定：

（1）防排烟风管的强度应能满足在1.5倍工作压力下接缝处无开裂。

（2）风管的允许漏风量，应满足：

低压系统风管 $Q_L \leqslant 0.1056p^{0.65}$ （7-1）

中压系统风管 $Q_M \leqslant 0.0352p^{0.65}$ （7-2）

式中，Q_L、Q_M 为系统风管在相应工作压力下，单位面积风管单位时间内的允许漏风量 $[m^3/（h \cdot m^2）]$；p 指风管系统的工作压力（Pa），见表7-5，排烟管道均执行中压系统的规定。

风管系统类别划分   表 7-5

系统类别	系统工作压力 p（Pa）
低压系统	$p \leqslant 500$
中压系统	$500 < p \leqslant 1500$
高压系统	$p > 1500$

（3）砖、混凝土风道的允许漏风量不应大于风管规定值的1.5倍。

（4）所有的防排烟系统都应进行严密性检验。其中低压系统的严密性检验可采用漏光法检测，检测不合格时，做风量测试；中压系统应在漏光法检测合格后做漏风量测试。

2. 漏光法检测

漏光法检测是利用光线对小孔的强穿透力，对系统风管严密程度进行检测的方法。检测应采用具有一定强度的安全光源，工程中常采用不低于100W带保护罩的手持移动低压照明灯或其他低压光源。

防排烟系统风管漏光检测时，光源可置于风管内侧或外侧，但其相对侧应为暗黑环境，为便于观察，通常在晚上进行，将光源置于管道内部。检测光源应沿着被检测接口部位与接缝缓慢移动，在另一侧进行观察，当发现有光线射出，则说明检查到明显漏风处，并应做好记录。当采用漏光法检测系统的严密性时，低压系统风管以每10m接缝光点不大于2处，且10m接缝平均不大于16处为合格；中压系统风管以每10m接缝漏光点不大于1处，且100m接缝平均不大于8处为合格。漏光检测中对发现的条缝形漏光，应作密封处理。

3. 漏风量测试

由于防排烟风管系统允许有一定量的漏风，要保持漏风管内的压力不变，只能把系统中漏掉的风量随时补上。因此，只要测出为保持风管特定压力而补充的风量，即可测出被测系统的漏风量，根据这一要求，可做出专用的风量测试装置。

（1）测试装置

漏风量测试应采用经检验合格的专用测量仪器。漏风量测试装置分为风管式或风室式。风管式测试装置采用孔板做计量元件；风室式测试装置采用喷嘴做计量元件。漏风量测试装置的风机，其风压和风量应分别选择大于被测定系统的规定试验压力及最大允许漏风量的1.2倍。漏风量测试装置试验压力的调节，可采用调整风机转速的方法，也可采用控制节流装置开度的方法。漏风量值必须在系统经调整后保持稳压的条件下测得。

（2）漏风量测试要求

①正压或负压系统风管的漏风量测试，分正压试验和负压试验两类。一般可采用正压条件下的测试来检验。

②系统漏风量测试可以整体或分段进行。测试时，被测系统的所有开口均应封闭，不应漏风。

③被测系统的漏风量超过设计和标准的规定时，应查出漏风部位，做好标记；修补完工后重新测试，直至合格。

④漏风量测定值一般应为规定测定压力条件下的实测数值。

漏光测试和漏风量测试过程中，应填写风管漏光、漏风量测试记录（表7-6）。

风管漏光、漏风量测试记录　　　　　　　　　　　　　　　　　表 7-6

单位（子单位）工程名称			
子分部（系统）工程名称			
安装单位		项目经理（负责人）	
施工执行标准名称及编号			
风管材质		工作压力（Pa）	
试验项目	漏光测试		漏风量测试

续表

| 试验部位 | 接缝总长度（m） | 每 10m 漏光点 | | 每 100m 漏光点 | | 风管表面积（m²） | 试验压力（Pa） | 允许漏风量[m³/（h·m²）] | 实测漏风量[m³/（h·m²）] |
		允许值（处）	实测值（处）	允许值（处）	实测值（处）				
安装单位检查结果		专业工长（施工员）				测试人员			
		项目专业质量检查员：　　　年　月　日							
监理（建设）单位检查结论		专业监理工程师（建设单位项目专业技术负责人）：　　　年　月　日							

7.2.3　防排烟设备的单机调试

1. 阀门、排烟窗、挡烟垂壁的调试

对排烟阀门、排烟口进行手动和自动开启、复位试验，观察执行机构动作是否灵敏，脱扣钢丝的连接是否松弛、易脱落，信号输出是否正确。模拟火灾实验，相应区域火灾报警后，同一防火分区内排烟管道上的其他阀门应联动关闭，阀门关闭后的状态信号应能反馈到消防控制室，阀门关闭后应能联动相应的风机停止工作。

对每一个自动排烟窗需手动操作排烟窗开关进行开启、关闭试验，排烟窗动作应灵敏、可靠。模拟火灾，相应区域火灾报警后，同一防烟分区内排烟窗应能联动开启，完全开启时间应在 60s 内或小于烟气充满储烟仓时间内开启完毕，与消防控制室联动的排烟窗完全开启后，开启的状态信号应反馈到消防控制室。

对于每一个活动挡烟垂壁需手动操作挡烟垂壁按钮进行开启、复位试验，挡烟垂壁应灵敏、可靠地启动与到位后停止，下降高度应符合设计要求，模拟火灾，相应区域火灾报警后，同一防烟分区内挡烟垂壁应在 60s 以内联动下降到设计高度，挡烟垂壁下降到设计高度后应能将下降的状态信号反馈到消防控制室。

2. 加压送风机、排烟风机调试

手动开启风机并立即停机，查看叶轮旋转方向是否正确，确认无误后启动运行，若出现杂音、运转不平稳、异常振动与声响，则应停机检查，没问题后连续运转 2h。在额定转速下连续运转 2h 后，滑动轴承外壳最高温度不得超过 70℃，滚动轴承不得

超过 80℃。用声级计测定风机运行时，产生的噪声不宜超过产品性能说明书的规定值。

核对风机铭牌上的风量、风压、轴功率等参数是否与设计相符。风机启动时用钳形电流表测量电动机的启动电流，待风机正常运转后再测量电动机的运转电流。如运转电流值超过电机额定电流值时，应将总量调节阀逐渐关小，直到降到额定电流值，并用电压表测量风机工作时的电压，与额定电压比较。

风机的风量应分别在其压出端和吸入端进行测定。用风速仪进行测量，一般选取上、下、左、右和中间五个点进行定点测量，也可匀速移动风速仪来测量。用吸入端和压出端风量的平均值来表示风机的风量。

风机的全压测定，必须分别测出压出端和吸入端测定截面上的全压平均值。当风机压力在 500Pa 以下时，用皮托管和斜式微压计来测量，如果压力更高，应使用 U 形压差计测量。风机压出端的测定截面，应尽可能选在靠近通风机出口且气流比较稳定的直管段上。风机吸入端的测定截面位置应尽可能靠近风机吸入口。

3. 加压送风系统调试

加压送风系统主要设置在防烟楼梯间及其前室和消防电梯前室。加压送风系统调试主要是进行加压送风口的风速和余压值的测量。根据设计模式，开启送风机，测试所有送风口处的风速，以及楼梯间、前室、合用前室、消防电梯前室、封闭避难层（间）的余压值。

加压送风系统风速及余压的调试方法及要求应符合以下规定：

（1）应选取送风系统末端所对应的送风最不利的三个连续楼层模拟起火层及其上下层，封闭避难层（间）仅需选取本层，调试送风系统使上述楼层的楼梯间、前室及封闭避难层（间）的风压值及疏散门的门洞断面风速值与设计值的偏差不大于10%。

（2）对楼梯间和前室的调试应单独分别进行，且互不影响。

（3）调试楼梯间和前室疏散门的门洞断面风速时，设计疏散门开启的楼层数量应符合规定要求。

加压送风口的风速的调试步骤如下：

（1）先检查风道是否畅通及有无漏风，然后把正压送风口手动打开，观察机械部分打开是否顺畅，有无卡堵现象（电气自动开启可在联动调试时进行）。

（2）在风机室手动启动风机，用风速表测量加压送风口的风速，其值不应大于7m/s。测量时，小截面风口（风口面积小于 0.3m² ）采用 5 个点，点的布置如图 7-29所示。当风口面积大于 0.3m² 时，对于矩形风口，如图 7-30 所示，把风口断面划分成若干面积相等的矩形，测点布置在每个小矩形的中心，小矩形每边的长度为 200mm 左右；对于条缝形加压送风口，如图 7-31 所示，在高度方向上，至少安排两个测点，沿其长度方向上，可取 5 ~ 6 个测点。风速取各测点的平均值。

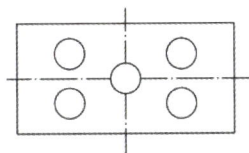

图 7-29 小截面风口测点布置   图 7-30 矩形风口测点布置

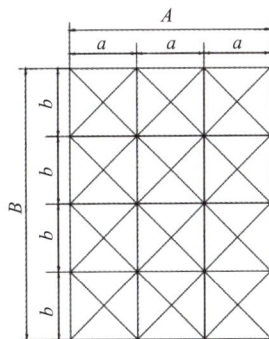

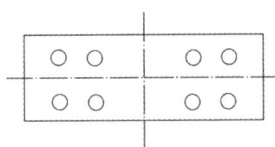

图 7-31 条缝形风口测点布置

（3）采用微压计，在加压送风区域的顶层、中间层及最下层，测量防烟楼梯间、前室、合用前室的余压。正压送风余压值应满足：防烟楼梯间为 40 ～ 50Pa；前室、合用前室为 25 ～ 30Pa。

4. 机械排烟系统调试

机械排烟系统的调试主要是排烟口风速的测量（排烟口的自动打开，排烟风机的自动启动及防火阀动作联动风机启停等项在联动调试时进行）。每一个排烟风机都要进行调试。

机械排烟系统风速和风量的调试方法及要求应符合下列规定：

（1）应根据设计模式，开启排烟风机和相应的排烟阀或排烟口，调试排烟系统使排烟阀或排烟口处的风速值及排烟量值达到设计要求，其值不大于 10m/s。

（2）开启排烟系统的同时，还应开启补风机和相应的补风口，调试补风系统使补风口处的风速值及补风量值达到设计要求。

（3）应测试每个风口风速，核算每个风口的风量及其防烟分区总风量。

测试地下室的机械排烟系统，还应开启送风机和相应的送风口，测试送风口处的风速应达到设计要求。测试的方法和加压送风口风速的测试方法相同。

7.2.4 建筑防排烟系统联动调试

1. 机械加压送风系统的联动调试

机械加压送风系统联动调试应包括下列项目：

（1）手动或自动打开任一个常闭加压送风口，查看相应的加压送风机的动作及其反馈信号。

通过防烟分区的火灾探测器发出模拟火灾信号、在控制室远程启动送风口（阀）装置、现场手动操作常闭式送风口（阀）开启装置，观察其前室送风口（阀）、送风机动作情况及控制室消防控制设备信号显示情况。

现场手动操作常闭式送风口（阀）的复位装置，观察送风口（阀）复位动作情况及控制室信号状态反馈情况。在控制室消防控制设备上启动一个防烟分区的送风机组，观察送风机组动作情况及消防控制室对应的消防设备启动的信号显示情况。

手动操作送风机组控制柜上的启动、停止按钮，观察送风机组动作情况及控制室消防控制设备信号显示情况。在风机室手动停止风机，采用短路方式在风机室模拟远程启动风机，并测量风机启动后是否向消防控制室反馈启动信号。

（2）在自动控制方式下，分别触发两个相关的火灾探测器，查看相应送风阀、送风机的动作和信号反馈情况。

2. 机械排烟系统联动试运转

机械排烟系统联动试运转应包括下列项目：

（1）当手动或自动打开任何一个常闭排烟口时，查看排烟风机的动作及其反馈信号。

通过防烟分区的火灾探测器发出模拟火灾报警信号、在控制室消防控制设备上启动排烟口（阀）控制装置、现场手动操作排烟口（阀）开启装置，观察该防烟分区的排烟口（阀）能否自动开启，同时启动与其联动的排烟风机，其状态信号应反馈到消防控制室。

现场手动操作排烟口（阀）的复位装置，观察排口（阀）能否复位，动作状态信号应反馈到消防控制室。

在排烟风机运转的情况下，手动关闭其入口处的排烟防火阀，观察排烟风机是否停止运行，控制室火灾自动报警系统是否有信号显示。手动复位排烟防火阀，观察其动作情况。

在消防控制室手动启动一个防烟分区的排烟风机，观察排烟风机启停功能是否正常，是否有动作状态信号应反馈到消防控制室。手动操作排烟风机控制柜上的启停按钮，观察排烟风机动作情况及控制室火灾自动报警系统上信号显示情况。

（2）自动控制方式下，分别触发两个相关的火灾探测器，查看相应排烟阀、排烟风机、送风机的动作和信号反馈情况。通风与排烟合用系统，同时查看风机运行状态的转换情况。

3. 自动排烟窗的联动调试

自动排烟窗应在火灾自动报警探测器发出火警信号后联动开启到符合要求的位置；

动作状态信号应反馈到消防控制室。

4. 挡烟垂壁的联动调试

在火灾报警后，相应部位的挡烟垂壁能灵活自动下降到设计高度。

由被试防烟分区的火灾探测器发出火灾模拟信号，观察该防烟分区的挡烟垂壁动作情况及控制室信号反馈情况。

系统调试过程中需要填写表 7-7 、表 7-8。

防排烟系统工程施工过程检查记录　　　　　　　　　　表 7-7

工程名称				
施工单位			监理单位	
施工执行标准名称及编号	《建筑防烟排烟系统技术标准》GB 51251—2017			
项目		对应 GB 51251 条款	施工单位检查记录	监理单位检查记录
设备单机调试	排烟防火阀调试	7.2.1		
	常闭送风口、排烟阀或排烟口调试	7.2.2		
	活动挡烟垂壁调试	7.2.3		
	自动排烟窗调试	7.2.4		
	送风机、排烟风机调试	7.2.5		
	机械加压送风系统调试	7.2.6		
	机械排烟系统调试	7.2.7		
系统联动调试	机械加压送风联动调试	7.3.1		
	机械排烟联动调试	7.3.2		
	自动排烟窗联动调试	7.3.3		
	活动挡烟垂壁联动调试	7.3.4		
调试人员：(签字)			年　月　日	
施工单位项目负责人：(签章)　　　　　　　　　　　　　　　　年　月　日			监理工程师：(签章)　　　　　　　　年　月　日	

注：1. 对应条款请查看《建筑防烟排烟系统技术标准》GB 51251—2017。
　　2. 施工工程如用到其他表格，则应作为附件一并归档。

机械防排烟系统调试报告　　　　　　　　　　　表 7-8

工程名称							地址				
测试名称											
安装质量检查结果		□符合规定　　□不符合规定					特殊情况说明：				

<table>
<tr><td colspan="12" align="center">正压送风</td></tr>
<tr><td colspan="2">部位</td><td></td><td></td><td></td><td></td><td></td><td></td><td></td><td></td><td></td><td></td></tr>
<tr><td rowspan="2">顶部
楼层</td><td>风压（Pa）</td><td></td><td></td><td></td><td></td><td></td><td></td><td></td><td></td><td></td><td></td></tr>
<tr><td>风速（m/s）</td><td></td><td></td><td></td><td></td><td></td><td></td><td></td><td></td><td></td><td></td></tr>
<tr><td rowspan="2">中部
楼层</td><td>风压（Pa）</td><td></td><td></td><td></td><td></td><td></td><td></td><td></td><td></td><td></td><td></td></tr>
<tr><td>风速（m/s）</td><td></td><td></td><td></td><td></td><td></td><td></td><td></td><td></td><td></td><td></td></tr>
<tr><td rowspan="2">底部
楼层</td><td>风压（Pa）</td><td></td><td></td><td></td><td></td><td></td><td></td><td></td><td></td><td></td><td></td></tr>
<tr><td>风速（m/s）</td><td></td><td></td><td></td><td></td><td></td><td></td><td></td><td></td><td></td><td></td></tr>
<tr><td rowspan="2">避难
空间</td><td>风压（Pa）</td><td></td><td></td><td></td><td></td><td></td><td></td><td></td><td></td><td></td><td></td></tr>
<tr><td>风速（m/s）</td><td></td><td></td><td></td><td></td><td></td><td></td><td></td><td></td><td></td><td></td></tr>
</table>

机械排烟量（m³）或换气次数

部位	风量	部位	风量	部位	风量	部位	风量	部位	风量

调试结论	□系统已按国家有关技术规范和要求调试合格，运行正常		
调试单位		调试人员签名	
		调试日期	

7.3　建筑防排烟系统验收

7.3.1　建筑防排烟系统竣工验收的总体要求

建筑防排烟系统竣工后，在使用前必须进行工程验收。工程验收工作应由建设单位负责，并应组织设计、施工、监理等单位共同进行，验收不合格不得投入使用。建筑防排烟系统验收时应填写防排烟系统工程验收记录表，如表 7-9 所示。

防排烟系统工程验收记录表 表 7-9

工程名称		分部工程名称		
施工单位		项目经理		
监理单位		总监理工程师		
序号	检查项目名称	检查内容记录		检查评定结果
1				
2				
3				
4				
质量验收结论				
验收单位	施工单位:		项目经理: 年　月　日	
	监理单位:		总监理工程师: 年　月　日	
	设计单位:		项目负责人: 年　月　日	
	建设单位:		建设单位项目负责人: 年　月　日	

注: 分部工程质量验收由建设单位项目负责人组织施工单位项目经理、总监理工程师和设计单位项目负责人等进行。

　　建筑防排烟工程竣工验收时, 应检查竣工验收的资料, 一般包括下列文件及记录:

(1) 竣工验收申请报告。

(2) 施工图、设计说明书、设计变更通知书和设计审核意见书、竣工图。

(3) 主要材料、设备、成品、半成品的出厂合格证明及进场检 (试) 验报告。

(4) 工程质量事故处理报告。

(5) 隐蔽工程检查验收记录。

(6) 阀门等附件、风管系统、设备安装及检验记录。

(7) 防排烟管道试验记录。

(8) 防烟、排烟系统施工过程质量检查记录。

(9) 设备单机试运转记录。

(10) 安全和功能检验资料的核查记录。

（11）观感质量综合验收记录。

（12）防烟、排烟系统工程质量控制资料检查记录。

7.3.2 建筑防排烟系统观感质量综合验收要求

建筑防排烟系统按30%抽查，通过尺量、观察等方法进行防排烟系统观感质量综合验收，应满足以下要求：

（1）风管表面应平整、无损坏，接管合理，风管的连接以及风管与风机的连接应无明显缺陷。

（2）风口表面应平整、颜色一致、安装位置正确，风口可调节部件应能正常动作。

（3）各类调节装置的制作和安装，应正确牢固、调节灵活，操作方便。

（4）风管、部件及管道的支架形式、位置及间距应符合要求。

（5）风机的安装应正确牢固。

7.3.3 建筑防排烟系统设备功能验收

1. 按30%抽查防排烟系统设备，通过手动方式检查其手动功能，包括下列项目：

（1）送风机、排烟风机应能正常手动开启和关闭。

（2）送风口、排烟阀（口）、自动排烟窗进行手动开启和复位。

（3）活动挡烟垂壁进行手动开启、复位。

2. 设备联动功能验收，应包含所有设备，主要包括下列项目：

火灾报警后，根据设计模式，相应系统的送风机开启、送风口开启、排烟风机开启、排烟阀（口）开启、自动排烟窗开启到符合要求的位置，活动挡烟垂壁下垂到位。

7.3.4 建筑防排烟系统主要性能参数验收

1. 各自然排烟系统的主要性能参数验收

各自然排烟系统按30%检查验收，通过尺量的方式来检查可开启的外窗面积，检查应包括下列项目并达到设计要求。

（1）防烟楼梯间及其前室、消防电梯前室、合用前室开启外窗的面积。

（2）内走道可开启外窗的面积。

（3）需要排烟的房间可开启外窗的面积。

（4）中庭可开启的顶窗和侧窗的面积。

2. 机械防烟系统的主要性能参数验收

所有的机械防烟系统的主要性能参数都应检查验收，检查应包括下列项目：

（1）任取一模拟火灾层，当防烟楼梯间、前室、合用前室、消防电梯间前室、封闭避难层（间）门全闭时，测试防烟楼梯间、前室、合用前室、消防电梯间前室、封闭避难层（间）的风压。走廊→前室→楼梯的压力应递增分布；前室、合用前室、消防电梯前室、封闭避难层（间）的余压值应符合要求；防烟楼梯间的余压值应符合要求。对楼梯间和前室的测试应单独分别进行，且互不影响。

（2）机械加压送风系统承担层数小于20层时，应根据设计模式同时打开模拟火灾层及其上一层防烟楼梯间、前室、合用前室、消防电梯间前室的防火门；机械加压送风系统承担层数不小于20层时，应根据设计模式同时打开模拟火灾层及其上、下层防烟楼梯间、前室、合用前室、消防电梯间前室的防火门；测试各门洞处的风速不宜小于0.7m/s。

3. 机械排烟系统主要性能参数验收

机械排烟系统对下列部位的排烟量进行检查，应测试排烟口的风速并符合设计要求：

（1）内走道排烟量。

（2）需要排烟的房间的排烟量。

（3）中庭的排烟量。

（4）地下车库的排烟量。

4. 地下室所有的送风系统的送风量应测试送风口的风速并符合设计要求

防排烟系统工程验收记录应由建设单位填写，综合验收结论由参加验收的各方共同商定并签字盖章（见表7-9）。

7.4　金属防排烟风管制作实训

7.4.1　实训概述

1. 金属防排烟风管的加工制作介绍

下面简单介绍一下（矩形）金属风管在风管生产厂家专业设备自动生产线的制作过程。

以广东省中山市某金属制品公司生产的金属风管半成品为例，介绍从成卷的金属镀锌板材到L形风管半成品生产过程：采用厚度为1.0mm的镀锌铁皮，制作一段320mm×320mm×1129mm的L形金属风管半成品（常见卷状镀锌铁皮标准宽度为1219mm，自动产线生产出来的风管长度约为1129mm），采用联合角咬口连接形式，预设两个角咬口，制作好连接边咬口插槽及插边，制作过程如表7-10所示。

L 形金属风管半成品自动化生产线制作过程　　　　表 7-10

序号	步骤	内容	注意事项（说明）
1	下料		根据金属风管要求尺寸，自动等离子裁切，尺寸约 720mm×1219mm
2	冲压四边角余料及中间小槽	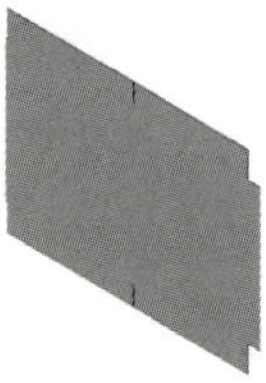	气动冲压，按顺序冲切
3	咬口机冲压咬口插槽及插边	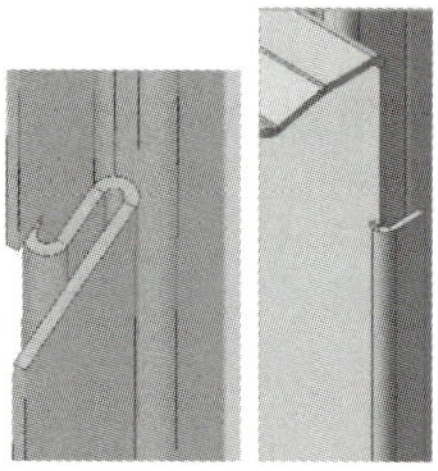	气动冲压 2 次，每次单边按照要求成型
4	冲压两边法兰翻边	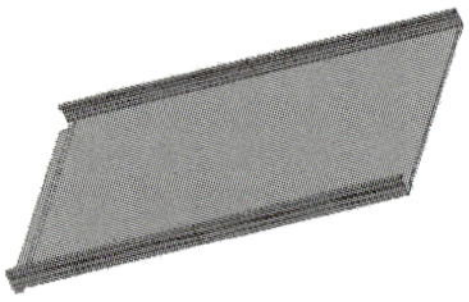	气动冲压 2 次，每次单边成型
5	弯曲 90°	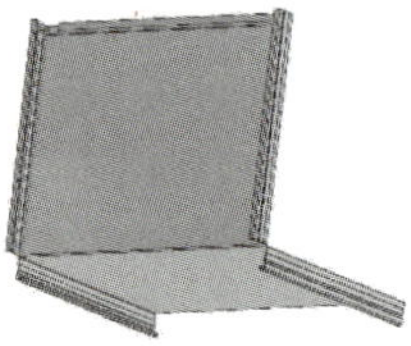	气动折方，一次成型
6	L 形金属风管半成品打包		自动堆放在货架上，堆满更换货架
7	装车发货		

注：联合角咬口，连接缝需要预留咬口合计长度约 40mm，两边共板法兰风管需要预留合计长度约 90mm，详见《通风管道技术规程》JGJ/T 141—2017。

　　运输到施工现场的 L 形金属风管半成品已经按联合角咬口制作好咬口连接缝，两片 L 形金属风管半成品对接后，放在工作台上，按照金属风管装配工艺，用锤子、合缝机等将咬口、直角边压实，即可完成一段矩形金属风管制作。另外，还需要在 8 个角安装法兰角钢，如图 7-32 所示。经过检查修正后即可进行金属风管吊装。

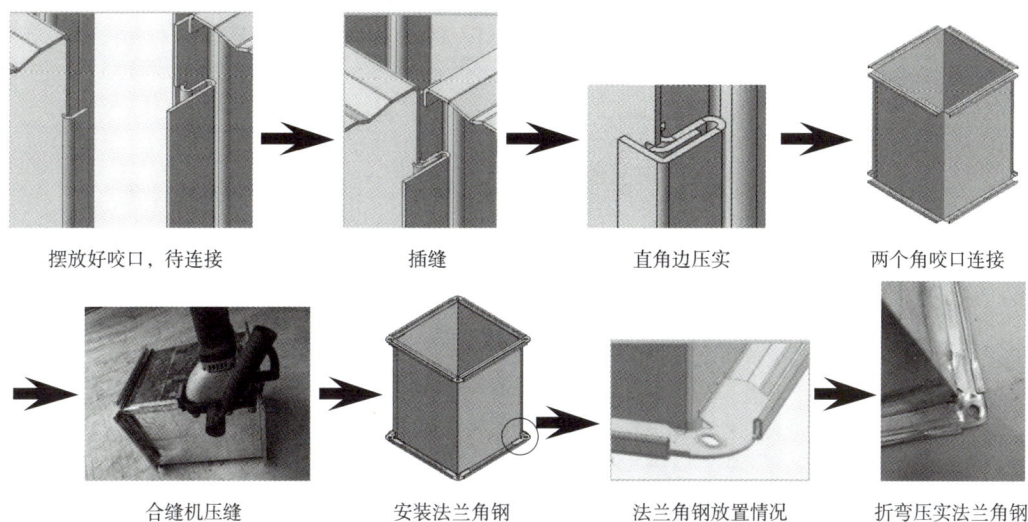

| 摆放好咬口，待连接 | 插缝 | 直角边压实 | 两个角咬口连接 |

| 合缝机压缝 | 安装法兰角钢 | 法兰角钢放置情况 | 折弯压实法兰角钢 |

图 7-32　L 形金属风管半成品咬口及安装法兰角钢过程

通常根据所需金属风管长度，先用自动生产线生产出来的风管（通常长度约为 1129mm）整数匹配，不足该尺寸（1129mm）的及其他特殊形状、尺寸的由人工半自动生产制作。

2. 金属防排烟风管的加工制作要求

用厚度为 1.0mm 的镀锌铁皮 L 形金属风管半成品，组装制作一段 320mm × 320mm × 800mm 矩形金属风管。

7.4.2　物资清单

1. 零部件、工具、材料清单

金属防排烟矩形风管的组装制作零部件、工具、材料清单，如表 7-11 所示。

金属防排烟矩形风管的组装制作零部件、工具、材料清单　　　表 7-11

名称	型号 / 材料参数	数量	备注
L 形金属风管半成品	320mm × 320mm × 800mm（镀锌铁皮厚 1mm）	2 块	已制作好联合角咬口、法兰边
法兰角钢	30mm × 90mm（厚 1mm），螺孔 M8	8 个	
锤子	钢制锤、橡胶锤	1 个	
风管合缝机	手提式	1 台	
手套	劳保防刺手套	若干双	

2. 矩形金属风管制作零部件实物

矩形金属风管由 2 块镀锌铁皮 L 形风管、8 个法兰角钢连接组成，金属风管制作零部件实物图如图 7-33 所示。

图 7-33　金属风管制作零部件实物图

7.4.3　实施过程

由于 L 形金属风管半成品存在较多的尖锐边角及毛刺，整个制作过程中，务必戴好防刺手套及严格按照规程操作。金属防排烟矩形风管制作前，需要对 L 形金属风管半成品进行检查，保证无变形、裂纹。金属防排烟矩形风管制作过程如表 7-12 所示。

金属防排烟矩形风管制作过程　　　　　　　　　　　　　表 7-12

序号	步骤	内容	注意事项（说明）
1	连接联合角咬口接缝		参照图 7-32，用锤子、风管合缝机将接缝口、直角边压实
2	安装法兰角钢		参照图 7-32，在八个角安装法兰角钢，需折弯压实法兰角钢
3	检查修正		测量，按照《通风管道技术规程》JGJ/T141—2017 相关规定检查修正

按 9S 管理要求，整理场地工位、整理工具材料、打扫卫生。

7.4.4 考核评价

本任务的终结性评价如表 7-13 所示。

金属防排烟风管制作终结性评价表　　表 7-13

序号	评价项目	评价要求	评价明细	评分标准	得分
1	组装前后（10分）	劳保用品穿戴	是否符合要求	0 ~ 5	
		检查工具材料	是否检查	0 ~ 5	
2	组装工艺（20分）	锤子使用是否正确	每错 1 次扣 2 分	0 ~ 10	
		风管合缝机使用是否正确	每漏 1 个扣 2 分	0 ~ 10	
3	组装完成度（10分）	是否在规定的时间内完成组装	每超时 1 分钟扣 1 分	0 ~ 10	
4	组装质量（50分）	边长偏差 ≤ 2mm	每超过标准 1mm 扣 1 分	0 ~ 10	
		表面平面度 ≤ 10mm	每超过标准 1mm 扣 1 分	0 ~ 10	
		风管对角线之差 ≤ 3mm	每超过标准 1mm 扣 1 分	0 ~ 10	
		法兰端面平面度 ≤ 2mm	每超过标准 1mm 扣 1 分	0 ~ 10	
		其他缺陷	无明显印痕、损伤等	0 ~ 10	
5	9S 管理（10分）	职业素养	是否符合 9S 要求，每错 1 处扣 2 分	0 ~ 10	
	合计			100	

注：组装质量参照《通风管道技术规程》JGJ/T 141—2017，风管及法兰制作的允许偏差应符合规范的规定。

复习思考题

1. 简述建筑防排烟系统安装的总体要求。
2. 简述建筑防排烟系统调试内容。

建筑防排烟系统监控、操作、检测与维护

第8章

学习目标

1. 掌握建筑防排烟系统的监控与操作;

2. 熟知建筑防排烟系统的检测;

3. 掌握建筑防排烟系统的维护保养及维修。

建筑防排烟系统在实际应用中往往存在诸多问题,如排烟不畅、漏风等,这些问题不仅会影响系统的正常运行,还会对人员安全和灭火救援造成严重影响。因此,对建筑防排烟系统进行有效监控、操作、检测与维护显得尤为重要。通过监控,可以实时了解防排烟系统的运行状态和性能,及时发现并处理异常情况;通过操作,可以确保防排烟系统在火灾等紧急情况下能够迅速启动并发挥应有作用;通过检测,可以定期评估防排烟系统的性能,及时发现并处理潜在问题;通过维护,可以保持防排烟系统的良好状态,延长其使用寿命。

8.1　建筑防排烟系统的监控

发生火灾时以及在火势发展过程中,要正确监控防排烟设备的动作顺序,使建筑物内的防排烟达到理想效果,以保证人员的安全疏散和消防人员顺利扑救火灾,因此防排烟系统的监控具有重要意义。

8.1.1　机械加压送风系统的工作状态的监控

机械加压送风系统的工作状态由构成系统的各组件工作状态决定,可通过组件外观检查、功能测试等方法判断机械加压送风系统是否处于正常工作状态,具体监控步

骤如表 8-1 所示。

机械加压送风系统的工作状态的监控步骤　　　　　表 8-1

步骤	内容	具体操作	图示
1	检查机械加压送风系统组件的完整性	对送风机、送风管道、送风口、电气控制柜等组件逐一识别并检查确认各组件是否齐全、外观是否完好	
2	查看电气控制柜的控制状态	（1）检查确认主电源正常；确认主电源指示灯点亮	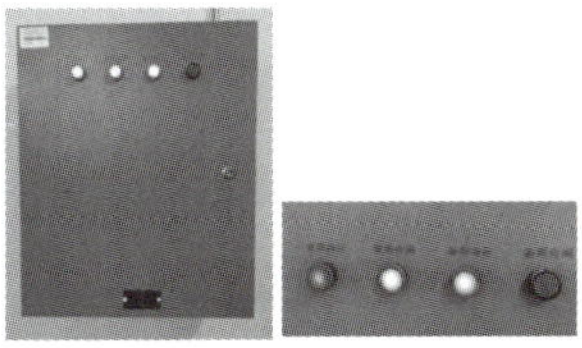
		（2）测试主电／备电切换功能 ①打开电气控制柜门； ②将双电源转换开关切换至自动控制状态； ③断开主电源开关，查看电气控制柜是否由主电源工作状态转换为备用电源工作状态； ④观察主电源指示灯是否熄灭，备用电源指示灯是否点亮； ⑤恢复主电源供电，查看是否自动转换为主电源工作状态，观察备用电源指示灯是否熄灭，主电源指示灯是否重新点亮	

续表

步骤	内容	具体操作	图示
2	查看电气控制柜的控制状态	（3）检查电气控制柜手动/自动切换功能 ①确认电气控制柜所处的控制状态（自动/手动）； ②将开关切换到手动状态； ③手动启停风机的功能； ④复位	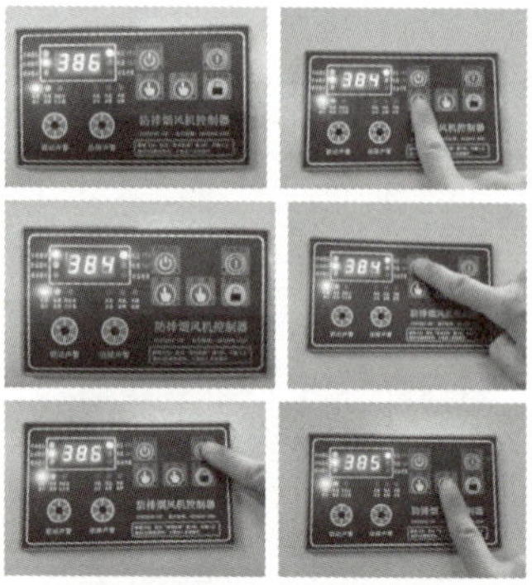
3	常闭式加压送风口的手动开启和复位操作	①查看送风口执行机构状态。打开送风口护板，观察送风口执行机构是否处于正常关闭状态； ②打开送风口。手动拉动执行机构的拉环，观察送风口监控模块启动指示灯是否点亮； ③复位。推动执行机构手柄关闭送风口，观察送风口监控模块指示灯是否熄灭	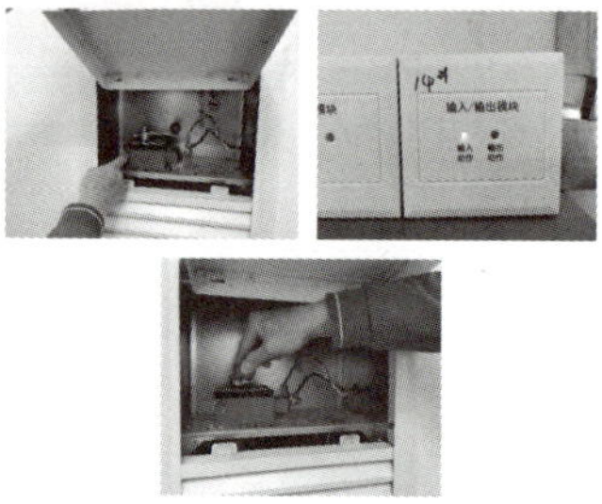

8.1.2 机械排烟系统的工作状态的监控

机械排烟系统的工作状态判断方法同机械加压送风系统基本一致，可通过开展组件外观检查、功能测试等方法作出判断。机械排烟系统的工作状态的监控步骤如表 8-2 所示。

机械排烟系统的工作状态的监控步骤 表 8-2

步骤	内容	具体操作	图示
1	检查机械排烟系统组件的完整性	对机械排烟系统的排烟风机、排烟管道、排烟阀（排烟口）、排烟防火阀、电气控制柜等组件，逐一识别并检查确认各组件是否齐全、外观是否完好	
2	查看电气控制柜的控制状态	（1）检查确认主电源正常 （2）测试主电/备电切换功能 （3）检查电气控制柜手动/自动切换功能	

续表

步骤	内容	具体操作	图示
3	排烟口的手动开启和复位操作	①手动开启排烟口。拨动执行机构火警开关，查看排烟口是否正常打开；②复位板式排烟。使用内六角工具顺时针依次旋转"复位1"螺杆和"复位2"螺杆，查看排烟口是否复位	    
4	排烟防火阀的手动关闭和复位操作	①查看排烟防火阀原始状态。排烟防火阀执行机构的指针是否在开启位置；②关闭排烟防火阀。拉动执行机构的手动拉环，查看排烟防火阀是否关闭；③复位。向开启方向推动执行机构手柄，查看排烟防火阀是否恢复至开启状态	 

8.2　建筑防排烟系统的操作

8.2.1　机械加压送风系统的操作

　　启动机械加压送风系统一共有三种方式：手动开启常闭式加压送风口联动启动送风、通过总线手动控制单元手动启停送风、通过直接手动控制单元手动启停送风机，操作步骤如表8-3所示。

机械加压送风系统的操作步骤　　　　　　　　　　　表 8-3

步骤	内容	具体操作	图示
1	手动开启常闭式加压送风口联动启动送风机	（1）设置"自动允许"工作状态。确认送风机电气控制柜和消防联动控制器进入"自动允许"操作权限	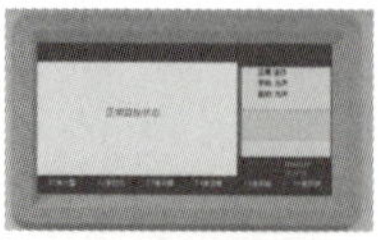 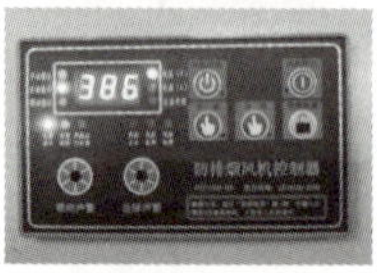
		（2）手动开启常闭式加压送风口（见表 8-1 的步骤 3），送风机联动启动，消防联动控制器，应能收到送风机启动反馈信号	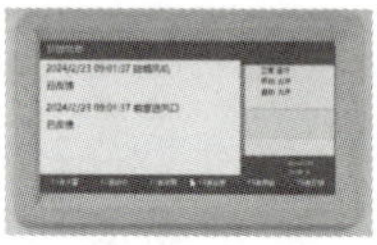
		（3）手动停止送风机。将送风机电气控制柜设置为"手动"运行模式，按下停止按钮，送风机随即停止	 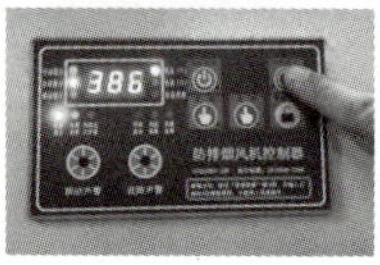
		（4）送风口复位操作（见表 8-1 的步骤 3）	
2	通过总线手动控制单元手动启停送风机	（1）确认送风机电气控制柜处于"自动"运行模式	
		（2）打开消防联动控制器的"手动允许"操作权限	
		（3）手动启动送风机。按下总线控制盘送风机启动按钮，查看送风机的设备运行指示灯是否点亮，送风机启动后观察反馈信号指示灯是否点亮	
		（4）手动停止送风机。再按下总线手动控制单元送风机启动按钮，观察送风机是否停止	
3	通过直接手动控制单元手动启停送风机	（1）确认送风机电气控制柜处于"自动"运行模式	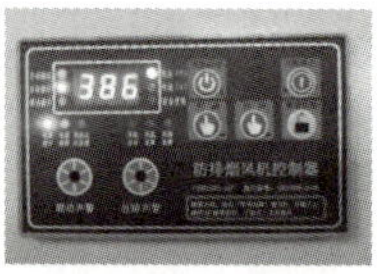
		（2）打开多线控制盘的"手动允许"操作权限	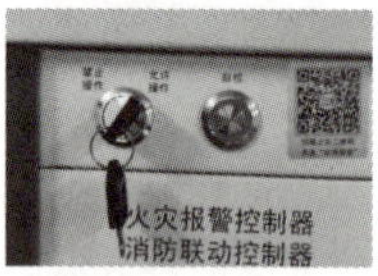
		（3）手动启动送风机。按下送风机启动按钮，送风机启动后，观察反馈信号指示灯是否点亮	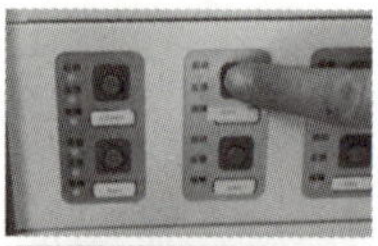 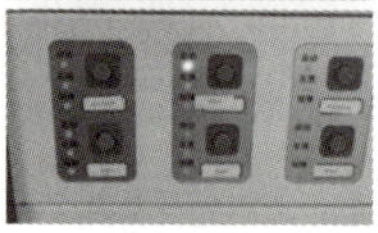

续表

步骤	内容	具体操作	图示
3	通过直接手动控制单元手动启停送风机	（4）手动停止送风机。再次按下送风机启动按钮，观察送风机是否停止	
		（5）复位。将多线控制盘调整为"手动禁止"操作权限	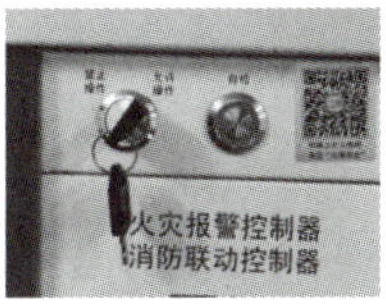

8.2.2　机械排烟系统的操作

机械排烟系统的操作步骤见表8-4。

机械排烟系统的操作步骤　　　　　　　　　　　　　　　　　表8-4

步骤	内容	具体操作	图示
1	手动开启排烟阀（排烟口），联动启动排烟风机	（1）确认排烟风机电气控制柜处于"自动"运行状态，同时消防联动控制器处于"手动允许"状态	
		（2）手动打开排烟阀（排烟口），排烟口开启后，查看相应的排烟风机、补风机是否联动启动，消防联动控制器能否收到排烟风机、补风机启动反馈信号	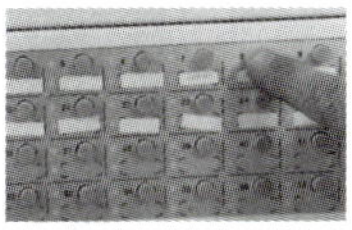 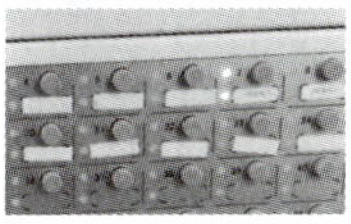
		（3）手动停止排烟风机	
		（4）复位。复位排烟口、消防联动控制器以及排烟风机电气控制柜	
2	活动式挡烟垂壁手动升降操作	将活动式挡烟垂壁手动控制装置设置在"允许"状态，按下"下降"键和"上升"键，即可操作活动式挡烟垂壁下降与上升	
3	电动排烟窗手动开启/关闭操作	确认电动排烟窗控制柜处于"手动"状态；按"开窗"/"关窗"按钮即可控制排烟窗开启/关闭。排烟关闭后，使电动排烟窗控制柜恢复至"自动"状态	 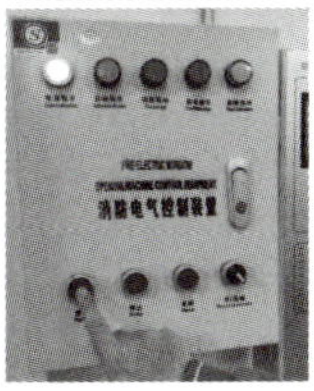

步骤	内容	具体操作	图示
4	通过总线手动控制单元手动启停排烟风机操作	排烟风机的总线手动控制单元手动启停操作与送风机基本一致	
5	通过直接手动控制单元手动启停排烟风机操作	排烟风机的直接手动控制单元手动启停操作与送风机基本一致	

8.3 建筑防排烟系统的维护保养

建筑防排烟系统的维护保养是确保系统正常运行和延长使用寿命的重要环节，建筑防排烟系统通过定期的检查和维护，可以有效地预防故障发生，并确保其在紧急情况下的功能。

8.3.1 建筑防排烟系统的维护管理

为了确保建筑防排烟系统完好有效，在火灾中发挥作用，必须对建筑防排烟系统实施维护管理。建筑防排烟系统的日常维护管理有巡视检查、测试检查和检验检查三种方式。巡视检查是对建筑防排烟系统直观属性的检查。测试检查依照相关标准，对建筑防排烟系统单项功能进行技术测试性的检查。检验检查是依照相关标准，对建筑防排烟系统与各类消防设施进行联动功能测试和综合技术评价性的检查。建筑防排烟系统维护保养巡查记录表见表 8-5。

日常维护管理的一般要求如下所示：

（1）建筑防排烟系统的管理应当明确主管部门和相关人员的责任，建立完善的管理制度。

（2）建筑防排烟系统应具有管理、检验、维护规程，并应保证系统处于准工作状态。

（3）维护管理人员应经过消防专业培训，熟悉建筑防排烟系统的原理、性能和操作维护规程。

（4）建立和严格执行岗位责任制、巡回检查制度、交接班制度、设备维护保养制度、清洁卫生制度和安全、保卫、防火制度。

（5）建筑防排烟系统发生故障时，应向主管值班人员报告，取得维护负责人的同意，并亲临现场监督，加强防范措施后方能动工。

建筑防排烟系统维护保养巡查记录表　　　　表 8-5

巡查项目	巡查内容（巡查数）		巡查情况		
			正常	故障	故障原因及处理情况
防排烟系统	排烟风机	外观			
		工作状态			
	排烟阀	排烟阀外观			
		控制装置外观			
	挡烟垂壁	挡烟垂壁外观			
		控制装置外观			
	自然排烟窗	外观			
	电动排烟窗	外观			
		开启 / 复位功能			
	送风机	送风机外观			
		送风机工作状态			
		控制柜外观			
		控制柜工作状态			
	控制柜	外观			
		工作状态			
		设备房环境			

8.3.2　机械加压送风系统的保养

机械加压送风系统的各组件保养如表 8-6 所示。保养完毕后，需要按照规定做好记录。

机械加压送风系统的保养　　　　表 8-6

步骤	内容	具体操作	图示
1	送风机的保养	（1）断开主电源，挂上安全标志牌，检查电动机接地是否良好	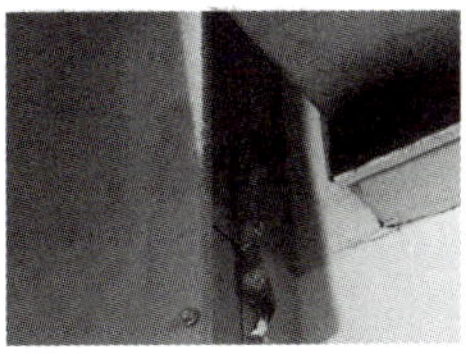

续表

步骤	内容	具体操作	图示
1	送风机的保养	（2）清洁电动机及风滤器和机壳内部	
		（3）检查并紧固各部件松动的螺栓及联轴器，向转动部位加润滑油，保证灵活性及稳定性	
		（4）检查、更换各接合面间的垫片和密封填料	
		（5）查看排烟风机调节阀开闭是否灵敏	
		（6）调整传动带松紧度，用手转动带轮，观察转动是否良好	
		（7）检查风机启停功能。接通电气控制柜主电源，检测控制柜电压、指示灯是否正常。手动开启风机，风机应运转平稳、无异常振动与声响。在消防控制室远程控制风机的启动、停止，风机的启动、停止状态信号应能反馈到消防控制室	
2	送风机末端配电装置的保养	（1）使用钥匙打开箱门，切断末端配电装置的主备电源	
		（2）用毛刷清扫配电装置内的灰尘，再用吸尘器清理干净	
		（3）用软布将配电装置壳体、柜内设备和线路清洁干净，确保表面无污渍。如发现配电柜有水渍、受潮现象，应用干软布擦拭干净，确保配电装置干燥后再通电	
		（4）检查线路接头处有无氧化、锈蚀痕迹，若有则应采取防潮、防锈措施，如镀锡和涂抹凡士林等。发现螺栓及垫片有生锈现象应及时更换，确保接头连接紧密	
		（5）用软布清洁装置外壳表面，去除污渍、灰尘，并保证指示灯、显示屏上无污垢	
3	送风口的保养	对送风口进行清洁时，先清除设备表面堆积的灰尘、杂物；检查并对松动、脱落件进行紧固；清除影响送风口护板动作的建筑装饰或杂物	

续表

步骤	内容	具体操作	图示
4	送风阀的保养	对送风阀进行保养时，先清洁送风阀表面，确保阀体、执行机构、监控模块外观整洁；然后检查复位按钮、导轮、钢丝、转轴，对执行机构、阀体等活动部件进行润滑；最后对影响阀体和执行机构动作的建筑装饰或杂物进行清除	
5	风管（风道）的保养	（1）检查风管（风道）表面是否平整，有无明显扭曲、锈蚀和破损，清洁外观、修复变形处	
		（2）紧固连接部件螺栓或共板法兰，对损坏件及时进行维修或更换，确保风管（风道）、风机的连接可靠	
		（3）检查风管（风道）穿墙处防火封堵是否完好，检查风管（风道）外层防火包覆层有无脱层，及时修复防火封堵、包覆层	防火封堵
		（4）对风管（风道）吊架支撑进行紧固或者更换，确保支架、吊架无锈蚀、开裂、脱落	

8.3.3 机械排烟系统的保养

1. 机械排烟系统的各组件的保养与机械加压送风系统的保养基本一致

（1）排烟风机的保养与送风机基本一致。

（2）排烟防火阀、排烟阀的保养与送风阀基本一致。

（3）排烟口的保养与送风口基本一致。

（4）机械排烟系统风管（风道）的保养与机械加压送风系统风管（风道）基本一致。

2. 挡烟垂壁的保养主要有三点要求

（1）清洁外观，清除障碍物，对损坏件进行维修或更换，确保外观完好，表面无明显凹痕或机械损伤，各零部件的组装、拼接处无错位，标识清晰。

（2）检查并确保活动式挡烟垂壁的手动、远程和联动控制功能正常。

（3）对活动件进行润滑，检查运行是否平稳，有无卡滞，清理阻碍挡烟垂壁动作的障碍物。

机械排烟系统保养完毕后，需要按照规定做好记录。

8.4 建筑防排烟系统的维修

8.4.1 建筑防排烟系统常见故障及维修方法

建筑防排烟系统常见故障包括风机无法手动启停、消防控制室不能远程手动启停风机等，对应的维修方法包括调整控制柜状态、检查线路和控制模块等。其他故障包括风机不能自动启动、风机运行振动剧烈、风机运行噪声过大、风机运行温度异常、传动带跳动或打滑等，对应维修方法包括调整联动控制器状态、更换轴承和紧固地脚螺栓等。建筑防排烟系统的常见故障和维修方法如表 8-7 所示。

建筑防排烟系统的常见故障和维修方法　　　　　　　　　表 8-7

序号	故障	原因分析	维修方法
1	风机无法手动启停	（1）风机的控制柜未处于"手动"状态	（1）调整为"手动"状态
		（2）控制柜未送电	（2）送电并用万用表检测三相电
		（3）控制柜内电气发生故障	（3）检查并进行维修
		（4）风机电动机发生故障	（4）检修风机电动机
2	消防控制室不能远程手动启停风机	（1）专用线路发生故障	（1）对专用线路进行检查维修
		（2）多线控制盘按钮接触不良或多线控制盘损坏	（2）对设备进行检查维修
		（3）与多线控制盘配套使用的切换模块线路发生故障或模块损坏	（3）对线路进行检查，对损坏模块进行更换
		（4）多线控制盘未解锁处于"手动禁止"状态，或风机控制柜处于"手动"状态	（4）将多线控制盘解锁为"手动允许"状态，将风机控制柜设置为"自动"状态
		（5）风机及控制柜发生故障［见故障1原因分析第（2）～（4）条，下同］	（5）排除风机及控制柜故障［见故障1维修方法第（2）～（4）条，下同］
3	风机不能自动启动	（1）消防联动控制器处于"自动禁止"状态	（1）调整为"自动允许"状态
		（2）联动控制线路发生故障或控制模块损坏	（2）对线路进行检查，对损坏模块进行更换
		（3）联动公式错误	（3）重新编写联动公式
		（4）风机控制柜处于"手动"状态	（4）将风机控制柜设置为"自动"状态
		（5）风机及控制柜发生故障	（5）排除风机及控制柜故障
4	任一常闭风口开启时，风机不能自动启动	（1）未按要求设置连锁控制线路或控制线路发生故障	（1）按要求设置连锁控制线路或对连锁控制线路进行检修
		（2）风机控制柜处于"手动"状态	（2）将风机控制柜设置为"自动"状态
		（3）风机及控制柜发生故障	（3）排除风机及控制柜故障
5	风机运行振动剧烈	（1）叶轮变形或不平衡	（1）更换叶轮或调整平衡
		（2）轴承磨损或松动	（2）更换或调整轴承
		（3）风机轴与电动机轴不同心	（3）调整同心度

续表

序号	故障	原因分析	维修方法
5	风机运行振动剧烈	（4）叶轮定位螺栓或夹轮螺栓松动	（4）紧固定位螺栓或夹轮螺栓
		（5）叶片质量不对称或部分叶片磨损	（5）调整平衡或更换叶轮
		（6）叶片上附有不均匀的附着物	（6）清洁叶片
		（7）基础螺栓松动，引起共振	（7）紧固地脚螺栓
6	风机运行噪声过大	（1）叶轮与机壳摩擦	（1）查明原因，调整
		（2）轴承部件磨损，间隙过大	（2）更换或调整轴承部件
		（3）转速过高	（3）降低转速或更换风机
7	风机运行温度异常	（1）管网阻力过大	（1）排查风口防护罩、管网变形情况和阀门开启度，及时调整、维修或更换
		（2）流量超过额定值	（2）关小阀门
		（3）输入电压过高或过低	（3）检查供电情况，维修或报修
		（4）供电线路电线截面过小	（4）更换供电线路电线
		（5）润滑油脂不够	（5）加足润滑油脂
		（6）润滑油脂质量不良	（6）清洗轴承后更换合格润滑油脂
		（7）风机轴与电动机轴不同心	（7）调整风机轴与电动机轴同心度
		（8）轴承损坏	（8）更换轴承
		（9）风机内部、叶轮积灰	（9）清理积灰
8	传动带跳动或打滑	（1）传动带过松（跳动）或过紧	（1）调节电动机位置使传动带张紧或松弛
		（2）多条传动带传动时松紧不一	（2）更换全部传动带
		（3）两带轮位置偏斜，不在同一直线上	（3）调整带轮位置，使其在同一直线上
		（4）传动带磨损、油腻或脏污	（4）更换传动带

8.4.2 建筑防排烟系统组件的更换

建筑防排烟系统组件的更换步骤见表 8-8。

建筑防排烟系统组件的更换步骤　　　　　　　　　　表 8-8

步骤	内容
1	对比核查新换件规格型号和性能参数，应与待换件匹配
2	使用扳手旋松旧执行器手柄固定螺栓，卸下手柄
3	取下执行器外壳，并拉出钢丝绳拉环
4	依次拆下执行器与模块间接线，并做好线头保护与线路标记
5	拆下执行器与阀体间的固定螺钉，卸下执行器
6	清洁阀体与新执行器的连接部位
7	手动调整确保阀门与新执行器当前启闭状态一致，齿、槽器与阀体预留孔洞位置一致
8	装上执行器并拧紧固定螺钉

续表

步骤	内容
9	装上手柄,并配合使用钢丝绳拉环,测试阀门的启闭功能
10	再次卸下手柄,按线路标记或执行器接线图正确接线并将钢丝绳拉环由里至外穿出外壳
11	扣合外壳后,装上手柄并拧紧固定螺栓
12	手动启闭风阀,查看执行器的信号反馈功能
13	记录维修情况并清理现场

8.5　建筑防排烟系统的检测

根据《建筑防烟排烟系统技术标准》GB 51251—2017 的规定,应当每年对全部建筑防排烟系统进行一次联动试验和性能检测,其联动功能和性能参数应符合消防设计要求。检测对象包括全部系统设备、组件等。检测前应检查检测用仪器、仪表、量具等的计量检定合格证及有效期,准备好系统设计文件、竣工验收资料。建筑消防设施检测人员应根据《建筑消防设施检测技术规程》XF 503—2004 的要求,逐项记录各消防设施的检测结果及仪表显示的数据,填写检测记录表。完成检测后将各消防设施恢复至正常警戒状态。

8.5.1　机械加压送风系统的检测

机械加压送风系统的检测内容与操作,如表 8-9 所示。

机械加压送风系统的检测内容与操作　　　　　　　　　表 8-9

序号	检测内容	具体操作
1	检查机械加压送风系统安装质量	对照消防设计文件及相关产品资料,查看机械加压送风系统部件的型号、规格、数量和安装位置是否符合设计要求;目测或使用工具检查机械加压送风系统部件的安装情况是否符合消防设计要求
2	测试常闭式加压送风口的联动控制功能	(1)检查确认送风机电气控制柜处于"自动"运行模式,进入消防联动控制器"自动允许"操作权限 (2)现场手动打开任一常闭式加压送风口,观察送风机启动和信号反馈情况 (3)通过电气控制柜手动停止送风机 (4)测试完毕后,复位常闭式加压送风口和消防联动控制器
3	测试机械加压送风系统的联动控制功能	触发任一防火分区内的两只独立火灾探测器或一只火灾探测器与一只手动火灾报警按钮,观察该防火分区的全部疏散楼梯间、该防火分区所在着火层及相邻上下各一层疏散楼梯间及其前室或合用前室的常闭加压送风口和加压送风机的动作和信号反馈情况。测试完毕后,复位机械加压送风系统

续表

序号	检测内容	具体操作
4	测量送风口风速	（1）检查确认送风机电气控制柜处于"自动"运行模式，进入消防联动控制器"自动允许"操作权限 （2）触发火灾探测器模拟火灾发生，联动启动送风机和送风口 （3）使用风速仪测量送风口处风速值并记录，保持风速仪风扇外壳标注气流方向与送风口气流方向一致 （4）送风口风速获取一般采用多点位测量取平均值的方法。应使用风速仪测量送风口处风速值。送风口风速不宜大于7m/s，排烟口的风速不宜大于10m/s，且偏差不大于设计值的10%。如不符合上述要求，则送风口风速不达标
5	活动式挡烟垂壁升降不顺畅故障的维修	（1）检查确认送风机电气控制柜处于"自动"运行模式，进入消防联动控制器"自动允许"操作权限 （2）选取送风系统末端所对应的送风最不利的三个连续楼层模拟起火层及其上下层，封闭避难层（间）仅需选取本层。触发火灾探测器模拟火灾发生，联动启动送风机和送风口 （3）使用微压计分别测量前室和楼梯间余压值。不同厂家和形式的微压计操作方法有所不同，应对照产品说明书进行操作 （4）复位机械加压送风系统 （5）记录检查测试情况

8.5.2 机械排烟系统的检测

机械排烟系统的检测内容与操作，如表8-10所示。

机械排烟系统的检测内容与操作　　　　　表8-10

序号	检测内容	具体操作
1	检查机械排烟系统安装质量	对照消防设计文件及相关产品资料，查看机械排烟系统部件的型号、规格、数量和安装位置是否符合设计要求；目测或使用工具检查机械排烟系统部件的安装情况
2	测试排烟口（排烟阀）的联动控制功能	（1）检查确认排烟风机电气控制柜处于"自动"运行模式,进入消防联动控制器"自动允许"操作权限 （2）现场手动打开任一排烟口（排烟阀），观察排烟风机启动和信号反馈情况 （3）通过电气控制柜手动停止排烟风机 （4）测试完毕后，复位排烟口（排烟阀）和消防联动控制器
3	测试机械排烟系统的联动控制功能	使用加烟器触发任一防烟分区内的两只独立火灾探测器，观察排烟风机和该防烟分区内全部排烟阀、排烟口、活动式挡烟垂壁、自动排烟窗的动作和信号反馈情况，观察通风空调系统的联动关闭情况及补风系统动作情况
4	测试机械排烟系统的风阀联锁停止风机控制功能	手动关闭排烟防火阀，观察相应的排烟风机、补风机是否能自动关闭
5	测量排烟口（排烟阀）风速	保持风速仪风扇外壳标注气流方向与排烟口（排烟阀）气流方向一致，其余与机械加压送风系统的送风口风速测试方法一致
6	填写记录	检测完毕后，按规定做好记录

227

8.6　建筑防排烟系统的监控与操作实训

8.6.1　实训概述

以某建筑防排烟系统的监控与操作为例，开展实训，具体实训项目参照 8.1、8.2 节。

8.6.2　实训设备

机械防排烟系统。

8.6.3　实施过程

实施过程参考 8.1、8.2 节。

按 9S 管理要求，整理场地工位、整理工具材料、打扫卫生。

8.6.4　考核评价

建筑防排烟系统的监控与操作终结性评价，如表 8-11 所示。

建筑防排烟系统的监控与操作终结性评价表

表 8-11

序号	评价项目	评价要求	评价明细	评分标准	得分
1	操作前后（10分）	劳保用品穿戴	是否符合要求	0 ~ 5	
		检查防排烟系统组件的齐全性和外观完整性	是否检查	0 ~ 5	
2	建筑防排烟系统的监控（20分）	查看风机控制柜的控制状态	是否正确判断自动 / 手动状态	0 ~ 5	
		判断排烟防火阀当前启闭状态	正确判断排烟防火阀启闭状态	0 ~ 5	
		手动关闭并复位排烟防火阀	有无操作错误	0 ~ 5	
		对排烟口（阀）、送风口进行手动开启及复位操作	有无操作错误	0 ~ 5	
3	建筑防烟系统的操作（20分）	将正压送风机电气控制柜设置为自动运行模式，将消防联动控制器设置为自动允许状态	有无操作错误	0 ~ 5	
		打开常闭式加压送风口，查看送风机启动情况和消防控制室信号反馈情况	是否能正确判断反馈、联动情况	0 ~ 5	
		将风机控制柜设置为手动运行模式，手动停止风机	是否能手动停止风机	0 ~ 5	
		复位送风口以及消防控制室	有无操作错误	0 ~ 5	

续表

序号	评价项目	评价要求	评价明细	评分标准	得分
4	建筑排烟系统的操作（30分）	将排烟风机控制柜设置为自动运行模式，将消防联动控制器设置为自动允许状态	有无操作错误	0 ~ 5	
		开启自动排烟窗以及挡烟垂壁	有无操作错误	0 ~ 5	
		打开常闭式排烟口以及排烟阀，查看排烟风机启动情况以及消防控制室信号反馈情况	是否能正确判断反馈、联动情况	0 ~ 5	
		将风机控制柜设置为手动运行模式，手动停止风机	是否能手动停止风机	0 ~ 5	
		复位排烟风机、排烟窗、挡烟垂壁、排烟口以及排烟阀	有无操作错误	0 ~ 5	
		将机械排烟风机系统控制柜切换为自动运行模式	有无操作错误	0 ~ 5	
5	完成度（10分）	是否在规定的时间内完成安装	每超时2分钟扣1分	0 ~ 10	
6	9S管理（10分）	职业素养	是否符合9S要求，每错1处扣2分	0 ~ 10	
合计				100	

复习思考题

1. 简述通过总线手动控制单元手动启停送风机的方法。
2. 简述送风口风速测量方法。

参考文献

[1]   徐志胜，姜学鹏 . 防排烟工程 [M]. 北京：机械工业出版社，2011.

[2]   梁红卫，张富建 . 电工理论与实操（入门指导）[M]. 北京：清华大学出版社，2018.

[3]   张富建 . 钳工理论与实操（入门与初级考证）[M].2 版 . 北京：清华大学出版社，2014.

[4]   刘恰，高冰，王捷，等 . 高分子材料的燃烧生成气体及其毒性 [J]. 消防科学与技术，2007（2）：
122-124.

[5]   邓慧勇 . 高层民用建筑防排烟方式 [J]. 消防技术与产品信息，2008（9）：30-32.

[6]   吕建，赖艳萍，梁茵 . 建筑防排烟工程 [M]. 天津：天津大学出版社，2011.

[7]   石敬炜 . 消防工程施工现场细节详解 [M]. 北京：化学工业出版社，2013.

[8]   中国消防协会 . 消防设施操作员（中级）[M]. 北京：中国劳动社会保障出版社，2019.

[9]   人力资源社会保障部教材办公室 . 消防设施操作员考试指导（中级操作技能）[M]. 北京：中国人
事出版社，2020.

[10]   俞晨 . 建筑火灾烟气危害分析 [J]. 现代盐化工，2021，48（3）：59-60.

[11]   孙景芝 . 建筑电气消防工程 [M]. 北京：电子工业出版社，2010.

[12]   芦乙蓬 . 火灾报警及消防联动系统安装与维护 [M]. 北京：机械工业出版社，2015.

[13]   许佳华 . 建筑消防工程施工实用手册 [M]. 武汉：华中科技大学出版社，2016.

[14]   杜红 . 防排烟工程 [M]. 北京：机械工业出版社，2013.

[15]   张吉光 . 高层建筑和地下建筑通风与防排烟 [M]. 北京：中国建筑工业出版社，2005.

[16]   李金川，姜效海 . 建筑通风与空调系统工程施工技术与质量控制 [M]. 北京：机械工业出版社，
2010.

[17]   岳娜，冉昭祥 . 建筑设备工程 [M]. 北京：清华大学出版社，2012.

[18]   全国消防标准化技术委员会第六分技术委员会，公安部沈阳消防研究所 .GB 16806—2006《消
防联动控制系统》强制性国家标准宣贯教材 [M]. 北京：中国标准出版社，2007.

[19]   中华人民共和国住房和城乡建设部 . 建筑设计防火规范：GB 50016—2014（2018 年版）[S]. 北
京：中国计划出版社，2014.

[20]   中华人民共和国住房和城乡建设部 . 汽车库、修车库、停车场设计防火规范：GB 50067—
2014[S]. 北京：中国计划出版社，2014.

[21]   中华人民共和国住房和城乡建设部 . 火灾自动报警系统设计规范：GB 50116—2013[S]. 北京：中
国计划出版社，2013.

[22]　中华人民共和国住房和城乡建设部.通风与空调工程施工质量验收规范：GB 50243—2016[S].北京：中国计划出版社，2016.

[23]　中华人民共和国住房和城乡建设部.通风管道技术规程：JGJ/T 141—2017[S].北京：中国建筑工业出版社，2017.

[24]　中华人民共和国住房和城乡建设部.火灾自动报警系统施工及验收标准：GB 50166—2019[S].北京：中国计划出版社，2019.

[25]　中华人民共和国住房和城乡建设部.建筑防烟排烟系统技术标准：GB 51251—2017[S].北京：中国计划出版社，2017.

[26]　中华人民共和国国家质量监督检验检疫总局，中国国家标准化管理委员会.建筑消防设施的维护管理：GB 25201—2010[S].北京：中国标准出版社，2010.

[27]　中华人民共和国住房和城乡建设部.低压配电设计规范：GB 50054—2011[S].北京：中国计划出版社，2012.

[28]　中华人民共和国住房和城乡建设部.防排烟系统设备及部件选用与安装：22K311—5[S].北京：中国标准出版社，2023.